DE L'AFFAIRE

DE LA

LOI DES ÉLECTIONS.

Ouvrages de M. De Pradt, *qui se trouvent chez les mêmes Libraires.*

1°. Les quatre Concordats, suivis de considérations sur le Gouvernement de l'Église en général, et sur l'Église de France en particulier, depuis 1515, 3 vol. in-8°, 18 fr.

2°. Des Colonies, de la Révolution actuelle de l'Amérique, 2 vol. in-8°, RARE, 15 fr.

3°. Les trois derniers mois de l'Amérique méridionale et du Brésil, 2e édit., revue, corrigée et augmentée, 1 vol. in-8°, 3 fr.

4°. Les six derniers mois de l'Amérique et du Brésil, faisant suite aux deux Ouvrages ci-dessus sur les Colonies, 1 vol. in-8°, 4 fr. 50 c.

5°. Pièces relatives à Saint-Domingue et à l'Amérique, 1 vol. in-8°, 3 fr.

6°. Antidote au Congrès de Rastadt, suivi de la Prusse et de sa neutralité, nouv. édit., 1 gros vol. in-8°, 8 fr.

7°. Lettre à un électeur de Paris, 2 vol. in-8°, 3 fr.

8°. Préliminaires de la session de 1817, 1 vol. in-8°, 3 fr. 50 c.

9°. Des Progrès du Gouvernement représentatif en France, in-8°, 1 fr. 25 c.

10°. L'Europe après le Congrès d'Aix-la-Chapelle, faisant suite au Congrès de Vienne, 2e édit., 1 vol. in-8°, 6 fr.

11°. Mémoire historique sur la Révolution d'Espagne, 1 vol. in-8°, 7 fr.

12°. Récit historique sur la Restauration de la royauté en France le 31 mars 1814, un vol. in-8°, 2 fr.

13°. Congrès de Carlsbad, première partie, in-8°, 2 fr.

14°. Congrès de Carlsbad, seconde partie, in-8°, 4 fr.

15°. État de la Culture en France, 2 vol. in-8°, 10 fr.

16°. Petit Catéchisme à l'usage des Français, sur les affaires de leur pays, 2e édit., 1 volume in-8°, 3 fr. 50 c.

17°. Suite des quatre Concordats, 1 vol. in-8°, 4 fr. 50 c.

18° De la Révolution d'Espagne, 1 vol. in-8°, 4 fr. 50 c.

19°. Procès complet de M. de Pradt, 1 vol in-8°, 3 fr.

Ces Ouvrages se trouvent aussi à Bruxelles, chez Lecharlier, *Libraire.*

DE L'AFFAIRE

DE LA

LOI DES ÉLECTIONS;

PAR M. DE PRADT,

ANCIEN ARCHEVÊQUE DE MALINES.

FAISANT SUITE

AU PETIT CATÉCHISME DU MÊME AUTEUR.

SECONDE ÉDITION,

REVUE CORRIGÉE ET AUGMENTÉE PAR L'AUTEUR.

A PARIS,

CHEZ BÉCHET AINÉ, LIBRAIRE-ÉDITEUR,

QUAI DES AUGUSTINS, N° 57.

ET A ROUEN,

CHEZ BÉCHET FILS, LIBRAIRE

RUE GRAND-PONT, N° 73.

1820.

DE L'IMPRIMERIE DE HUZARD-COURCIER,
RUE DU JARDINET, N° 12.

AVERTISSEMENT

DE L'AUTEUR,

POUR CETTE SECONDE ÉDITION.

RETRANCHER aux sujets de haine, ajouter aux motifs de bienveillance, est une des plus belles maximes qui aient été présentées aux hommes pour leur intérêt particulier comme pour celui de la société elle-même : quelle paix régnerait dans son sein, si elle était plus souvent mise en pratique!

Je n'ai eu en vue que ce salutaire précepte, en faisant subir un retranchement à quelques parties de cet Ouvrage. Écrivant toujours pour instruire et jamais pour offenser, le retranchement de tout ce qui pourrait donner à qui que ce soit le droit de se croire offensé, ne me paraîtra jamais un sacrifice.

Un jugement solennel m'a alloué la totalité de mon Ouvrage ; je pouvais le laisser subsister dans son intégrité, avec une sécurité qui me manquait, lorsqu'il fût composé.

Mais je ne veux pas user de tous mes avantages : le droit rigoureux avoisine toujours un peu l'injustice, et tout droit d'où résulterait pour autrui un sujet de tristesse, ne sera jamais à mon usage.

Une attaque aussi cruelle qu'inconsidérée m'a forcé à une défense dont je ne pouvais pas soupçonner avoir jamais besoin. Mes accusateurs sont venus succomber au milieu des accusations, qu'à loisir comme en grand nombre, ils ont entassées sur ma tête : ils n'ont pu en prouver une seule : tous les microscopes de la justice ont été impuissans pour découvrir un sujet de reproche légitime dans mon Ouvrage : l'opinion publique s'est chargée de me venger de l'outrage que l'on m'a fait : il est difficile d'en concevoir un qui surpassât celui là en gravité : les accessoires ont encore dépassé le principal ! mais plus il a été grand dans l'intention de ses auteurs, moins je dois permettre à aucun ressentiment d'approcher de moi. Je devrais plutôt des remercîmens à ceux qui m'ont fait jouir, de la part du public, de témoignages de bienveillance qui constataient encore plus son horreur pour la persécution dont j'étais l'objet, que sa faveur pour des services trop faibles pour avoir pu mériter la manifestation de sentimens aussi flatteurs.

La modération est la plus honorable compagne de la victoire, et sûrement je ne ferai pas perdre ce complément à celle que l'on m'a forcé de remporter.

Personne n'est à l'abri d'une accusation : les procès politiques n'ont aucune signification morale. Nous voyons absoudre à l'unanimité ce qui fut, il y a quelques années, condamné à l'unanimité : cependant il n'y a pas deux justices ni deux morales : en pareil cas, s'il y a des taches, elles restent aux accusateurs qui ne peuvent pas prouver, mais il y a d'autres temps, d'autres intérêts, et d'autres hommes, et puis c'est tout...

Le zèle accusateur de certains hommes devrait bien se refroidir, à la seule pensée que depuis trente ans, parmi nous, tous, du monarque jusqu'au berger, ont également eu leurs accusateurs, leurs cours d'assises et leurs tombeaux.

Souvent, dans les affaires, un retour sur soi-même et sur les destinées de la triste humanité, serait propre à prévenir beaucoup de mécompte pour soi, et de malheurs pour les autres.

Ceux qui, dans un poste de sûreté, à

l'abri de tout danger, ne mettant rien du leur *au jeu*, pouvant même se parer, en cas de revers, de zèle pour le bien public, quittes ensuite pour dire qu'ils se sont trompés, accusent ceux qui de leur côté voient leur vie, leur honneur, leur liberté, leur fortune compromises, devraient bien tenir compte de l'inégalité de leur condition avec celle des hommes qu'ils exposent à tant de dangers : ils devraient bien se demander quelles réparations ils ont préparées à des maux de cette gravité, et si l'on n'est pas encore plus malheureux avec eux qu'avec les simples particuliers contre lesquels, du moins, l'accusé absous peut rechercher des satisfactions et des indemnités, tandis qu'avec des ministres, et des ministères publics, toutes les satisfactions peuvent s'étendre jusqu'à la faculté de parcourir librement les rues, et d'être, en cas de plainte contre d'injustes sévices, accusé de manquer au respect...

Ici, je m'arrête : je ne demanderai pas même au magistrat accusateur, s'il n'a pas dépassé le droit d'accuser, en réservant comme un dernier travail propre à achever la conviction et la détermination du Jury, le rapprochement de la publication d'un ouvrage composé au mois de mai, au fond de l'Auvergne, avec un complot de quelques militaires qui a éclaté à Paris le 20 août, et que le Gouvernement lui-même à déclaré n'appartenir qu'à eux seuls. De pareils moyens de faire prévaloir une accusation, sont-ils bien conformes à l'intention qu'a la société en poursuivant la réparation de ses dommages : entend-elle prévaloir *quoquo modo*, ou bien faire bonne guerre ; rétablir l'ordre, ou faire des victimes?

Il ne m'est pas possible de supposer à la société d'autres intentions que celles de la droiture la plus scrupuleuse, de la loyauté la plus entière ; il me semble l'entendre en faire la recommandation expresse à ceux qu'elle choisit pour ses organes, et leur dire qu'elle ne peut se reconnaître qu'à ces traits...

Pendant qu'à Paris les uns me prodiguent les injures, les autres les accusations, le monde marche, et marche comme je ne cesse de le dire depuis 20 ans. Il y a combat entre les hommes qui m'outragent et ceux qui m'accusent, et les évènemens qui m'absolvent.

Depuis six ans, j'annonce l'inévitable révolution du Portugal (1) par l'absence

---

(1) *Voir la page* 130 *de la Révolution d'Espagne, imprimée en avril* 1820. (*) Il semble que l'esprit d'imprévoyance ait agi en Portugal, et préparé sa destinée, comme il fait et continue de faire dans tant de lieux.

Le roi est absent, et à jamais! Il a cessé d'être portugais pour devenir brasilien; le retour en Europe lui est fermé, ou ne lui serait permis qu'en perdant le Brésil. Il faut choisir et se fixer;

(*) Un vol. in-8o., à Paris, chez Béchet aîné, libraire, quai des Augustins, no 57.

du roi, et par la présence de l'étranger. Au mois d'avril dernier, en 1820, je traçais le tableau de ce qui vient de se passer dans cette contrée. — Depuis six ans j'ai dit mille fois à l'Autriche qu'il pourrait bien arriver qu'elle se fût trom-

---

le choix est fait et déclaré invariable (*); le Portugal est donc abandonné à jamais par son souverain, et condamné par là à subir une régence éternelle. L'argent du Portugal va au Brésil; auparavant, c'était l'argent du Brésil qui venait en Portugal; les grands du pays ou vont au Brésil, ou manquent de l'aliment d'une cour, chose très chère aux grands des contrées méridionales de l'Europe; souvent les affaires doivent se décider au Brésil, c'est-à-dire à une distance immense. La traite de l'armée portugaise se fait chaque année pour le Brésil; c'est à Fernambouc, à Montevideo, que vont les recrues de Lisbonne, de Porto et de Coïmbre; pour tout combler, on a mis à la tête de cette armée un général anglais, le maréchal Béresford, mais sans une armée anglaise pour le soutenir.

Déjà, en 1817, il y eut des tentatives faites

(*) Le roi a déclaré par un édit, qu'il se fixait au Brésil.

pée dans ses calculs sur l'Italie, que ce pays était destiné à occuper la plus grande partie de ses forces, et à la détourner de la garde de la frontière de l'Europe contre les invasions du Nord ; depuis vingt-deux ans j'annonce que l'Amé-

---

contre lui par des militaires portugais, dans le dessein de l'expulser et de rendre au pays un gouvernement indigène. Je demande s'il était possible de réunir, et pour ainsi dire d'entasser, plus de principes de détermination à suivre l'exemple de l'Espagne. Le Portugal ne sera ni conquis ni réuni par celle-ci ; il y a haine et incompatibilité entre les deux peuples ; mais comme il n'est pas de grande cause qui n'amène promptement son effet, il est naturel de conclure que l'évènement de l'Espagne, frappant fortement l'attention du Portugal, l'amènera prochainement à mettre fin à l'état équivoque et pénible dans lequel il se trouve, et pour cela à se donner un roi résidant dans le pays, indépendant du Brésil, comme laissant le Brésil indépendant de lui, et à placer ce trône sur la ligne des trônes constitutionnels qui s'élèvent sur l'Europe. *Si ce mouvement était commencé par l'armée, rien ne paraî-*

rique va changer de face, que ce changement deviendra celui du monde, que les États-Unis étendront leur puissante main sur les Florides, que dans cette contrée rien n'échappera au géant

---

trait moins étonnant, après l'exemple que celle de l'Espagne vient de donner. Les motifs sont les mêmes. L'armée portugaise n'est pas plus jalouse d'aller au Brésil, que celle d'Espagne ne l'était de se laisser transplanter en Amérique; il y a même ici un motif de plus, le généralat d'un étranger, chose toujours odieuse et offensante pour les yeux d'une nation.

Que l'on se garde bien d'attribuer ce qui vient d'être dit à aucun désir particulier, ni à aucune instigation détournée; je me borne à rendre compte de ce qui est dans la nature des choses, et à redresser une opinion qui la contrarie de tous points; mais dans le temps où nous vivons, il n'est plus permis de rien indiquer, sans que d'officieux personnages n'y attachent une intention secrète; et *parlât-on du Japon, si malheur venait à arriver au Japon,* on ne manquerait pas de dire que vous l'avez voulu, et peut-être même que vous l'avez fait.

qui s'élève sur les rivages de l'Atlantique, que la royauté européenne doit se hâter de s'occuper de l'effet que produira pour elle l'Amérique, tout entière placée en regard d'elle sous la forme républicaine : pendant six ans je n'ai cessé de prédire malheur à la persévérance du système qui dévastait l'Espagne.... Depuis six ans, en France, j'ai bravé tous les cris, tous les dangers pour amener à considérer mûrement un état de choses que je vois distinctement s'empirer chaque jour : un ouragan d'outrages gronde sur ma tête depuis six ans, un décret d'accusation l'a menacée, il y a peu de jours... Cependant, comme au temps de Galilée, la terre tourne, on a ri, quand je disais, *le genre humain est en marche, rien ne pourra l'arrêter;* les injures ni les rires n'ont pu l'arrêter, et ne l'arrêteront pas plus qu'ils ne l'ont fait jusqu'ici ! A nos maux il faut d'autres remèdes; géomètre politique, je suis les mouvemens du monde, je pose mon compas sur ses diverses parties, pour mesurer la distance qu'il a parcourue dans un temps donné : de nouveau, je serai déclaré révolutionnaire pour dire que dans les huit derniers mois, il a fait plus de chemin que jadis il n'en faisait dans huit cents ans. Quel intérêt, hors celui du bien de l'humanité et de mon pays, peut m'attacher à ces recherches? Encore quatre jours, et je ne serai plus : l'absence des besoins compose ma richesse : je ne crains et ne demande rien. La révolution a arrêté ma carrière et l'a dénaturée : elle m'a fait passer trente ans sur ses charbons ardens, ou dans le vague de ses variations: Napoléon m'a exilé et confisqué deux fois : la restauration m'a trouvé plus haut qu'elle ne m'a laissé, elle ne s'est pas épuisé en bienfaits à mon égard: que me sert l'Amérique, l'Espagne et l'Italie? à quoi me serviront-elles jamais? De quoi même me servira le plus ou le moins en France! A quels motifs doit donc se rapporter l'occupation que je n'ai pas cessé de donner aux intérêts de tous ces pays, et le sacrifice que je leur ai fait de mon repos et des jouissances que m'offraient les délices de la société telles qu'on les trouve en France; peut-être que ceux qui me poursuivent à si grand bruit, n'auraient pas toujours dédaigné mon appui, peut-être aussi auraient-ils prodigué autant de faveurs à leur auxiliaire, qu'ils montrent de fureur contre celui qu'ils veulent absolument faire passer pour leur ennemi, lorsqu'il ne tend qu'à les servir, en cherchant à les retirer du cercle d'erreurs dans lequel ils se perdent, avec tout ce qu'ils touchent. Six ans et trente ministres, cinq directions principales pendant six ans, m'avaient donné le droit de demander une autre direction et d'autres directeurs sans courir le risque d'une accusation criminelle... Maintenant au milieu du mouvement accéléré qui nous enveloppe et qui nous presse de toute part, il faudra voir si ce sont de trop mauvais conseils que ceux que je donne, hélas bien en vain, depuis six ans, et s'il n'y avait pas plus de profit à les suivre, qu'à me prodiguer des outrages et des accusations.

Quant à ceux qui pourraient conclure de tout ceci, que j'ambitionne le titre de prophète politique, qu'ils apprennent que je borne mes dons de prophète à examiner la nature des choses et à en tirer les conséquences, et qu'en continuant de suivre cette méthode, je ne serai pas plus embarrassé de dire ce qui se passera d'ici à quelques années, que je ne l'ai été pour dire ce qui est arrivé jusqu'ici. Les Italiens disent que *le temps seul est galant homme*. Eh bien! ce galant homme décidera entre mes détracteurs et moi.

En parlant ainsi de ce qui m'est personnel, je n'ai d'autre but que celui d'obtenir enfin quelque justice et quelque repos; je n'ai troublé celui de personne, que l'on respecte le mien; j'y ai droit comme tout le monde.

Que dois-je aux ministres?

Que dois-je aux courtisans?

Si les premiers font mal, si les seconds nous dérobent la vue du trône, quelle loi m'interdit de le dire? si la loi permet la censure de chaque acte du gouvernement en particulier, quelle est celle qui la prohibe en général? Où M. l'avocat-général a-t-il pris que j'aie dit un mot de l'armée? je n'ai parlé que du nombre trop grand de la garde, et des soldats étrangers qui en font partie? en quoi ai-je parlé des émigrés, en général! je n'ai indiqué que des hommes qui font de tous les Français *des complices d'un Brutus de cabaret*, qui depuis six ans nous accablent d'insultes journalières, qui disent sans cesse que la France est, comme ses habitans, gangrenée de crimes; eh bien, je les ai engagés à séparer leur pureté de notre impureté : c'est là de l'excitation à la guerre civile ! notre sort dépendra-t-il toujours d'échafaudages de fictions et d'inventions pareilles ! La guerre civile, ah ! il faut des faits autres que ceux-là, pour en accuser un homme qui n'a à son service ni un homme ni une arme, et qui s'adresse à des hommes qui sont aussi dénués que lui d'intentions et de moyens de guerre civile.... La guerre civile ne se fait pas comme cela, et s'il n'y a de guerres civiles que par mes écrits, et d'après les indications de M. l'avocat-général, on peut dormir en paix, nos arrière-neveux eux-mêmes n'en entendront point parler.

DISCOURS

prononcé par M. de Pradt, devant la Cour d'assises, le 28 août dernier.

Le discours que M. de Pradt a prononcé devant la Cour d'assises, n'ayant été inséré que dans un seul journal, et même d'une manière incomplète, nous croyons faire plaisir au public, de le joindre à la nouvelle édition de l'Ouvrage qui a causé le procès (1) dont ce discours fait partie. (*Note de l'Éditeur.*)

MESSIEURS,

Aux jours de l'assemblée constituante, on vit le plus vénérable des vieillards, le cardinal de la Rochefoucauld (2), courber sa tête, chargée de toutes les dignités de l'église et de l'état, sous le poids d'une accusation qui menaçait ses derniers ans de s'é-

(1) Procès complet de M. de Pradt, chez Béchet, prix 3 fr.

(2) M. l'archevêque de Malines est neveu de feu M. le cardinal de la Rochefoucauld.

teindre dans l'ombre d'un cachot. Une lettre surprise par le comité des recherches le fit accuser, comme je le suis aujourd'hui, de provoquer à la désobéissance aux lois de son pays. Sa gloire ne souffrit point de cette épreuve : qui, surtout dans les temps de troubles, peut se flatter de rester toujours à l'abri de pareilles attaques ? et d'ailleurs, quelle distance ne sépare pas les délits contre la politique d'avec ceux qui offensent la morale !

Un livre inspiré par le désir de donner à mon pays, dans les circonstances critiques où il se trouvait, un gage éclatant de mon zèle pour le servir, attire sur moi l'accusation que vous venez d'entendre. Placé dans la même situation où comparut l'homme vénérable que j'ai cité, je me présente avec la confiance qu'il montra, avec l'espoir qu'une innocence égale à la sienne protégera mon honneur comme elle protégea le sien.

Réservant pour d'autres temps et pour d'autres discussions l'appareil des discours étudiés, dans ce jour, mes paroles ne peuvent porter que la seule empreinte du deuil dont pénètre mon âme ma présence dans un lieu contre l'accès duquel le caractère dont je suis revêtu, et ma vie entière, devaient à jamais me garantir. Si dans ce jour la morale publique est offensée, si les regards d'un peuple, chez lequel le sentiment des convenances est un législateur toujours agissant et toujours écouté, se trouvent blessés, il m'importe, avant tout, de montrer que je n'ai aucune part dans leur injure.

Servir et souffrir dans un temps, recueillir dans un autre, tel fut à peu près le partage de ceux qui se vouèrent au culte de la vérité, soit qu'elle fût adressée aux peuples ou aux rois.

Depuis beaucoup d'années, j'ai embrassé son service dont les temps de parti redoublent les dangers. De nombreux écrits attestent mes efforts, aussi bien que l'esprit général et uniforme de bienveillance pour l'humanité qui les a dictés. De quelques contrées et de quelques hommes que j'aie parlé, en eux, je n'ai considéré que les membres de la grande famille humaine, et dans leurs erreurs mêmes, je n'ai adressé de reproches qu'à ce qui pouvait leur nuire. C'est ainsi que traitant de sujets divers, homme, j'ai défendu les droits des associations humaines ; français, ceux de la famille glorieuse à laquelle le ciel m'a accordé d'appartenir ; prêtre, ceux de l'église célèbre dont j'ai l'honneur d'être un des chefs.

En écrivant ainsi, je sentais le caractère de ma profession s'agrandir et s'ennoblir par son union avec les intérêts de la société ; car j'ai toujours pensé que les remparts des temples s'affermissaient en s'appuyant sur ceux de l'édifice social.

Dans les temps d'agitation et de parti, il est rare que la loi sorte du sein du législateur entièrement pure et dégagée de tout motif étranger aux circonstances qui la voient naître. Il est rare qu'on ne demande pas aux lois encore plus l'appui de leur force, que celui de la justice et de la raison seules. Hélas ! combien de fois, même parmi nous, cette théorie n'est-elle pas devenue une affligeante réalité !

Dans ces derniers temps, j'ai vu les partis attachés à ébranler les fondemens de nos institutions, et pour les raffermir, j'ai dit quelle était la sainteté des lois, la majesté du trône, la fidélité due à la Charte. J'ai vu répandre des doctrines funestes, et, en rétablissant l'honneur des principes violés, j'ai cherché à purger la société de ces poisons. J'ai entendu, au sein d'un régime constitutionnel, *demander l'arbitraire et promettre de mauvaises lois,* et j'ai demandé à mon tour si un pareil langage pouvait être adressé, par les premiers ministres des lois, au peuple le plus éclairé de l'univers, à ceux qui ont vu trois millions de leurs frères s'immoler pour acquérir la liberté fondée sur la raison et sur les lois.

J'ai vu préparer les discussions destinées à décider du sort de ce peuple, par l'abandon des principes et des doctrines hautement professées, et j'ai demandé de nouveau si les doctrines politiques, appliquées à la conduite des sociétés, ne devaient pas avoir la stabilité des doctrines religieuses elles-mêmes, et s'il existait quelque moyen de diriger les hommes hors des routes de la morale.

Il existe un contrat entre les lois et les sujets; celles-ci exercent un empire immense sur eux; et, pour que le contrat soit égal, si l'obéissance des uns doit être sans réserve, la pureté des autres doit être sans nuage. Le législateur doit être toujours prêt à prouver que, dans la confection de la loi, il n'a jamais perdu de vue ce qui doit servir de modèle à toutes, la justice, qui n'est que la nature éternelle des choses. C'est elle qui fait le lien véritable entre l'homme et la loi. La législation doit être plus imposante, à mesure que les intérêts qu'elle atteint sont plus relevés eux-mêmes, à mesure que les sujets sont mieux pourvus des lumières propres à leur faire apercevoir les principes, les motifs et les conséquences de la loi. Alors, par un effet admirable de la lumière, ce sont les sujets qui forcent le législateur à se surveiller lui-même.

Une loi qui égale en importance celle qui appartient à la loi qui confère la couronne dans les contrées où celle-ci dépend du droit d'élection, venait d'exciter parmi nous les plus violens orages : c'est un des grands évènemens de ces derniers temps, ce sera un des plus féconds en résultats. Rechercher son origine, l'esprit qui a présidé à sa confection, les moyens qui l'ont fait prévaloir, montrer sa liaison avec l'ordre général et le mouvement de la civilisation actuelle, tel fut le but que l'utilité publique m'indiqua. Je n'ai consulté qu'elle : occupé de la seule pensée de rappeler le législateur à un retour salutaire sur lui-même et sur son ouvrage, au lieu de travailler à ébranler la société, j'ai cherché à l'épurer et à la raffermir. Le gouvernement constitutionnel nous en a donné le droit. En nous invitant à assister aux apprêts de la confection de la loi, il nous a rendus les juges de tout ce qui l'a précédée et qui l'entoure : il n'a pu nous interdire de rendre ce qui a frappé nos yeux et nos oreilles, ni de rappeler le langage des législateurs eux-mêmes. Par cet ordre de publicité, nouveau parmi nous, il n'appartient plus qu'aux gouvernemens qu'aucune publicité n'éclaire, d'alléguer les excitations au mépris de lois faites en public; car comment, hors d'une atteinte évidente à la vérité, pouvoir exciter au mépris de ce qui se passe sous les yeux du monde entier ? Alors il n'y a plus que des faits à juger; et si quelque blâme est encouru, sur qui retombe le reproche, de celui qui a fourni le fond du tableau, ou de celui qui n'a fait que le tracer? Quel serait le sort des sujets, dans un ordre où le législateur pourrait invoquer le bras de la justice pour se venger de la fidélité du tableau de ses erreurs? Quel est parmi nous l'embarras du citoyen, placé comme nous le sommes entre la liberté extrême de notre tribune législative et les restrictions de nos censeurs? Comment arriverions-nous à faire l'histoire et l'esprit de nos lois? L'ordre constitutionnel, sur lequel je me suis appuyé, et dont je ne me sépare jamais, est la confirmation du droit qu'en toute société le citoyen a de surveiller ses actes: ce droit s'accroît par la suspension comme par l'absence des institutions, et c'est alors au zèle des citoyens à remplir les lacunes des codes....

Telles étaient, Messieurs, les pensées qui m'occupaient, lorsque des évènemens dont je voudrais pouvoir effacer jusqu'au souvenir, vinrent montrer la guerre allumée au sein de la capitale, et prête à étendre ses ravages sur la France. Qui pouvait alors sans frémir supporter l'image des dangers auxquels se trouvait exposée la population d'une ville qui est l'objet de l'admiration et de l'envie de l'univers ? Comment ces jours de deuil n'auraient-ils pas fait revivre en moi le souvenir des scènes qui, dans le cours de nos discordes, trop souvent ensanglantèrent ses murs? Ciel! quand le bras de l'ange exterminateur est levé sur le peuple, à qui mieux qu'au prêtre convient-il de l'arrêter?... Et le sang humain a-t-il donc assez perdu de son prix pour qu'en déplorer l'effusion puisse être devenu un crime! C'est dans ces momens suprêmes qu'oubliant tout danger personnel, renonçant à de lâches déguisemens, je me suis tourné vers le trône, et qu'élevant vers lui une voix à la fois respectueuse et pressante, sûr d'interpréter fidèlement la conscience publique, et de servir d'organe à la vérité, trop long-temps retenue, je conjurai le Monarque de n'admettre sur les marches révérées de son trône que des amis sincères des institutions et de l'honneur national, de n'ouvrir la porte des conseils qu'au génie véritable de la France, de ne chercher d'appui que dans l'amour d'un peuple, toujours prêt à répondre aux appels de la confiance, qui voulant jouir enfin du fruit de travanx dont il a le droit d'être fier, ne craint que de tomber au-dessous de lui-même, et d'ajouter à la perte de l'empire acquis par sa vaillance, celle du rang que ses lumières lui assignent dans l'univers.... En tout temps, dans leurs malheurs, les Français aimèrent à se tourner vers le trône, comme vers leur consolateur et leur appui.... Ce qu'admettait l'antique servitude ne peut être perdu par la liberté nouvelle; c'est dans cet accord de la liberté avec le respect, que réside le droit des citoyens envers ceux qui les gouvernent... Ils sont grands, les droits du trône, dans notre ordre constitutionnel; souvent dans mon ouvrage j'en ai relevé la splendeur, mais ils n'appartiennent qu'à lui seul. En dehors du Monarque, qui renferme en lui-même sa famille, il ne se trouve plus que des sujets et des hommes égaux en droit de s'apprécier mutuellement d'après les services rendus à la chose publique....

La justice exige de tenir compte des circonstances dans lesquelles un écrit reçut le jour : les impressions d'un temps ne sont pas celles d'un autre.

Portez vos regards autour de vous, Messieurs, et mettez-vous à la place de ceux qui écrivent à la vue des scènes qui agitent et qui épouvantent le monde, au bruit des monarchies qui s'écroulent ou qui se métamorphosent, au milieu de systèmes et d'hommes qui tombent, se relèvent et se remplacent tour-à-tour, lorsque l'année se partage entre six mois d'orage, et les apprêts de l'orage qui va suivre. Dites si les inquiétudes de la plus juste prévoyance, si l'expression des plus vives alarmes peuvent être confondues avec les cris de la sédition, et si c'est par la timidité de l'attente ou celle du silence, que l'on vient au secours de la patrie prête à périr. Combien de princes et d'états ont péri à défaut d'une sentinelle vigilante ou d'un ami assez courageux pour les avertir ! Tels sont les motifs qui m'ont dicté un ouvrage dont je voudrais voir tous les Français partager les principes et suivre les préceptes.... Les lois en seraient plus saintes, le trône plus révéré, la Charte plus religieusement observée, des jours de bonheur et de paix plus rapprochés de nous, ces jours que hâtent tous mes vœux, et pour lesquels ma vie même serait un prompt et doux sacrifice.

Maintenant que, par cette exposition publique de mes sentimens et de mes principes, je puis espérer d'avoir montré qu'aucun oubli de devoirs, qui doivent m'être plus sacrés qu'à tout autre, n'a pu légitimer mon appel en ces lieux, maintenant que le seul bien auquel je puisse consentir d'attacher quelque prix, l'estime de mes concitoyens, est en sùreté, je n'ai plus rien à ajouter à ma défense.

Elle sera complétée par l'orateur célèbre qui a ennobli ses talens en les consacrant à la défense de l'innocence et de l'infortune. Il lui sera facile de prouver que la lettre de mon livre est aussi légitime que sa source fut pure; que tant de pages consacrées à recommander le respect des lois, la majesté du trône, la fidélité à la Charte, ne peuvent conduire à méconnaître les devoirs envers les autorités, à l'honneur desquelles mon livre, j'ose le dire, a érigé un monument; et que, pour le supposer, il faut admettre des contradictions dont un homme de sens ne peut être supposé capable. Il n'aura pas de peine à montrer la distance qui sépare un livre de droit public et d'Histoire, destiné à confronter les principes de la législation, et la confection d'une loi particulière, avec un appel formel à des crimes dont l'idée seule fait reculer d'horreur. Pour intenter une accusation dont le principe suppose une grande perversité et dont les conséquences renferment d'affreux dangers, il faut des preuves qui égalent en évidence celle de la lumière du jour. Les chercher dans des interprétations, dans des rapprochemens de paroles plus qu'expliquées par le corps entier d'un ouvrage, c'est remplir la société de piéges et de dangers ; c'est faire dépendre le sort des citoyens de vagues et commodes formules d'accusation, c'est renouveler l'usage de ces crimes de lèse-majesté, qui portèrent la corruption et l'effroi dans l'empire romain, et qui hâtèrent sa chute dans ces temps cruels, pendant lesquels on ne demandait pas ce qu'avait fait un homme, mais à quelle couleur il appartenait, et qui le poursuivait. L'Histoire, en gardant le souvenir de cette cause, l'ajoutera au nombre déjà trop grand de celles dans lesquelles on avait vu l'existence des plus honorables citoyens soumise à l'art raffiné d'interpréter des paroles et de prêter des pensées, et sous ce raport, la société tout entière est en cause avec moi.

Il n'échappera pas à des juges chez lesquels la droiture égale les lumières, qu'un écrit qui a pour objet les intérêts supérieurs de la société, adressé aux classes élevées parmi lesquelles se trouvent autant de juges que de lecteurs, ne porte avec lui aucun danger: que ceux-ci ne commencent qu'au point où la privation de la lumière facilite la séduction; que dans ces causes, c'est l'absence ou la présence de la lumière qui fait le mal ou le remède; que ce n'est point parmi les hommes occupés de suivre les sociétés dans leurs divers mouvemens, qu'il faut chercher ceux qui tendent à les troubler, et qu'un homme voué à ces hautes spéculations, qui écrit avec confiance parce qu'il croit à la bonne foi, après avoir mis les principes en sûreté, ne peut être tenu de détourner à chaque instant la tête pour regarder derrière lui, à l'usage que l'on peut faire de chaque parole qu'il sème dans une route droite, et dont le but est clairement marqué.

MM. les jurés, le jugement que vous êtes appelés à prononcer dépassera de beaucoup les limites des jugemens ordinaires sur la presse; votre décision atteindra de nouvelles questions de droit public créées par notre ordre constitutionnel.... Elle dira de plus aux Français quelle est la part qui leur reste dans la faculté de manifester leur pensée, dans cette liberté précieuse si vivement désirée par eux, si vivement combattue et presque expirante aujourd'hui.

Fasse le ciel que l'esprit de parti ne s'empare pas de cette cause, dont de meilleurs conseils auraient prévenu l'éclat, pour ajouter aux germes de discordes qui déjà ne fermentent que trop au sein de notre patrie!

AVANT-PROPOS.

AVERTISSEMENT.

CET article dépassera les bornes et sortira, sous un rapport, de la nature ordinaire des avant-propos; le sujet de cet écrit l'a voulu ainsi, et j'espère que le lecteur pardonnera cette petite irrégularité en faveur de l'intérêt du sujet qui l'a produite.

Mon écrit n'a point la Loi d'Élection pour objet unique, j'ai porté mes vues plus haut; éloigné du théâtre sur lequel s'agitait cette grande question, ma voix était étrangère à celles auxquelles il appartenait d'en décider. Bien incapable d'ajouter à ce qu'ont dit tant d'hommes puissans par la parole, je fus arrivé tard et sans fruit; s'ils n'ont pas suffi, à quoi aurais-je pu servir? D'ailleurs, je ne suis pas doué de cette rapidité d'improvisation féconde, qui fait trouver à la fois et tout à coup, toutes les armes dont on a besoin pour de pareils combats. Le temps m'est nécessaire pour faire mes provisions ; je suis loin de Paris, et ce n'est que là où se trouve cette rapidité de communication d'idées qui suppléent à celles que l'on ne tirerait point de son propre fonds.

Accoutumé à généraliser mes idées, j'ai cherché à embrasser l'ensemble de l'affaire des élections, c'est-à-dire, à développer le principe de cette affaire, ses causes intérieures et extérieures, ses accessoires du dedans et du dehors et en un mot tout ce qui est entré dans le corps de ce grand procès : il est bon et juste que la France et l'Europe le sachent. Ce plan conduisait naturellement à examiner quelques parties de la situation générale de la France et de l'Europe. Je n'ai pas dû négliger non plus d'éclaircir quelques questions sur lesquelles je n'ai encore entendu que des mots vagues et menaçans, et dangereux par là même qu'ils sont vagues. Dès qu'on annonce un danger quelconque, il faut commencer par le personnifier et le montrer de manière à le faire bien reconnaître.

Toutes les fois que l'occasion de parler

des principes constitutionnels applicables à notre état se présente, je ne la néglige pas; cette attention me paraît un devoir, je l'ai rempli dans cet écrit, il en renferme plusieurs preuves. Par là, il est arrivé que l'examen de la loi elle-même, occupe la plus petite place dans cet Ouvrage, et l'on peut ainsi juger, si le titre d'*Affaire de la Loi des Élections,* est celui qui lui convenait le mieux.

De l'aristocratie de France et de l'Europe.

Voilà le vrai mot de l'affaire des élections. La loi n'est qu'un fait particulier dans le sujet général qu'elle a ramené sur la scène; ce sujet est l'état même de la société dans l'Europe et dans le reste du monde.

C'est ce haut point de vue que tous les orateurs bien distingués d'ailleurs, ont également manqué et qui est tout-à-fait décisif dans la question; M. Royer-Collard seul l'a atteint dans quelques points.

La loi est applicable à un seul lieu qui est la France, mais elle est l'image de ce qui existe partout; elle est une fraction d'une cause générale commune à tous les lieux, à tous les pays, à tout ce qui existe en Europe et dans le reste du monde. Il ne faut pas s'y méprendre, celui-ci change de face; c'est ce changement qu'un parti réprouve, parce qu'il n'y trouve pas son compte.

Le combat vient d'avoir une issue momentanée en France; cette issue même avertit l'Europe de ce qui se passe dans son sein et de ce qui se prépare pour elle.

En dernière analyse, cette question n'est autre que celle du Contrat social qui aujourd'hui s'agite partout; elle se retrouve dans tout ce qui se fait et qui se dit partout; vingt fois j'en ai averti dans mes précédens écrits : ceux qui ne le voient pas ou qui le nient, ne prouvent qu'une seule chose, c'est qu'ils ne connaissent point le monde dans lequel ils vivent.

Je le répète, il n'y a qu'une question en Europe, celle du Contrat social.

L'aristocratie qui est la place et l'action de quelques-uns à l'égard de tous, fait nécessairement partie de cette question, car il s'agit d'arranger dans la société deux membres qui prétendent en être la tête.

Le Contrat social est la disposition des pouvoirs de la société, distribués par sa délégation propre dans son intérêt à elle.

L'aristocratie résiste à cette distribution, refuse la délégation et soutient que les pouvoirs de la communauté sont sa propriété native, dont le bon usage lui est prescrit, il est vrai, mais dont l'usufruit héréditaire ne peut lui être ravi; c'est sa théologie sacrée.

La loi d'élection du 5 février 1817, consacrant le principe du Contrat social, avait rappelé l'aristocratie au corps de la société; c'est ce qui l'a transportée de haine contre cette loi qui s'opposait directement à sa nature qui est l'inégalité; on voulait la réunir, elle vit de séparation.

Par la loi du 3 juin 1820, l'aristocratie est retournée à son poste favori, sa séparation du corps social et la recréation d'une place à part dans l'association générale, c'est-à-dire, d'un privilége à son profit.

Cette recréation faisait l'objet de ses vœux et fait aujourd'hui celui de ses joies et de son triomphe; tout cela est conséquent, si ce n'est ni éclairé ni patriotique.

La destruction de la loi d'élection, dès sa naissance, jurée d'instinct par l'aristocratie trop bien avisée pour se méprendre sur sa nature véritable, n'est donc qu'un incident et une partie du plan général de restauration, que depuis la restauration royale, l'aristocratie a toujours eu et qu'elle aura toujours en vue.

Tout est lié dans ses idées; à la restauration royale, elle a toujours voulu joindre la sienne propre.

L'absence de la royauté des Bourbons fut pour elle un temps d'éclipse; la présence d'une autre royauté créait une aristocratie parallèle à la sienne. Le retour des Bourbons lui présentait la perspective du retour à ses anciens postes : c'était pour elle le retour de la captivité de Babylone. Mais elle n'entendait pas que cette restauration fût complète pour le trône et ne le fût point pour elle, et lorsqu'elle a vu que les choses se passaient ainsi, on lui a entendu dire, qu'elle aussi était légitime. Le mot n'était pas dépourvu de conséquence, d'après ses idées, mais le côté politique de la rentrée des Bourbons lui avait totalement échappé;

l'intérêt de la France avait fait cette rentrée, mais la France n'en avait aucun à celui de l'aristocratie. Elle et la France faisaient chacune leurs affaires à part.

L'aristocratie n'a jamais conçu et ne concevra jamais que, les Bourbons rentrant à titre de famille dans une propriété souveraine, elle ne rentre pas aussi dans les siennes propres, et dès que l'on fait du commandement social une propriété de famille, dans ce système, on ne peut accuser l'aristocratie d'avoir tort; elle peut bien avoir tort contre les principes du Contrat social, mais elle a raison dans le système de la souveraineté de famille; alors celle-ci n'est que l'aristocratie portée au plus haut degré: le prince plus séparé du corps social et plus agissant sur lui que tout autre membre de l'aristocratie, dans ce système, est le premier des aristocrates.

Dans Napoléon, ce n'était pas l'usurpation que l'aristocratie détestait, mais le cortége de l'usurpation, c'est-à-dire, ces principes et ce peuple d'égalitaires au milieu desquels cette royauté nouvelle lui commandait de se mêler, ce qui, à ses yeux, équivalait à se laisser submerger. Elle eût pardonné à Napoléon son usurpation, si celui-ci eût tout arrangé de manière à faire refleurir sa légitimité propre; voilà ce qu'il faut bien entendre.

Napoléon abattu, l'aristocratie fit effort pour se replacer; voyez comme tous se montrèrent, le même jour, aux postes qu'ils avaient occupés il y a vingt-cinq ans. La Charte arrêta l'invasion et borna l'aristocratie à la Chambre des Pairs; mais l'action purement législative de la Charte ne pouvait pas atteindre l'aristocratie qui lui avait préexisté en corps d'états généraux ou particuliers. Quelques membres de l'aristocratie seulement trouvaient place dans cette Chambre des Pairs, mais tous les autres restaient sans places et dans l'état où les avait mis la révolution. Ils ont donc dû ne rien négliger pour sortir de l'annulation dans laquelle le nouvel ordre les plongeait, pour reprendre de l'importance, et pour cela, ils ont dû chercher à s'emparer de la Chambre des Députés, comme moyen principal et direct de pouvoir, et comme moyen indirect d'arriver par elle à toute l'administration de l'Etat, c'est-à-dire, à y occuper la place que l'aristocratie recherche toujours, qui est la première; ce qu'elle fit en 1815 et qu'elle va faire encore. La France surchargée des débris de ses anciens corps aristocratiques, dans ce temps a éprouvé un embarras dont l'Angleterre fut toujours exempte; car elle n'a jamais eu les grands corps de noblesse et de clergé qui étaient en France. Pour prévenir les conséquences d'une position aussi extraordinaire, il fallait une main de la plus grande fermeté, et elle avait disparu.

Aussi, croire qu'une aristocratie illustre, nombreuse, riche, occupant de tout temps les abords du trône, se bornera, par un beau zèle patriotique, à accepter l'égalité là où elle a commandé pendant des siècles, la médiocrité là où elle a brillé par la richesse, surtout au milieu de tant de richesses nouvelles; croire, dis je, que tant *d'éclipses* seront acceptées et adoptées par elle, qu'elle se résignera au sacrifice constant de ses prééminences, c'est porter loin la bonhomie et l'ignorance de la nature des choses; croit-on donc que l'aristocratie soit faite pour être la seconde, ou rien, et qu'elle l'ignore ?

Ce que l'aristocratie vient de faire, elle le fera toujours; elle a dû le faire, parce qu'elle est l'aristocratie; c'est la troisième fois depuis 1814; à cette époque elle tendait à se rendre maîtresse de tout. En 1815, elle fit de même et fort en grand. Évincée par la loi d'élection, par l'ordonnance du 5 septembre, après avoir passé trois ans à frémir autour de ces barrières, elle vient de les renverser, elle vient d'enfoncer les deux portes par lesquelles on l'avait fait sortir, elle frappera de même à toutes celles qu'on lui fermerait de nouveau.

La duperie est le plus sot métier que les hommes puissent faire, et qui pis est, il est le plus désastreux, lorsqu'il s'agit d'intérêts immenses, tels que sont ceux d'une grande nation. Il y aurait de la duperie à présenter les choses sous un jour différent de celui où je les montre; en tout il faut aller au fond des choses et je viens d'y toucher.

En parlant ainsi, je suis loin d'accuser l'aristocratie, ni d'attacher aucun sens fâcheux à cette dénomination; je me borne à dire ce qu'elle est, ce qu'elle a fait, ce qu'elle a dû faire d'après son essence, ce qu'elle fera toujours; aussi depuis six ans, vois-je arriver tout ce qui se passe, et je ne serai pas plus embarrassé de dire ce qui se passera encore.

Depuis six ans, grand nombre d'hommes ont employé beaucoup de mots, les uns parce qu'ils ne voyaient pas la chose, les autres parce qu'ils la voyaient trop bien, et qu'ils avaient intérêt à ce que l'on ne la vît pas, ou seulement le plus tard possible. Maintenant tous les voiles sont levés, tous les mots ont été prononcés, pas un seul n'a été omis; aujourd'hui les rôles sont à découvert, je puis donc sortir de la réserve que des considérations puissantes m'avaient imposée. Depuis long-temps tout ceci m'était connu à fond, mais il était inutile de le dire tout seul; maintenant tout le monde en sait autant que moi, je suis donc libre de parler comme le fait tout le monde.

Mais ici j'ai besoin de m'expliquer sur deux points :

1°. Mon regret d'avoir vu reparaître ce mot d'aristocratie, qui pendant tant d'années fut le signal, le prétexte et l'aliment de tant de haines et de désordres. Lorsque les partis ont adopté des noms, il y a déjà un mal immense de fait; alors les divisions d'animosité ne se font plus par individus, mais par classes, par masses, et l'on sent tout ce qui peut résulter de l'application d'un sentiment qui procède d'un principe aussi vague.

2°. En traitant un sujet qui me force à l'emploi d'un mot généralement adopté, et dont la signification porte sur des classes qui ont été et qui seront toujours pour moi un sujet de haute considération et d'une sincère affection, je n'ai en vue que de parler des résultats nécessaires de la supériorité connue dans l'ordre social sous le nom d'aristocratie. C'est un chapitre de droit public que je fais, en explorant et en assignant la nature et les effets d'une gradation sociale, et non point du tout une recherche téméraire des intentions, ou bien une exhibition dangereuse et déplacée du caractère de ceux que le temps avait mis en possession de ces supériorités sociales. Victime moi-même des effets de la haine vouée à l'aristocratie, sujet à le devenir encore, et à double titre, on sent quelles intentions et quels ménagemens m'inspirent et m'imposent à la fois le présent et l'avenir.

On ne peut vouloir mal à un homme pour être né duc, noble et tout ce qui compose un aristocrate; à son tour celui-ci ne peut trouver mauvais qu'on dise comment est fait un aristocrate, on ne peut se fâcher contre sa propre image; ceux qui haïssent les aristocrates, à leur place feraient comme eux; partout les hommes ont fait et feront encore de même; il n'y a pas plus deux aristocraties que deux humanités.

La question qui vient d'être décidée momentanément en France, est universelle par sa nature; elle dort par intervalles dans le sein des sociétés; elle s'est réveillée, elle remplit le monde; Carlsbad l'a entrevue sans s'en douter; dans ce pays-là, on n'était guère avancé; elle sera vivement poussée en Espagne. L'Angleterre frémit sous son poids menaçant; les deux Amériques ont versé leur sang pour s'assurer ses bienfaits; Saint-Domingue l'a résolue d'une maniere terrible; les états à demi-constitués de l'Allemagne ne peuvent manquer d'y arriver prochainement; le reste de l'Europe aspire au moment auquel elle pourra y atteindre.

Cette question qui est *radicale* dans l'humanité, agita Rome pendant cinq cents ans; les patriciens et les plébéiens de Rome n'étaient que les classes privilégiées de l'Europe luttant contre les autres classes de citoyens; mais ce qui avait pour limites le *forum* de Rome, aujourd'hui n'en connaît pas d'autres que celles du monde lui-même. Ce qui, à Rome, n'était réclamé ou défendu que comme intérêts particuliers, aujourd'hui est demandé au nom des masses, comme un dérivé des droits de l'humanité; c'est celle-ci qui est en cause. A Rome, les connaissances de l'ordre social étaient bornées, confuses, concentrées entre quelques hommes d'un ordre supérieur; aujourd'hui ces connaissances sont celles de tout le monde. A Rome, comme dans tous les autres pays, les principes de la sociabilité ne pouvaient pas être propagés au milieu de la multitude des esclaves qui auraient pu demander d'y avoir part : Spartacus le fit. Dans les temps modernes, la société tout entière a pris la place des anciens esclaves, elle réclame son affranchissement; avec la présence de l'esclavage, la pensée de la sociabilité ne put jamais être énoncée tout entière; plus heureux aujourd'hui, nous pouvons la montrer et en jouir dans sa plénitude.

Le faubourg Saint-Germain de France, long-temps vaincu, vient de se replacer dans la puissance.

Tous les faubourgs Saint-Germain de l'Europe sont en présence avec le reste de ses habitans.

Le faubourg Saint-Germain d'Espagne va être cité devant l'association espagnole.

Toujours les faubourgs Saint-Germain de Russie travailleront à retenir l'essor des intentions populaires des souverains de ce pays, pour ne pas partager ou perdre la domination qu'ils exercent sur cette contrée.

Les faubourgs Saint-Germain de l'Allemagne accordent des états historiques, ils ne veulent point dépasser cette ligne, parce qu'au-delà ils aperçoivent l'égalité, cet objet de l'horreur innée de tous les faubourgs Saint-Germain de l'univers.

Maintenant cherchons le résultat de tout ceci.

Dans quel état se trouve le monde?

Depuis l'an 1500, trois cents années de découvertes, de richesses croissantes, de lumières répandues partout, deux mondes nouveaux ajoutés au monde ancien, ont changé la face de celui-ci : à chaque période de 25 ans, il se renouvelle.

Qu'est cette rénovation?

Depuis dix-huit cents ans, l'Europe a-t-elle connu d'autres institutions que celles des barbares, formées sur les débris de l'empire romain, ouvrage de la force et de la bizarrerie, comme il arrive toujours de le faire à l'ignorance armée, qui, à proprement parler, constitue la barbarie?

Depuis trois cents ans, la marche est inverse; on va des principes aux institutions, et du droit à la force; c'est la réaction de la raison établissant le droit contre la force et le hasard; l'entreprise est fort grande, il faut le reconnaître, car on doit lutter contre tous les intérêts accumulés pendant long-temps;

c'est en se rencontrant que le combat a commencé entre le droit et les faits; c'est ce combat qui fait le tumulte de l'Europe; en France, il avait été décidé jusqu'en 1814, il s'est renouvelé avec la restauration.

Quand on parle de démocratie de France ou d'Europe, de révolutionnaires et de beaucoup d'autres choses, on ne dit que cela ou l'on ne sait ce que l'on dit. En France comme en Europe, il n'y a pas de démocratie, mais une tendance générale et uniforme vers l'égalité sociale, base de la grande réformation sociale qui s'opère partout.

Les trois cents ans écoulés depuis qu'elle est entamée, ont été employés à rassembler les armes propres à refouler dans la nuit qui les avait produites, les institutions des barbares, à effacer les traces que leurs pas ont laissées partout, à rechercher les bases constitutives des associations humaines, et à faire régner la régularité là où la force et le hasard avaient dominé seuls.

Le moment de faire l'application de ces principes est arrivé en France, et ailleurs encore par les difformités toujours croissantes des gouvernemens, comme par leur inégalité morale rendue palpable aux gouvernés. Les hommes ont déclaré qu'ils n'entendaient plus être gouvernés sans principes et sans lumières supérieures, ou du moins égales aux leurs propres, et en vérité cela n'était pas se montrer trop exigeant. Ils ont dit qu'après avoir, avec Newton, deviné les secrets de la nature; avec Rousseau et Montesquieu, assigné les principes de la société et retrouvé les titres du genre humain; qu'après avoir, avec Colomb, été chercher des mondes nouveaux à travers les abymes de l'Océan; qu'après avoir, avec Franklin, arraché au ciel même la foudre; qu'après avoir, avec un art merveilleux, donné aux productions du génie une vie indestructible et une étendue sans bornes; qu'après avoir mis tous les hommes en communication par mille liens du commerce et des relations sociales, ils ne pouvaient plus supporter que des gouvernemens analogues à l'ordre créé par tant d'acquisitions si précieuses et si grandes. L'Europe savante à déclaré qu'elle laissait à la stupide Egypte d'adorer des animaux.

Cet ensemble de choses ressemble aux montagnes sous lesquelles la fable représente les géans ensevelis : il y avait de quoi écraser l'aristocratie, et voilà que pendant que le monde tient ce langage, l'aristocratie protestant contre les résultats nécessaires et acquis de ces trois cents ans de travaux, se soulevant sous le poids qui l'oppresse, vient redemander à l'Europe sa supériorité; elle lui demande de se séparer d'elle, pour se mettre à sa tête; elle lui déclare qu'un rang égal lui est insupportable, qu'il lui faut absolument le premier, que commander est son essence, comme celle des autres est de servir sous elle.

A la vérité, elle ajoute que cet empire sera doux; que, satisfaite du commandement, entre ses mains il deviendra l'instrument du bonheur de tous, assurances auxquelles je ne demande pas mieux d'ajouter confiance, d'après l'élévation habituelle du caractère et des mœurs de l'aristocratie. Dès que le pouvoir ne lui est pas contesté, elle semble incliner à la douceur. Avec lui, elle a tout; sans lui, elle croit ne rien avoir. Venise, moins le pouvoir, était le gouvernement du monde le plus doux pour qui ne s'en mêlait pas. En cela l'aristocratie est différente de la démocratie qui, par son nombre et ses besoins toujours renaissans, compte sans cesse beaucoup de bras prêts à frapper, et beaucoup de bouches qui demandent à être remplies.

Maintenant je demande si le moment est bien choisi pour venir présenter au monde cette requête spoliatrice de ses droits connus et acquis, par laquelle on l'invite à les laisser surmonter par ceux que l'on s'attribue à soi-même.

Je demande si, lorsque les nombres sont en France dans la proportion de 1 à 100

Pour la richesse, dans celle de 1 à . . . 300

Pour les connaissances, quant au nombre de ceux qui les possèdent, dans celle de 1 à 400;

Je demande, dis-je, où se trouve l'opportunité, ou plutôt où ne se trouve pas toute espèce de dangers?

L'aristocratie veut absolument sortir des rangs des citoyens; mais si ceux-ci venaient jamais à lui fermer les leurs, alors où se trouverait sa place à elle-même?

L'aristocratie ne paraît pas avoir fait de grands progrès dans l'art de vérifier les dates; car elle aurait vu que tout ce qui faisait sa force dans l'ancien ordre social, fait sa faiblesse dans le nouveau; que ce qu'elle possédait alors exclusivement, est possédé aujourd'hui généralement; que depuis que la poudre à canon a donné le moyen de fracasser les armures des chevaliers et de renverser les châteaux des seigneurs; que depuis que l'imprimerie a porté partout le niveau des connaissances; que depuis que l'éducation, mère féconde des lumières, est devenue, par leur diffusion égale entre tous, la prérogative de l'égalité introduite au sein même des sociétés; que depuis que le commerce et les communications entre tous les hommes ont créé avec la richesse mille moyens d'indépendance personnelle et d'égalité avec les rangs supérieurs de la société, tous les supports de son ancienne puissance étaient tombés en ruines, et qu'elle ne peut pas avoir son ancienne existence sans les moyens mêmes de cette existence; mais l'aristocratie paraît avoir conçu une idée d'un genre nouveau, celle de dominer l'ordre nouveau sans avoir les moyens de l'ancien; tentative curieuse à examiner dans ses développemens et dans ses résultats. La plus indestructible des égalités, c'est l'égalité morale provenant de l'éducation; tant que les sources de l'éducation continueront d'être abondantes comme elles le sont dans le nouvel ordre de l'Europe, il en découlera un accroissement continuel d'égalité parmi les hommes. Dans ses plans d'attaque, l'aristocratie prend constamment les effets pour les causes, elle croit parer à certains accidens, et elle ne voit pas le monde au bout de chacune des choses qu'elle touche; elle ne se doute pas que, pour parvenir à changer l'un, il faudrait commencer par changer l'autre : ses vues ne s'étendent pas jusque là. Dans ce moment, et comme s'il manquait quelque chose aux imprudences et aux dangers, elle appelle sur le champ de bataille la grande et la petite propriété; elle les met en présence. En cela, l'aristocratie est conduite par un instinct sûr; car elle sent très bien qu'il n'y a point d'aristocratie hors d'une grande richesse permanente, et dût la terre perdre l'attribut de mobilité que Galilée a fait reconnaître en sa faveur, elle veut que, pour elle, cette planète devienne fixe. Ainsi elle s'oppose, dans son intérêt, à la force de l'état, à sa richesse, à la multiplication des citoyens.

Elle consent à la diminution de ses tributaires, à condition d'augmenter son pouvoir. Elle tend au rétablissement des corporations religieuses, industrielles, comme à celui d'autant de soutiens dont elle s'entoure; son système est dans son instinct. C'est cette marche progressive de l'aristocratie, en reprise du pouvoir comme en opposition avec l'état du monde, qui a formé à mes yeux le point culminant de la question, d'où toutes celles qui ont été traitées, m'ont paru comme des nuages passant sous mes pieds.

Il faut rendre justice à l'aristocratie sur un point; la source d'une partie de ses erreurs n'est pas dépourvue d'honneur. Seulement il faudrait qu'elles fussent amendées par les lumières. L'aristocratie prend des sentimens honorables pour des directions politiques, et dans celles-ci, elle excède toujours la mesure.

Ainsi elle aime le prince et le trône; mais elle veut en faire un ciel et un Dieu, en se réservant les rayons de l'un et les hauts bancs de l'autre. Elle aime la religion à laquelle elle est revenue, après avoir donné l'exemple de la négliger; mais elle prétend en faire un instrument de politique, et lui demande des jougs pour la société. Elle a été révoltée des violences et des crimes de la révolution, et cette indignation vertueuse l'a conduite à confondre les principes, les hommes, le bien et le mal de ce grand drame. Elle hait *in globo* tout ce qui entre dans la formation de cette époque, dont elle ne veut faire qu'un fait particulier. Il en est de même pour tout le reste, elle le juge et le traite d'après son principe d'existence.

Ainsi elle aime les arts et tout ce qui peut embellir la vie; mais elle tient à distance ceux auxquels elle doit ces jouissances, non comme éloignement pour les individus, mais comme séparation exigée par son rang. Dans ce temps, elle ne s'allie presque plus qu'avec elle-même.

L'aristocratie est douée d'autant de sensibilité, de bienveillance et d'humanité, que peuvent l'être toutes les autres parties de la société; mais elle aime d'en haut, c'est-à-dire, en protégeant, et veut que ses dons portent toujours l'empreinte des bienfaits.

L'aristocratie se considère toujours comme à part, même dans les mêmes rangs. Je voudrais savoir jusqu'à quel point et sous quelle forme, hors de la législation, une partie de la Chambre des Pairs communique avec l'autre. On se souvient des cris jetés par elle à l'aspect des collègues donnés par l'ordonnance du 5 mars 1819, et des honnêtes paroles avec lesquelles salua la joyeuse entrée de ses nouveaux confrères, un noble pair qui devait être d'autant plus indulgent pour les résultats de la révolution, que son père avait mis plus du sien dans l'explosion de son début.

Maintenant on peut se demander si l'aristocratie a un plan et un but.

Je répondrai affirmativement pour l'un et pour l'autre. Quant au but, pour le connaître, il ne faut que regarder la nature de l'aristocratie; elle lui fait toujours désirer le pouvoir. Celui-ci est donc son but indéfectible et actuel.

Quant au plan, le voici : C'est le retour à ce qu'on lui a vu faire en 1815.

L'aristocratie, instruite par l'expérience de la faute immense qu'elle avait faite en 1789, en abandonnant les pouvoirs publics, dans ces temps a cherché à les remplir tous. Son calcul était simple ; elle a toujours pensé qu'il lui suffit de se placer au faîte de la société pour la dominer, et que l'obéissance sera toujours jointe à son commandement. Le fonds de sa pensée a toujours été que les Français lui obéiront, aussi bien qu'à tant d'autres qui ne la valaient pas; que d'ailleurs ils sont étrangers à leurs affaires et ne s'en occupent point. C'est sur cette confiance qu'elle a bâti son plan.

Elle a pris son point de départ de la cour qui lui appartient, et de la Chambre des Pairs où elle domine. Assurée de ces deux appuis, pour compléter sa suprématie, que lui restait-il à faire? prévaloir dans la Chambre populaire. Ainsi, maîtresse dans les trois branches de la législature, elle le serait encore du ministère, et par celui-ci de toute l'administration. Par là, elle se trouverait avoir reconquis la France.

N'est-ce pas là ce qu'elle fit en 1815, et ce qu'elle tend évidemment à renouveler?

Alors ne la vit-on pas maîtriser le ministère par la Chambre populaire dont elle disposait? Elle fit former la magistrature dans son sens, remplit de même les postes militaires, administratifs et même financiers. L'état lui appartint; elle le perdit au 5 septembre; elle chercherait à y revenir après vingt autres 5 septembre. Elle vient d'avoir son 3 juin; on verra si ce n'est pas la destruction du 5 septembre, de ce jour si haï par elle. Donnez-nous les hommes, après les lois, a dit un des chefs du parti. M. de Châteaubriand, qui est son premier évangéliste, a tracé le reste du plan avoué publiquement par le parti dans le sein même de l'assemblée qui s'unissait hautement d'intention à tout ce qu'en lisait M. le général Foy. C'est une des scènes les plus singulières qui aient jamais eu lieu dans un corps délibérant. Ce jour, on a cessé de se farder, et tous les masques ont été levés. Les plans de l'aristocratie sont donc bien certains; ils sont constatés par ses aveux, ils le sont encore plus par ses propres attributs : elle ne démentira pas plus sa nature que ses paroles.

L'aristocratie avait deux écueils à éviter :

1°. Mettre trop à découvert son éloignement pour tout gouvernement constitutionnel, ce qui la perdrait dans l'esprit de la nation.

2°. Revenir aux violences et aux sévices qui, depuis 1815, lui ont valu tant de reproches et d'animadversion.

Pour se mettre en règle sur ces articles, elle célèbre son attachement à la Charte et proclame la douceur de son règne à venir.

Elle fait aujourd'hui, pour la Charte, ce que le sentiment général qu'elle rencontra dans la nation, à l'époque de 1815, l'obligea de faire. Alors elle ne voulait d'aucune Charte, d'aucune institution constitutionnelle. Un cri général l'avertit de sa méprise et força sa haine à se revêtir du masque de l'amour.

Aujourd'hui elle ne retomberait pas dans la même faute ; elle se prosternerait devant la Charte, et dans cette attitude de respect, elle la traiterait comme ces souverains dont on baise les pieds et dont on lie les mains.

Qu'on lui laisse prendre la Charte, et l'on verra ce qu'elle saura en faire.

Maintenant il faut chercher si même avec l'intention de se tenir à la Charte, l'aristocratie pourrait le faire, et si la Charte lui suffirait.

On fait mal ce que l'on n'aime pas; l'aristocratie a pris la Charte comme a dit si naïvement un de ses membres: *je suis toujours à cheval sur la Charte, mais c'est pour la crever;* elle est entrée dans la Charte, ainsi que l'a dit une femme célèbre, *comme les Grecs dans le cheval de bois*, pour surprendre Troye. Bien simple qui lui suppose une autre intention et la possibilité d'une autre action; car alors elle agirait contre sa nature. Le premier mot de la Charte étant une reconnaissance d'égalité, est par là même une hérésie anti-aristocratique au premier chef, un principe révolutionnaire, car il établit l'égalité.

La Charte reconnaît la liberté de la presse, et c'est à elle que l'aristocratie reproche sa première dégradation; c'est elle qu'elle signale au monde comme la boîte de Pandore, dont la destruction seule peut guérir tous les maux qu'elle lui impute.

La Charte est évidemment insuffisante pour l'aristocratie; mais ce qui est capital dans la question, c'est de savoir en quelle dose les diverses parties de l'aristocratie entreraient dans la Chambre populaire. Sous un nom collectif, il faut distinguer un esprit et une manière d'être différens : l'aristocratie élégante, polie, éclairée de la cour, des grandes sociétés, des villes capitales, n'est pas du tout l'aristocratie du fond des départemens, de ce qui reste de châteaux, d'hommes pauvres, ignorant le monde, vivant entre eux et nourris d'une seule idée. Il y a une distance immense entre cette aristocratie des grandes cités, qui sous le laminoir de la société, perd la rudesse d'opinion et l'aspérité des formes, qui passe le temps à voir, à entendre, qui peut comparer et juger, avec l'aristocratie isolée dans des demeures obscures, reculées, et qui, dans le cours d'une année, ne lit pas un livre nouveau. Quelle immense distance sépare l'aristocrate de Paris et l'aristocrate qui aura appris l'amour de la Charte pendant dix ans à l'armée de Condé, et pendant vingt dans les ruines de son château et en présence de ses propriétés dont la Charte assure la jouissance à un autre! Il ne faut pas exiger des hommes l'impossible, ni d'un grand nombre cet effort de raison qui ne peut appartenir qu'au très petit nombre. La résignation n'est pas une vertu aristocratique; tout dépendrait donc du nombre dans lequel entreraient dans la chambre populaire ces hommes *tout d'une pièce, qui n'entendant rien à tous ces ménagemens mensongers, iraient à leur but avec la franchise expéditive qui les caractérise.*

On peut reconnaître trois degrés dans l'aristocratie française composée d'élémens qui n'ont rien de commun que le nom : la haute aristocratie, la moyenne, l'inférieure. Celle-ci forme les sous-officiers de cette armée, et ce sont les aristocrates de province. D'après la loi, la Chambre populaire leur appartiendra, et il n'y a pas de doute qu'on les verrait marcher droit à la Charte et attaquer le corps de la place.

Quiconque a vécu avec cette partie de l'aristocratie, a toujours reconnu en elle un principe uniforme : c'est *que le Roi n'est pas remonté sur son trône et qu'il n'a qu'à reprendre toute son autorité.* Le pouvoir absolu est la seule Charte de cette classe; fidèle à la haine que l'ancienne noblesse avait vouée et qu'elle observait très bien, contre l'étude et les délibérations, cette classe toute d'exécution, traite tout cet appareil législatif de vain bavardage, et simplifiant la chose, elle demande qu'un seul commande et que le reste obéisse, ce à quoi elle se propose elle-même pour l'exécution; voilà pour elle le fonds, la forme et tout l'art du gouvernement possible parmi les hommes. On verrait renouveler par cette classe contre les autres classes, ce que les Danois, en 1660, firent contre leurs nobles, c'est-à-dire, aller faire au trône la remise entière de tous les pouvoirs, et la plus complète lui paraîtrait la plus raisonnable.

Mais d'après la loi, si la majorité de la Chambre populaire est aristocratique, cependant une partie non aristocratique s'y trouvera toujours. Il y aura une tribune; cette dernière partie en usera dans un sens directement contraire à celui de l'aristocratie. Il faut bien s'attendre que, d'après la loi, et surtout d'après les circonstances qui l'ont accompagnée, chacun donnera à la Chambre les extrêmes de son parti; un parti parlera donc d'égalité devant l'inégalité, de principes devant ceux qui en ont souffert; qui les méconnaissent, qui les regardent comme des rêveries pernicieuses; il est bien évident que cet ordre de choses ne pourrait pas être maintenu pendant une année, et qu'en définitive toute aristocratie qui demande des tribunes où le peuple peut aborder, ne s'entend pas elle-même. L'aristocratie de Venise en savait davantage, et n'eût jamais fait ce contre-sens. Aristocratie et tribune sont deux mots incompatibles.

Malheureusement, le monde est rempli d'hommes qui ne comprennent pas ce qu'ils demandent, et qui profèrent beaucoup de mots qu'ils n'entendent guère ; ceci n'est pas tout et revenons à l'état actuel.

Les affaires ressemblent aux médailles; elles ont toujours deux côtés; le malheur de l'aristocratie est de ne les regarder que d'un seul. Dans son ardeur innée pour le pouvoir, elle ne calcule que lui ; elle lui attribue l'infaillibilité; il a la faculté de lui déguiser les résistances qu'elle rencontrerait; c'est malheureusement ce dont elle ne tient aucun compte, et c'est là que l'attendent mille dangers, mais d'où viendraient ces résistances?

La réponse est simple :

Du poids du monde lui-même; de toute la civilisation moderne, de toute la richesse moderne, de toutes les lumières modernes, de toute la population moderne qui a un mode d'existence différent de celui de l'aristocratie. En France, la proportion est de 1 à 59.

Que l'aristocratie voie si elle est en état de soulever ce fardeau, si elle peut faire rétrograder le monde, rebrousser la civilisation, si pour lui faire plaisir, le genre humain va consentir à changer de face et à borner sa carrière. L'aristocratie est un état de station, et celui du monde actuel un état d'avancement et de progression continuels. Cet aperçu a échappé à l'aristocratie; si elle se sent assez forte pour poursuivre son entreprise, qu'elle la continue; mais si elle ne l'est pas, qu'elle se laisse conjurer de s'arrêter et de détourner la tête, pour reconnaître l'abyme placé derrière elle (1).

Ce seraient ces résistances qui annuleraient les bonnes résolutions de l'aristocratie dans l'exercice du pouvoir reconquis. Je ne m'aveugle point sur ses intentions, et je suis fort loin de lui attribuer les vues tortionnaires qu'on lui impute vulgairement. L'aristocratie ne dévore pas, mais elle com-

---

(1) Je supplie l'aristocratie de m'éclairer sur ce point : comment se démêlerait-elle de toute la république des Lettres qui lui est contraire; écrivains, professeurs, écoliers, littérature, droit, médecine, tout lui est opposé dans cette catégorie;

Du commerce, arts, industrie, propriétaires du moyen ordre, si communs en France, dans les mêmes dispositions à son égard;

Des millions d'acquéreurs des domaines que tant d'intérêts et d'alarmes rendent ses ennemis;

De la totalité de la bourgeoisie qui aujourd'hui dispose du peuple des villes et des campagnes?

Comptera-t-elle comme contre-poids la force publique dont elle disposerait, et l'armée?

Mais la vraie force publique est dans la masse de la nation; le plus léger mouvement de ce poids écraserait tout. Quant à l'armée, voyez l'île de Léon, 1er janvier 1820; l'armée la plus ferme aux frontières,

mande; elle veut toujours le commandement, mais elle ne veut pas toujours les exactions. Une aristocratie élégante, polie, sociale au premier degré, telle qu'est l'aristocratie française, sera plutôt éloignée de l'esprit de vexation : l'exemple de 1815, temps de colère et de vengeance, ne prouve rien ; il n'y a qu'un 20 mars et un 1815 dans le monde. J'inclinerais donc volontiers à être tranquille sur le maniement

---

ou des perturbateurs évidens de l'ordre public, dans les discussions civiles, le second jour sera avec le peuple. Désormais il faut s'arranger sur cela, car on ne trouvera plus autre chose.

Le soldat, soldat aux frontières, peuple avec le peuple.

L'aristocratie a oublié la partie la plus pénible de sa tâche, c'est qu'elle s'est préparé un combat éternel, dans lequel, vaincue un seul jour, il en sera pour elle, comme si elle n'eût jamais triomphé. Attaquée sans relâche, il faudra qu'elle garde éternellement ses retranchemens, car s'ils sont forcés dans un point et un seul instant, ce sera comme si elle n'en eût jamais élevé.

Quelle tâche l'aristocratie s'est imposée là !

Il faudrait qu'elle fût maîtresse du temps ; elle ne peut répondre d'un jour.

e..

de l'autorité par l'aristocratie, si elle en jouissait sans contestations ; mais comme celles-ci commenceront avec le pouvoir même, comme elles s'enflammeront tous les jours ; comme, à son exemple, on ne négligera rien pour lui enlever un pouvoir que de son côté elle n'a obtenu qu'en ne négligeant rien ; comme elle ne peut jamais consentir à se dessaisir du pouvoir, il est évident qu'elle serait forcée, pour défendre cet objet de ses vœux indéfectibles, de renoncer à ses bonnes résolutions, d'appeler aux moyens de défense et de se précipiter une seconde, mais dernière fois, dans les sévices repoussés par d'autres sévices.

Je sais la confiance que l'aristocratie met dans l'efficacité des moyens dont le pouvoir lui laisserait la disposition ; mais je connais aussi leur portée, leur fragilité, les moyens que l'on emploierait contre elle, je les vois et je me tais ; je connais trop le résultat *du combat d'un contre tous.*

C'est sous ce rapport général et dans cette liaison avec l'ordre général du monde, que m'a apparu la loi des élections ; elle tenait tout entière à une question antérieure, celle que je viens de développer; celle-ci est toute neuve et personne ne l'a encore traitée avec quelque étendue.

L'acquittement de cette première partie de ma tâche, me donne la faculté de parler de la manière dont j'ai cru devoir traiter la seconde.

De l'ouvrage lui-même.

J'ai fait porter principalement cet écrit sur les articles suivans :

1°. Les inconvéniens de l'initiative royale dans la législation.

2°. La dignité de la législation et sa sainteté aux yeux des hommes.

3°. La considération et la supériorité morales, inhérentes au ministère.

4°. La situation de la dynastie en France.

5°. La loi elle-même.

A mesure que j'écrivais, la discussion développait et confirmait ce que je traçais de mon côté.

Cette discussion a été grave, solennelle, commune à l'Europe et à la France : pour me servir d'un mot auquel il n'a manqué que de n'être pas prononcé la première fois par une bouche impure, *il y a de l'écho en Europe*, et bien borné qui ne croit pas que ce qui se dit à la tribune d'un pays, dans une cause d'intérêt général, c'est à dire de principes, ne retentisse pas à la fois partout.

La loi d'élection en France est la loi d'aristocratie dans toute l'Europe, et que l'on ne doute pas que celle-ci ne l'ait entendue fort distinctement dans ce sens.

J'ai fait sentir combien en voulant relever la royauté par l'attribution de l'initiative législative, dans le fait on l'avait rabaissée, en la présentant comme sujette à la fois, à la contestation et à la contradiction. On avait en vue d'ajouter au pouvoir, on a retranché à la considération; le résultat a été directement contre l'intention.

La discussion d'où nous sortons a mis distinctement cette vérité dans tout son jour; car elle a exposé la royauté à subir la honte d'un aveu auquel elle ne doit jamais être exposée et ne peut jamais descendre, celui de reconnaître qu'elle ait présenté une mauvaise loi.

Le ministre qui a pu oublier la dignité de la couronne au nom de laquelle il parlait, au point de proférer ces dégradantes paroles, a montré par cela même, qu'il est incapable de servir la royauté; car, pour la servir, il faut commencer par l'entendre, et il est évident qu'il ne l'entend pas.

La contestation contre la pensée royale exprimée par la proposition de la loi faite au nom du prince, a été la plus vive et la plus animée qui fut jamais; chose entièrement contraire à la considération de la couronne. Que dirait-on d'un prince que l'on verrait réduit à soutenir la discussion la plus vive, au lieu de ces paroles de commandement, qui seules caractérisent la royauté et seules aussi doivent sortir de sa bouche? En Angleterre, la royauté s'est bien gardée de s'y exposer; aussi, quelque animées que soient les discussions, comme elles ne portent que sur des propositions purement ministérielles ou individuelles, ces discussions n'affectent en rien la royauté qui n'y entre en aucune manière, tandis qu'en France, c'est la royauté qui en fournit directement le sujet.

Dans la circonstance actuelle, et comme pour que rien ne manquât à la dépréciation de ce qui doit toujours conserver le poste de supériorité, il est arrivé, par un insigne malheur pour la royauté, que l'argumentation de ses serviteurs a été aussi terne, aussi faible, que de son côté celle des adversaires a été forte, brillante, pleine et péremptoire : la première repoussée avec âcreté par l'opinion, la seconde soutenue par elle avec enthousiasme; car, toute réticence mise à part, et la saison en est loin, tel est au vrai l'état des choses. En cela la couronne a fait et ferait un contre-sens très dommageable pour elle, en usant de serviteurs inférieurs à leurs adversaires; il n'en est point que les ministres ne doivent pouvoir terrasser. En Angleterre, un ministre inférieur ne serait pas toléré pendant huit jours.

De plus, dans tout le cours de cette discussion, la royauté a été montrée comme contradictoire avec elle-même, versatile, se réformant, et par conséquent avouant des erreurs, toutes choses directement et mortellement attentatoires à la haute considération dont la couronne ne peut jamais être séparée sans déchec et sans avoir à souffrir dans son attribut essentiel, qui est la considération. Elle doit toujours la posséder dans le plus haut degré. Dans cette circonstance, cette considération n'a pu qu'être blessée par le grand nombre des variations dont la couronne a été atteinte et convaincue, et pour mettre le comble à cette délustration, il a semblé qu'il y eût combat de contradictions entre la couronne et ses serviteurs; cependant la justice oblige de reconnaître que quelque graves qu'aient été celles de la couronne, le rude contrôle auquel celles des ministres ont été soumises, dans cette lutte peu glorieuse, leur a assuré la palme des contradictions.

Après Dieu, ce qui est le plus sacré à mes yeux, c'est la législation : elle est une émanation de la divinité même. En elle, réside la conscience publique de l'humanité; c'est à elle à former toutes les consciences privées, à les diriger et à les commander. Sous quels augustes rapports ne doit-on pas la présenter aux hommes! Partout où l'on fait des lois, il devrait être écrit en lettres d'or : *Avant tout, respect à la loi.* Les rois ne sortent point de leurs palais sans un cortége propre à imposer et à faire ouvrir les rangs; de même la loi ne doit sortir du palais de la législation qu'environnée de tous les attributs qui attirent la vénération et l'obéissance. Or, est-ce ainsi que la loi nouvelle, que cette importante loi qui, plus que toute autre, avait besoin de cet appui révéré, entre dans le Code des Français et leur demande l'adhésion de leur esprit, les affections du cœur avec la soumission extérieure et apparente? En fut-il jamais une dont l'entrée dans le monde fut marquée de signes plus funestes?

Avant sa naissance, météore déjà menaçant, un parti la montrait à la France dans un lointain effrayant; enfant réprouvé par ses parens avant que de naître, elle avait été étouffée en 1819 des propres mains de ceux qui la présentent aujourd'hui; conçue et enfantée dans les douleurs des misères publiques, elle a reçu le jour à côté de celui qui restera à jamais obscurci par un crime horrible.

Quel est le fondement de cette loi? sans doute il doit être et fort grand et fort noble;

apprenez à le connaître : une argutie scolastique, une dispute grammaticale, une équivoque, voilà sa noble origine. O Boileau ! si tu vivais parmi nous, ta main s'armerait contre l'équivoque, de traits encore plus perçans que ceux que tu lanças autrefois contre *lui* ou contre *elle ;* ta bile s'enflammerait d'un feu nouveau !

Le législateur n'est pas un grammairien occupé de noter la signification exclusive de chaque mot et de l'ajouter au texte de la loi.

Le législateur n'est pas non plus un légiste dont l'état serait d'incidenter sur toutes les interprétations qu'on peut avec subtilité trouver occasion de donner à ses paroles. Non, la tâche du législateur est tout autre, elle se compose de grandeur, c'est-à-dire, de générosité et de bonne foi et s'arrête là. Le législateur trace des lignes ; il dit ce qu'elles doivent contenir ; il déclare les capacités nées et à naître, et puis c'est tout. Il remet ensuite son ouvrage à la bonne foi de la raison.

La Charte avait fait ainsi. Elle avait tiré une grande ligne entre ceux qu'elle reconnaît capables, et ceux qu'elle ne reconnaît pas encore comme tels. Son intention est formelle, ses paroles sont claires, un enfant ne s'y méprendrait pas; la France qui n'est pas un enfant, depuis trois ans l'a entendue de même, et voilà qu'on vient lui déclarer qu'il existe dans un terme de la loi une acception possible, qui peut laisser supposer dans le législateur une autre intention que celle qu'on lui a prêtée jusqu'ici; on lui dit que ceux qui l'avaient entendu de même et soutenu à grand bruit, ont reçu une illumination nouvelle soit d'en haut, soit de plus bas, et qu'enfin ils ont changé de dictionnaire, ou changé le dictionnaire français. Alors de dessous ce voile mystérieux a été tiré le précieux mot de *concourir*, ce canevas apprêté pour la déception. Défunt Escobar, d'équivoque mémoire, n'eût pas mieux fait.

Le législateur, dans la franchise née de la pureté de ses intentions, a négligé et n'a pas cru nécessaire de dire concourir *directement;* il a usé du mot dans la latitude de l'usage ordinaire. Qui, en parlant de concours, a jamais songé à différencier le direct de l'indirect? Et dans ce cas, où pouvait se rencontrer un concours indirect dont le législateur n'avait donné aucune indication, et pour l'exécution duquel il n'avait tracé aucune règle, tandis qu'il avait assigné celle de concours direct et général. Son intention d'accord avec la grammaire était donc évidente.

Cependant, c'est de cette déception qui restera dans les annales de l'Histoire, que l'on a pris son point de départ.

Le parti qui a juré la perte de la loi d'élection dès le jour de sa naissance, et qui, depuis cette heure, n'a pas cessé de rugir autour d'elle comme autour de sa proie, a saisi le joint que la subtilité lui a offert, et s'appuyant sur une majorité législative obsédée de terreurs chimériques qui sont son ouvrage, il a remis entre les mains de son nouvel allié, le ministère, cette arme vile et faible, et, ô honte éternelle, elle a suffi pour faire dépouiller le peuple français de ses droits, et le livrer à l'aristocratie!

Par cette supercherie, le ministère a déshonoré, autant qu'il est en lui, l'initiative royale.

Voilà l'origine véritable et la conduite de tout ceci, telle que l'Histoire la consacrera telle que ses auteurs s'applaudissent de l'avoir disposée. Il ne faut pas s'y méprendre, tout ceci était arrangé à l'avance, toute discussion n'était qu'un simulacre, un leurre pour le public ; on voulait à tout prix ce qui a été fait ; c'est un vrai coup d'état fait par la main de la législation, au moyen d'une majorité assurée d'avance ; les aveux ingénus de M. Bourdeau ont levé les minces voiles qui couvraient tout cela. Ainsi la France a été dépouillée par une *surprise de mots*.

Il n'est pas un homme d'un sens médiocre, mais droit, sans intérêt dans la cause, qui eût balancé un instant sur la signification du mot traduit en jugement. Qu'on eût pris mille anglais, allemands, espagnols, tous garantis par leur impartialité, et l'on verra si de prime abord, tous ne se fussent pas accordés à reconnaître au mot *concourir* le sens que nous lui assignons, comme la France entière l'a fait, comme elle le fait encore, comme elle le fera toujours ; à cet égard, on doit s'attendre à une réclamation éternelle de sa part.

L'Histoire n'offre pas un exemple de déception pareille, appliquée à la décision du sort d'un peuple.

Pour compléter toutes ces douleurs, il faut de plus, qu'une loi aussi capitale ait reçu l'imposante sanction d'une majorité de cinq voix, et cela une heure après avoir été repoussée par une majorité contraire d'*une* voix ? Quelles idées se former à l'aspect de ce passage instantané parmi les mêmes hommes, de la majorité à la minorité, et de la minorité à la majorité ? Quels motifs de pareilles variations ne donnent-elles pas lieu au vulgaire toujours méfiant, de prêter à ceux qu'il voit s'y laisser aller, et que ne dit-il pas ? Quelle autorité, quel poids porte avec elle, dans l'ordre rationnel, une majorité d'une voix, de cinq voix, et quelles voix encore, comme nous le montrerons tout à l'heure ?

La majorité législative n'est qu'une fiction convenue, celle de la représentation de l'opinion générale, dans laquelle la vérité est toujours supposée résider ; mais comment reconnaître et cette opinion générale et cette présomption de vérité, lorsque la loi est évidemment contraire au vœu de l'opinion générale, lorsque la majorité législative ne représente plus qu'elle-même, et ce qui achève tout, lorsque la discussion a mis une distance immense entre l'opinion triomphante et l'opinion repoussée, et lorsque la raison dans toute sa supériorité a prononcé en faveur du vaincu contre le vainqueur.

Il y a toujours un retour du vote émis par la majorité législative, au tribunal de la majorité nationale qui le confirme ou qui l'infirme moralement. Dans ce cas, la loi matérielle peut tenir, mais la loi morale n'existe pas.

Mais j'ai deux questions à faire : l'une d'un intérêt général et l'autre d'un ordre privé.

1°. Quelle est la destination de la législation?

Régler et épurer l'homme, c'est-à-dire, le rendre moral, en traçant devant son esprit les règles d'équité et de conduite qu'il doit suivre.

Or, comment atteindre ce but en lui présentant comme sa règle, des lois qu'il a vues naître des combinaisons d'intérêts privés, des manœuvres de l'intrigue et d'autres sources aussi peu recommandables? Dans ce *caput mortuum* de législation, car quel autre nom lui donner, à quoi le respect peut-il s'attacher? L'obéissance, il est vrai, est un acte de sûreté personnelle, durable autant que le danger et la contrainte, mais finissant avec eux; dans tout cela qu'y a-t-il pour la moralité du peuple, et sans cette moralité, à quoi servent les lois? Donnez la moitié de vos lois pour un peu plus de moralité, et vous aurez fait un bon marché; c'est donner des remèdes, des drogues, pour la santé elle-même.

En pareil cas, les lois ne sont plus que des instrumens dont chacun se réserve de se servir à son tour.

2°. La majorité est de *cinq* voix; tout à l'heure elle était de *une*, et contraire; mais la France sait fort bien qu'il y a dans la Chambre plus de *cinq* fonctionnaires publics, et que de plus elle compte *cinq* ministres.

Voilà donc la France qui voit son sort dépendre des voix des ministres et des fonctionnaires! La preuve est au bout, car ici, sans les ministres, la majorité était contraire, et sans les fonctionnaires, encore plus.

Or, je demande si avec équité, avec décence, la loi, c'est-à-dire le sort d'une nation, peut dépendre de ceux qui ont un maître à part, un intérêt à part; s'ils peuvent être censés voter dans l'intérêt général et avec la liberté générale qu'on reconnaît dans leurs collègues; l'inégalité de leur condition n'est-elle pas choquante? Et cependant, quel en est l'effet? Livrer toute une nation aux mains des ministres et des fonctionnaires.

Quant aux ministres, l'initiative a créé pour eux une question qui n'a pas encore été entrevue : avec l'initiative, le ministre peut-il voter, et doit-il même siéger?

L'initiative a donné une face nouvelle à notre ordre constitutionnel, et ceux qui l'ont établie, ne s'en doutaient pas. De la manière dont elle est établie chez nous, elle fausse tout notre ordre constitutionnel.

Raisonnons :

Qu'est le vote du député? L'expression de sa pensée propre.

Pourquoi la nation obéit-elle à ce vote? Parce qu'elle y reconnaît l'expression de la volonté de son mandataire. Tout cela est conséquent. Alors la nation s'obéit a elle-même, en obéissant à celui qu'elle a jugé digne de la représenter. Jusqu'ici tout est dans l'ordre le plus parfait; mais il en est tout autrement à l'égard du ministre, dans l'ordre de l'initiative. Il ne se présente pas comme député exprimant sa volonté propre, mais une volonté supérieure, étrangère, imposée; la preuve qu'il exprime cette pensée, c'est qu'il est encore ministre : comment pourrait-il prouver qu'il pense, comme député, ce qu'il propose et soutient comme ministre? Et la supposition n'est pas gratuite, car on se rappelle ce ministre de 1815, qui a déclaré qu'il pensait comme ministre, autrement que comme individu. Au moins celui-ci en convenant de la différence, a-t-il eu le mérite de la bonne foi; elle ne le fera pas ministre une seconde fois, il est vrai, mais aussi elle ne l'empêchera pas sûrement de figurer avec distinction parmi les innocens.

On peut donc légitimement conclure que, par là même que dans le système de l'initiative, le ministre ne peut pas donner la preuve de sa volonté propre, il doit être interdit du droit de voter; car on ne sait pas si c'est lui ou son maître qui vote, et cependant la nation sur laquelle tombe l'effet du vote, a le droit de demander et de savoir qui a voté; le *Prince* ne peut voter dans la Chambre. En Angleterre, le ministre ne soutient que son opinion, ou celle d'un député comme lui; il doit voter. Ce qui repousse du vote le ministre français avec l'initiative, ne l'atteint pas lui, dont la volonté n'est pas ostensiblement liée à celle du Prince. C'est cette liaison qui fait la différence entre les deux ministres; dans ce cas, on pourrait tirer la conséquence, que le rôle du ministre dans la Chambre, se borne à présenter la loi et à se retirer ensuite; que par conséquent son état de député finit au moment auquel il accepte celui de ministre devenu l'organe d'une volonté étrangère à celle du député, et agissant par conséquent sans cette indépendance qui fait la base de l'état du député. Il ne peut plus être député; cependant c'est à *cinq* voix que la loi est admise, et les ministres sont au nombre de *cinq;* ce sont donc les ministres qui ont fait admettre la loi qu'ils avaient proposée en autre nom que le leur; joignez les voix trop nombreuses des fonctionnaires qui siégent dans la Chambre, et l'on voit que le sort de la France dépend des votes qui ne devraient pas même exister dans le sein de la législature; d'où il résulte que dans un ordre bien entendu, la majorité serait contraire à celle qui existe et que les suffrages d'une valeur véritablement constitutionnelle, ce que dans le droit on appelle *omni exceptione major*, auraient donné et ont donné effectivement la majorité numérique à la minorité; car pour la majorité rationnelle, celle-ci n'a pas cessé de l'avoir.

On pourra voir dans le cours de cet ouvrage, que la haute idée que j'ai conçue de la royauté, m'a conduit à porter aussi très haut la dignité du ministère. Cette dignité se compose de celle du caractère et de l'étendue du talent du ministre.

Il n'entre dans mon sujet que de m'occuper de celui-ci. Le talent du ministre est cette supériorité de l'esprit et des vues, qui lui donne la faculté de faire prévaloir la pensée du Prince par la supériorité de la raison ; le système de l'initiative lui en fait la loi.

Or, dans cette occasion, quelle a été l'attitude du ministère et celle des agens de la couronne ?

Que n'a-t-on pas eu à entendre et de M. de Serre, et de M. Pasquier, et de M. Siméon, et de M. Cuvier ?

En thèse générale, ces messieurs n'ont pu défendre la loi elle-même, ils ont été réduits à soutenir comme ils ont pu, quelques accessoires, à se retrancher derrière des subterfuges, à recourir à toutes les ressources dont la pénurie des raisons véritables peut faire sentir le besoin. Tous leurs argumens ont été pulvérisés, la honte eût dû leur faire une loi du silence devant des adversaires élevés à une hauteur infinie au-dessus d'eux. Jamais ministère ne fut plus humilié ; son front était dans la poussière ; l'Europe l'a vu dans cet état. Sûrs d'une majorité dévouée, comptant sur une alliance dont ils devaient s'étonner les premiers, les ministres avaient l'air de dire : *nous voulons la loi ; nous sommes en force pour la faire, nous l'aurons ; la*

Charte dira ce qu'elle voudra, vous aussi, nous avons la majorité, la loi passera, car avec nous, pourvu qu'une loi passe, c'est tout ce qu'il faut.... Je n'invente pas, M. Bourdeau l'a dit : *à quoi bon tant délibérer? la chose est décidée; aux voix!*

On appelle cela faire des lois! Eh bien, à la bonne heure ; mais au moins que l'on convienne que c'est à l'école de la révolution qu'on a appris à les faire ainsi, et qu'on cesse de nous parler des révolutionnaires. Pour revenir à l'attitude dans laquelle en cette grande occasion, ont comparu les ministres, je demande quel honneur peuvent rapporter au Prince, car il y a un commerce d'honneur entre le Prince et son ministre, des hommes qui ont été soumis pendant quinze mortelles journées, à recevoir à la face de la France et de l'Europe, des apostrophes dont la centième partie ne serait pas tolérée entre des particuliers ; je demande comment ils ont eu le courage de revêtir de nouveau des habits qui ont été couverts de fange à ce degré ?

Je n'entends point parler des paroles qu'ils ont donné lieu à leurs adversaires de leur adresser ; les ménagemens ne devaient pas venir de ce côté, aussi n'est-ce pas d'elles que j'entends tirer aucun argument; ce ne sont pas même les adversaires habituels qui ont le plus maltraité les ministres ; la dure épreuve est venue du côté d'où devait venir l'appui. Les hommes qui se sont montrés les plus sévères envers eux, sont précisément des membres du conseil même du Prince, des hommes pour lesquels la modération, la pureté et le talent ont tressé une couronne d'honneur, devant laquelle l'opinion publique s'incline avec respect : MM. *Royer-Collard* et *Camille-Jordan*. Eh bien, ce sont ces hommes si modérés, si éclairés, si attachés au trône, si dévoués au Gouvernement, qui ont adressé aux ministres les exprobations les plus poignantes.

On a entendu M. Royer-Collard, conseiller d'état, tenant ce pauvre ministère sous sa puissante main, comme l'aigle tient le faible oiseau sous sa serre déchirante, déclarer *qu'il rejette une loi qui fait descendre le gouvernement légitime au rang des gouvernemens de la révolution, en l'ap-*

puyant sur le mensonge. C'est avec cette note qu'il a rejeté le ministère dans l'arène d'où il l'avait soulevé, pour l'y laisser nu, confus, déplumé, à côté des Lainé, des Cuvier, des Villèle, des Corbière, auxquels il venait de montrer qu'ils n'entendaient pas un mot à tout ce qu'ils disaient, et qu'ayant alternativement un pied dans le despotisme et l'autre dans la souveraineté du peuple, dans le fait ils ne savaient sur quel pied ils marchaient.

On a entendu M. Camille-Jordan, conseiller d'état, proclamer que *malgré ses liens avec le ministère, il lui est impossible de l'accepter pour guide dans une question où il n'avait pas cessé de s'égarer et de se contredire depuis trois ans, où il ne se présentait encore que livré aux vacillations les plus déplorables, visiblement placé sous l'influence des conseils les plus suspects.*

Le même a dit que *les nouvelles élections sont transformées en un grand et périodique outrage à la nation entière;*

Que *ce projet est le plus imprudent, le plus funeste qui ait jamais pu pénétrer dans les conseils des rois, depuis ces projets de funeste mémoire qui entourèrent et perdirent la race infortunée des Stuarts;*

Que *son attachement à la famille royale lui fait un devoir sacré de s'opposer à un projet qui ne tend qu'à préparer le plus funeste divorce entre le peuple français et l'auguste famille qui le gouverne.*

Ce mot terrible qui, dans l'espace de mille quatre cents ans de monarchie, n'avait pas été prononcé, au bout de six ans de restauration a pu l'être, à la douleur profonde de tout français, et par qui? par un homme dont la vertu brille d'un éclat pur et incontesté, et dont la bouche ne s'ouvre jamais que pour donner passage à des paroles de respect et d'amour pour le Prince, aux conseils duquel il a l'honneur d'être admis.

On l'a entendu conclure en disant: *si les ministres veulent entendre avec nous cet honorable appel, avec quel empressement ils seront reçus dans nos rangs! Mais s'ils y demeurent sourds et insensibles, si après avoir changé si souvent de projets et de vues, ils ne retrouvent de la persévérance que pour s'obstiner dans la plus déplorable des erreurs, qu'ils soient alors abandonnés, qu'ils courent à leur perte tout seuls!*

Quels coups de foudre! De quelles mains sont-ils partis? Comment oser se montrer avec un front couvert de pareils stigmates?

Comment soutenir une loi qu'un homme connu par son esprit autant que par sa modération, s'est vu réduit à traiter *de la loi la plus insolente qui ait jamais été proposée à une nation dont la déchéance n'avait pas été prononcée :* paroles de M. Kératry; et c'est devant la France du dix-neuvième siècle que cela est proféré, et l'on passe outre comme si rien n'eût été dit!

Sûrement en Angleterre, le ministère doit supporter toute l'acrimonie du fiel de l'opposition ; mais il n'est jamais arrivé qu'il ait été repoussé par ses amis, par les membres mêmes du gouvernement avec une violence de mépris et de reproches, pareille à celle que le ministère français vient d'éprouver de la part de ses amis et des serviteurs de la couronne.

Qui ne s'est pas senti humilié pour la

royauté et souffrant pour le ministère lui-même, en le voyant comme sur la sellette, endurer le supplice de l'exposition publique de ses contradictions de chaque jour avec chacune de ses positions individuelles, de manière à montrer sans cesse le ministre d'aujourd'hui en contradiction avec le député d'hier, et à donner à croire que ses pensées étaient toujours inséparables de la place qu'il occupait dans le moment?

Que penser d'allégations pareilles à celles de ce ministre qui vient dire qu'il faut adopter une mauvaise loi, parce que l'on en a rejeté une moins mauvaise? Comme s'il y avait quelque connexion entre les deux choses; comme s'il pouvait jamais exister une raison d'adopter une mauvaise loi; comme si la loi moins mauvaise avait été rejetée en raison de ses vices, et non pas en vue de son incompatibilité manifeste avec la Charte; comme si là où il y a infraction à la Charte, il restait à délibérer sur le plus ou le moins bon.

Solon disait à Athènes qu'il ne lui donnait pas les meilleures lois possibles, mais il n'est jamais échappé à lui ni à aucun autre législateur de reconnaître qu'il donnât une mauvaise loi.

Quel supplice n'a pas dû faire endurer à tout ce qui l'écoutait, un M. Cuvier, déclarant qu'un vice corrige un autre vice; horrible et absurde maxime; que *la constitution anglaise va par ses défauts mêmes*, comme si les corps se soutenaient par leurs infirmités et non pas malgré leurs infirmités; faisant *l'éloge des bourgs pourris*, et pour tout combler, proclamant comme une rare découverte, que *l'aristocratie française n'est pas l'aristocratie anglaise; mais qu'elle est bien mieux, puisqu'elle est le sénat de Rome* : quelles risées n'ont pas dû accueillir ce ridicule et absurde pathos! Voilà donc un commissaire du Roi déclarant à la face du monde, qu'il y a deux espèces de gouvernement représentatif, deux aristocraties, et apparemment aussi deux astronomies, deux géométries, deux vérités, l'une anglaise et l'autre française, et en suivant le même raisonnement, qu'il y a autant d'espèces de vérités qu'il y a de divers pays.

L'absurdité et l'ignorance atteignirent-elles

jamais aussi loin? Et ces gens là se disent serviteurs de la couronne! Et la couronne se laisse servir par eux! On pourrait croire qu'un homme qui s'est fait une réputation européenne par ses connaissances des lois de la nature physique, connaissait mieux les lois de la nature des corps politiques et de l'organisation sociale!

J'allais continuer cet examen;

J'allais montrer comment la Charte, ce seul bien politique des Français, leur avait été ravie le 5 juin 1820;

J'allais démontrer que ce jour, le procès fut fait à la Charte et le peuple français condamné aux dépens par la plus indigne supercherie qui fut jamais (1);

J'allais montrer la grandeur de la faute faite en 1819 par le ministère renouvelé,

---

(1) M. Royer-Collard l'appelle *mensonge*.

Au reste, aujourd'hui il ne s'agit plus des mots, mais des choses; elles sont assez graves pour absorber toute l'attention. Après tout ce qui se dit à la tribune et que la France et l'Europe lisent tous les jours, que peut-on dire qui donne matière à reproches?

Parmi les singularités dont ce temps abonde, une

de n'avoir pas alors dissous et doublé la Chambre, ce qui, avec une masse plus compacte et un esprit nouveau, aurait interdit tout ce qui vient d'être attenté;

J'allais démontrer l'impossibilité de faire sortir aucun bien d'une assemblée divisée en deux camps ennemis, entre lesquels volent les accusations les plus cruelles et les traits les plus envenimés; entre lesquels règne une division radicale sur des choses qui par leur nature n'en supportent aucune;

J'allais démontrer la nécessité de vérifier au plus vite un acte dont chaque mot peut contenir un piége avec lequel on détruit l'acte fondamental, comme il vient d'arriver de le faire avec le mot *concourir;* comme on a tenté de le faire avec le mot *réprimer.* Comment compter sur un acte dont la signification n'est pas fixée? Elle

---

des plus plaisantes ou déplaisantes n'est-elle point une commission de censure en regard d'une tribune d'où émanent tous les jours mille choses capables de faire tomber à la renverse tous les censeurs de la terre. Jusque dans les plus petites choses, on a trouvé le secret de montrer qu'on ne sait ce que l'on fait.

est si vague cette signification, que dans ce moment on est à incidenter sur la signification du mot *amendement; stupete gentes!*

Il y a six ans que l'on fait des lois et l'on ne sait pas encore ce que c'est qu'un *amendement!*

C'est un bienfait de plus de l'initiative.

En Angleterre, il n'y a pas d'initiative; aussi sait-on ce que c'est qu'un amendement.

J'aurais prouvé que le partage de la Chambre entre deux parties à peu près égales, était le principe de ces scandaleux passages du ministère d'un côté de la Chambre à l'autre, d'après lequel au moyen d'un simple calcul et de l'acquisition de quelques voix, traînant toujours avec lui son lourd bagage du *ventre*, il n'avait qu'à jeter ce paquet dans un des deux côtés, pour rester le maître, de manière enfin qu'en dernière analyse, ce sont les mouvemens de quelques hommes qui ne sont pas les plus illustres de la Chambre, qui finissent par décider du sort de la France;

J'allais montrer que tant que la Chambre

ne serait pas conformiste, que la nation ne le serait pas non plus, et qué le signal de division qui partirait d'elle, serait trop fidèlement répété dans toute la France;

J'allais remettre devant les yeux des électeurs les effets des choix que peut avoir dictés à quelques-uns d'entre eux l'esprit de localité, de famille, d'intérêt privé, surmontant celui de l'intérêt général qui seul, dans ces immenses décisions, doit se faire écouter;

Enfin, j'allais me reposer de tant de sujets de douleur et me délasser des fatigues de la pénible carrière que j'ai parcourue, en adressant mes hommages, mes félicitations et mes plus vives actions de grâces, comme français, à cette foule d'orateurs dont les talens variés, éclatans, purs, solides, parcourant avec un égal succès tous les degrés de l'éloquence, m'ont souvent rappelé ces jours solennels et glorieux de l'Assemblée constituante, ces jours dans lesquels la France s'étonnait et s'honorait de sa nouvelle richesse. Oui, je remercie du fond de mon cœur ceux qui font ainsi servir leurs talens à répandre sur ma patrie autant de gloire, que d'autres tendent à faire rejaillir d'opprobre sur elle par les outrages qu'ils lui adressent à la face du monde. Ceux-là sont les vrais Français qui font que partout où elle paraît, à la tribune comme au champ de Mars, la France entre toutes les nations, élève le plus haut sa tête triomphante.

Mais il faut que je renonce à compléter cette carrière; de plus graves soins m'appellent.

Le sang français a coulé dans Paris; dans l'état où des imprudens ont conduit les choses, où peut-il ne pas couler? En quelle abondance et où s'arrêtera cette horrible libation? La représentation nationale a été violée par le plus infâme guet-à-pens; de vils assassins ont osé porter la main, vomir les plus dégoûtans outrages, les menaces les plus horribles contre les représentans du peuple! . . . .

L'enceinte de la Chambre des Députés n'est-elle donc pas aussi sacrée que le palais des Tuileries peut l'être? Le Prince est inviolable, parce qu'il est le premier représentant de la nation, et que seul vis-à-vis de tous, il a besoin, dans son isolement, de la protection d'un plus grand respect. Ce n'est pas le fils ou le petit fils de Henri IV, qui est légalement sacré, c'est le représentant de la nation. Qui donc représentent les députés du peuple ?

Quel spectacle offre tout ceci !

Les citoyens assaillis par la garde du Prince, assassinés par ceux qu'ils paient pour les défendre ! Le palais où réside la Majesté royale, changé en château fort !...

Grand Dieu ! où sommes-nous, où nous a-t-on conduits !

Paris a revu les scènes de Cadix.

A Paris, comme à Cadix, des individus que décore un habit qu'ils profanent, imbus d'une haine ancienne contre nos institutions, dressent les soldats qui leur sont confiés pour le plus noble usage, à massacrer un peuple sans armes. En tout pays ces hommes sont les mêmes : ennemis nés de toute raison, esclaves acquis à tous préjugés quels qu'ils soient. Aussi qu'a besoin le trône de l'entourage d'une armée, au milieu d'un peuple sans défense et dont la partie armée garantit tout par son zèle comme par son nombre?

A quoi sert d'ailleurs, qu'empêche cette armée, le jour où le crime veut agir? Quel bras a-t-elle retenu?

La France entière saura ces scènes, les ressentira, en sera ébranlée peut-être.... Où peut nous conduire une crise pareille, après toutes celles dont se compose notre triste existence depuis six ans...! Oui, depuis six ans, tout bonheur a fui de la France, tout bonheur en fuira à jamais, si l'on ne se hâte de suivre, ce que, il n'y a pas plus de trois mois, j'indiquais comme le seul moyen de salut : *le changement complet de la direction du Gouvernement et le renvoi immédiat, entier, éternel de tous ceux qui nous ont menés au bord de cet abyme avec un aveuglement et un entêtement dont jusqu'à eux on ne croyait pas l'humanité capable.* Loin de nous, tous ces hommes qui se plaisent à faire de tous les Français des complices d'un *Brutus de cabaret;* loin de nous, tous ces hommes qui nous traitent tous de révolutionnaires et de conspirateurs; qu'ils mettent entre notre impureté et leur pureté toute la distance qu'ils voudront, la plus grande sera toujours la meilleure ; qu'ils s'éloignent d'une terre indigne de leurs hautes vertus, et ne portant qu'une race gangrenée ; nous ne sommes point faits pour respirer le même air qu'eux ; leur absence ne stérilisera pas la France, elle ne fera pas plus dessécher son sol que son génie ; sans eux, la France a commandé à l'Europe ; avec eux, elle a été commandée par elle ; qu'ils se retirent, tous les directeurs d'affaires, qui depuis six ans ont si bien dirigé celles de la France, à la vue de ce qu'une restauration a valu à l'Angleterre, à l'Espagne, à la France (1) ! Imprudens ! ils ont fait courir le risque de rendre les peuples irréconciliables avec ce

---

(1) J'ai le droit de parler de la restauration ; j'ai pris trop de part à ce grand évènement, pour que son résultat ne m'affecte pas plus qu'un autre. J'ai eu à sacrifier des affections si chères, j'ai reçu tant de reproches à cet égard, que je dois prendre mes sûretés avec l'Histoire. La restauration, contre sa nature, a si mal réussi jusqu'à ce jour, que je crois devoir à l'honneur de mon nom de publier que, depuis ma sortie du

mot, et leur ont appris par là à pousser les révolutions jusqu'au bout! Qu'ils disparaissent, ceux qui ne savent qu'environner le trône d'une armée plus forte que celle de plusieurs états, et de soldats étrangers qui offusquent les regards et pèsent sur le cœur des Français. Qu'ils s'éloignent, tous ces courtisans qui, ignorant la France, inconnus d'elle, assiégent le trône de terreurs, calomnient la nation auprès de lui et l'exposent à être calomnié par elle; ce n'est ni l'amour, ni l'honneur de la France, qui les a ramenés dans son sein, mais la soif du commandement, de la fortune et de la vengeance, si elle eût été possible. Combien parmi eux

---

Conseil des souverains, dans lequel fut décidée cette restauration, j'ai été éloigné des affaires.

Je désire que l'on sache bien, qu'à partir de ce jour, 31 mars 1814, je n'ai pas cessé de gémir sur tout ce que je voyais faire, d'en prédire les résultats. De tout ce qui a été fait depuis cette époque, je ne connais pas trois actes auxquels j'eusse voulu donner mon approbation et encore moins ma signature.

Je n'ai pas plus erré sur la France que sur l'Amérique et sur l'Espagne.

sortiraient, comme les juifs, chargés de nos dépouilles ! C'est dans cet entourage du trône et dans ce qui lui correspond, que se trouve le foyer du mal qui nous dévore ; le cancer de la France est là ; il est impossible que le trône, la France et lui subsistent ensemble. Une guerre intestine s'alimente par ce rapprochement.

Que tous ces hommes décrépits, grimaçans, haineux, tristes remplaçans de la jeunesse et de la vigueur destinées à brillanter les entours du trône, s'écartent enfin ! Ce n'est plus la première cour du monde qui convient à toutes ces décrépitudes ; une cour n'est pas un conseil des anciens. Qu'ils nous laissent enfin voir le trône ; nous ne l'avons pas encore vu ; quels titres ont-ils donc pour en approcher seuls ? La moitié n'a pas les titres de la vraie noblesse ; presqu'aucun, ceux des services ; aucun, ceux des talens. Pourquoi donc la cour serait-elle leur apanage exclusif, et de quel droit en excluraient-ils le reste des Français ?

Plus nous connaîtrons le trône, et plus nous l'aimerons ; plus il nous connaîtra, plus à son tour il nous aimera ; leur interposition entre lui et nous, nous a empêchés de nous connaître et de nous aimer mutuellement.

Qu'à la place de tous ces hommes funestes, paraissent enfin des hommes de confiance pour la France, des hommes qui la connaissent, qu'elle connaît à son tour, qui la fassent connaître au Prince, telle qu'elle est réellement, et non pas telle que se plaisent à la peindre ses mortels ennemis ; qui aient les lumières suffisantes pour discerner la route véritable, le courage nécessaire pour résister aux volontés nuisibles, et qui par la réunion des lumières, de la sagesse et surtout de la prévoyance, ramènent enfin et fixe à jamais la paix dans l'immense famille des Français, et cimentent entre le peuple et le trône, un rapprochement éternel que tant de fautes ont rendu si nécessaire ! Qu'elle finisse enfin, cette nuit obscure dans laquelle nous sommes plongés depuis six ans !

DE L'AFFAIRE
DES ÉLECTIONS.

CHAPITRE PREMIER.

Dénomination de la Loi d'Élection.

Je ne voudrais pas ouvrir cette discussion par une dispute de mots ou sur les mots; nous aurons bien assez à faire avec les choses seules. Mais peut-on considérer comme tout-à-fait hors de propos de demander si l'on est tenu d'appeller avec justesse *loi d'élection* une proposition de loi d'où il ne résulte qu'une négation d'élection? car c'est là qu'elle aboutit en réalité. En effet, il n'y a pas élection là où personne n'est véritablement élu, c'est-à-dire, là où aucune nomination n'est l'effet direct et immédiat d'un choix qui soit aussi direct et immédiat; là où nul n'est créé directement député, et n'est le résultat de cette faculté plénière d'élire, qui, dans le choix libre et complet de l'objet du suffrage, constitue cette création de la volonté, qui rend l'élu l'œuvre et le représentant de l'électeur, comme le fils l'est de son père. L'élection est une paternité; si elle n'est pas directe, la filiation tombe dans la bâtardise : or, tel est le résultat nécessaire de la loi nouvelle.

L'électeur d'arrondissement ne nomme pas le député; la munificence du projet ne le dote que du droit de présenter un candidat. Il peut se faire, et par la nature des choses il arrivera souvent que, parmi ses candidats, il ne se trouve pas un seul député; ou que, si celui-ci est pris parmi ses candidats, ce ne soit pas celui qu'il aurait préféré, de manière à ce que, dans aucun cas, la nomination n'appartienne à celui auquel a appartenu son suffrage véritable, et qu'il soit représenté par celui dont il ne voulait pour représentant ou d'aucune manière, ou seulement après d'autres. Dans ce cas, il n'y a pas élection véritable, et le nom d'élection n'a pas son acception véritable.

De même pour l'électeur de département; il est borné à travailler sur une étoffe donnée, et non choisie par lui; il reçoit l'objet de son choix d'une main étrangère. Nominateur obligé, il peut exprimer une préférence contre les objets de choix d'autrui; mais il ne choisit pas véritablement lui-même : il n'est pas électeur dans l'étendue du terme, et celui d'élection ne peut pas être appliqué à son action ainsi subordonnée. Comment, en effet, reconnaître un électeur véritable dans celui dont le choix forcé peut se réduire à un simple acte de tolérance, comme il arrive, lorsqu'il n'y a qu'à prendre entre des personnes dont on n'eût pas désigné une seule, si l'on eût été le maître de l'élection totale? Ici, elle est partielle; le mot choisir, élire, a créé la méprise, l'illusion sur laquelle roule tout le projet.

On parle d'électeur... eh bien! voici ce que c'est qu'un électeur véritable : c'est un citoyen qui, retiré dans le sanctuaire de sa conscience, à sa voix et à sa clarté seules, marche à la découverte de l'objet digne de son suffrage; qui n'est pas plus arrêté dans la liberté de son choix que détourné par des incitations d'intérêts privés; qui exerce une action complète sur toutes les parties de son choix. Or, dites ce qui se rencontre de pareil dans le plan proposé. L'électeur est renfermé dans les limites d'un choix déjà fait, antérieur et supérieur au sien, et qui, dans les objets qu'il lui présente, peut ne lui laisser que l'embarras du dégoût ; ceci est radicalement destructif de l'action d'élire, et je ne conçois pas que cette considération n'ait pas suffi à elle seule pour arrêter les auteurs du projet. En bonne raison, comme en intention droite et loyale, hors de l'élection directe, il n'y a pas d'élection.

Dans ce plan, l'électeur départemental subit la perte du droit que la charte lui a conféré, de rechercher la moitié des députés parmi la collection des citoyens, droit précieux, quoique encore trop restreint. Par là, l'électeur départemental est constitué dans une condition inférieure à l'électeur d'arrondissement, qui peut user de cette faculté ; ce qui fait que, contre la nature des choses, le degré électoral inférieur est mieux apanagé que le supérieur, et que l'un jouit d'un droit interdit à l'autre : ce qui constitue de plus entre eux une autre inégalité contraire à l'esprit du gouvernement représentatif, dont l'égalité des droits fait la base. Mais une loi qui fait que personne n'élit intégralement, et que par conséquent personne, à son tour, n'est intégralement élu, mérite-t-elle le nom de loi d'élection? En un mot, y a-t-il élection là où il n'y a ni électeurs, ni élus complets? Et là où il n'y a ni élection, ni électeurs, ni élus, peut-on dire avec convenance et correction *loi d'élection?*

Les mots importent plus qu'on ne pense : on présente, on fait accepter sous un nom déguisé telle chose qui serait rejetée sous son nom véritable. La paresse, appliquée au besoin de s'entendre plutôt vîte que clairement, fait accepter des désignations mensongères. La législation, qui est un port où la vérité doit toujours trouver un asile, ne devrait point admettre de pareilles fictions; et faite pour diriger les hommes, c'est à front découvert et avec des paroles de loyauté qu'elle doit toujours se présenter devant eux.

La loi d'élection attaquee portait ce caractère de franchise. Elle admettait l'élection directe, elle s'appelait donc à bon droit loi d'élection; celle-ci rejette l'élection directe, elle ne mérite d'être appelée que loi d'anti-élection.

CHAPITRE II.

Emploi du temps depuis 1814.

L'ART est difficile, l'expérience longue, et la vie courte. Ainsi débute dans ses œuvres immortelles le père de la Médecine, le divin Hippocrate. Rien de mieux que cette sentence ; et si tout était aussi clair dans l'art des médecins, ils ne se verraient pas taxés de n'exercer qu'un art conjectural.

La vie est courte, arrêt désolant, mais instructif autant que certain. Puis donc qu'il fuit si vîte ce temps irréparable, cet insigne larron, ainsi que l'appelle le prince des fabulistes, tâchons du moins de le mettre à profit ; et si nous ne pouvons le rappeler, qu'une révision éclairée fasse servir le passé au profit de l'avenir ; pour cela, revenons sur nos pas, et comptons si, combien et pourquoi, depuis 1814, par hasard ou autrement, il ne nous aurait pas été volé un peu du nôtre.

Cette recherche est un objet plus sérieux qu'elle ne paraît l'être au premier coup-d'œil.

Depuis la restauration, six ans se sont écoulés, années dures, abondantes en souffrances, et trop probablement mères de beaucoup d'autres douleurs. Voyez, en effet, comme elles se succèdent et s'engendrent les unes par les autres.

Quelle partie de cet espace de temps ont occupé les discussions et les sévices des lois d'exception! Combien ont usurpé sur les sessions législatives ces éternelles discussions sur la loi des élections! Pour s'en assurer, il n'y a qu'à compter; cette partie de notre bilan politique est curieuse, et se rattache à notre situation actuelle.

En 1814, la session est permanente; elle ouvre le 4 juin, et ferme le 20 mars.

Quatre mortels mois sont employés à discuter sur la liberté de la presse, à mettre d'accord la Charte, le dictionnaire et le projet de loi. Rien n'était plus déplorablement plaisant que les efforts du ministre créateur du projet pour parvenir à faire accepter que *réprimer* signifiât *prévenir*, et *prévenir* voulût dire *réprimer*. Fidèle à la langue qui repose sous sa garde, l'Académie avait beau résister; le ministre n'en insistait pas moins; il fallut une transaction pour apaiser le différend. Il fut convenu que les mailles du filet censorial ne seraient relevées qu'autant qu'il serait nécessaire, pour prendre les petits poissons de la littérature, *les brochures;* tout ce qui put s'élever à la dignité du volume, fut déclaré franc de *transit*, et il resta libre de penser et d'écrire à la grosse. Heureux alors qui put parler longuement et sourdement, au poids et à la toise! L'ennui du lecteur fit le salut des auteurs.

En 1815, les lois de bannissement à terme ou à perpétuité, les cours prévôtales, les lois d'exception, forment à peu près le fonds des travaux de la session.

Je n'ai pas mémoire que dans tout cet espace de temps, il ait été proposé beaucoup de ces lois qui ont un grand but d'utilité publique : tout se passa dans le cercle des idées du moment, telles qu'on devait les attendre des auteurs et des admirateurs du *vive le Roi, quand même...* La France avait eu le malheureux bonheur de trouver ce qui aurait bien dû rester introuvable. On sait du reste ce qui se passa jusqu'à l'ordonnance du 5 septembre, cette restauration de la restauration.

Dans la session de 1816 s'ouvrit la discussion sur la loi d'élection : elle occupa un temps immense.

1817 se passa sous l'empire des lois d'exception.

Avec la session de 1818 s'annonça une carrière menaçante pour la loi des élections : ce n'était encore que des menaces ; le ministère d'où elles partaient ne put tenir : ses successeurs vinrent fortifier la partie du ministère qui s'y était opposée. La proposition *Barthélemy* victorieuse dans la Chambre des Pairs, succomba dans celle des Députés : tous ces remuemens remplirent quatre mois : la session proprement dite ne commença guère que vers le 15 mars ; la discussion sur la liberté de la presse conduisit jusqu'à la fin du mois de mai : six mois se trouvaient déjà écoulés soit en éloignement, soit en appel de ministres, soit à attaquer, soit à se défendre dans la cause des élections, et de la liberté de la presse. Tant et si long-temps fut prouvé sur ces deux chapitres, que le budjet ne fut adopté que vers la fin du mois de juillet.

En 1819 recommencent les attaques contre la loi des élections, et bientôt après contre la liberté de la presse et la liberté individuelle; mais, ô spectacle digne d'attention, l'attaque vient de la même main d'où naguère était provenue la défense. Ici encore le ministère se dédouble : trois mois s'écoulent à forger des armes, à cimenter des plans; un évènement épouvantable survient et décide l'explosion : mais la mine en sautant fait aussi sauter celui qui l'avait chargée : le chef des assaillans est remplacé par celui-là même qu'il avait pour la même cause écarté à quelques mois de là; mais l'ouvrage survit en partie à l'ouvrier; les vues de celui-ci sont suivies dans leur objet principal, et six mois de la session actuelle n'ont guère présenté encore que la presse, la liberté, et la loi des élections. On n'en peut pas sortir, et la vie se passe à en parler et à aller du oui au non, de l'affranchissement à la reprise des chaînes.

Ainsi on peut calculer que sur six sessions qui ont rempli un espace de temps de plus de trois années, près de deux ans ont été absorbés par ces trois questions. Le produit net pour les Français a été de parler quatre ans, sur six, sous le coup des lois d'exception; ils y sont encore, et pour tout combler, ils ont la perspective d'avoir à se féliciter encore plus de l'emploi de leur temps, en voyant la loi d'élection renversée, et remplacée contre leur gré. Quant à la durée des lois d'exception, le terme doit appartenir à ceux qui ont accordé le bienfait; le sort de la population française tient à une seule voix, et à une majorité peu contrariante pour qui voudra les maintenir. Je parle de l'avenir, le passé sous les yeux : qui voudra me démentir, doit commencer par s'adresser à celui-ci.

Quel emploi du temps, grand Dieu! et serait-ce bien là ce que nous avons entendu, et ce que nous avions droit d'attendre... et pendant ce temps, que sont devenus tant d'objets si pressans pour notre utilité, pour la réparation de nos dommages, pour la consolidation de nos institutions, pour l'essor de notre prospérité, de cette prospérité qui, appuyée sur le seul génie de la France, fait effort contre les obstacles qu'elle rencontre, et en triomphe en partie.

Voilà le sujet de mes regrets : et en mesurant le point d'où nous sommes partis avec celui où nous sommes tombés; ce qui pouvait si facilement être accompli avec ce qui a été fait si péniblement et si dommageablement combien ne trouve-t-on pas de sujets de déplorer l'emploi d'un temps aussi précieux, et combien est fondé le chagrin qui le voit consumer ce temps irréparable à débattre sans cesse les mêmes questions, car on pourrait dire que depuis 1814 le fond de notre vie politique se compose de discussions sur ces trois points :

La liberté individuelle,

La liberté de la presse,

La loi des élections.

Et pendant ce temps, que sont devenus la considération extérieure, fille et signe de la puissance; le commerce et la richesse; l'harmonie avec le mouvement général du monde dont nous occupons le centre, ce mouvement dont les uns rient, dont d'autres s'indignent, que beaucoup trop s'efforcent de méconnaître, et qui les entraîne tous également? Que sont devenus tous ces attributs, appendices nécessaires et glorieux des grandes associations humaines? Quel temps ces éternelles discussions laisseront-elles à des ministres absorbés par tant d'autres intérêts? quels retraits à leur attention, quels obstacles mis à leur zèle? Ah! si tout ce temps si malencontreusement dépensé, eût été donné à des objets d'une utilité réelle pour l'état, la France aurait montré toute sa force, et déployé toutes ses ressources; sans toutes ces discussions, les effets publics français dépasseraient aujourd'hui le pair nominal, ou 100, comme on a vu les effets de Saxe et de Dannemark atteindre ce point et au-delà, au lieu de se traîner péniblement de 73 à 74 fr., en menaçant chaque jour de revenir sur leurs pas. L'essor de la fortune publique n'est retenu que par ces misérables débats. Ceux qui les reproduisent sans cesse n'ont songé jamais, il faut le croire, ce que coûte à la patrie l'inconsidération de leurs pensées et de leurs paroles : et cependant d'après un *calcul certain* (1), chaque *franc du tiers consolidé représente une valeur de 28 millions de francs*. Or, 26 fois 28 millions donnent la somme de 728 millions : c'est plus que la valeur de deux ou trois royaumes de l'Europe. Par conséquent c'est une somme de 728 millions dont la France est appauvrie, car on est appauvri

(1) Discours de M. Benjamin Delessert, dans la discussion du budget.

de tout ce dont on est privé, quand on a le droit et la faculté de le posséder. Quelle déperdition de richesse particulière et publique, qui par mille canaux communiquent toujours entre elles!

Il est résulté de tous ces débats, que chaque année le budget a été rejeté à la fin de la session, à une époque de lassitude et de dégoût; que les rôles des contributions sont à peine faits à la fin de l'année; que les assemblées des conseils d'arrondissement et de département n'ont lieu que dans une époque très reculée; que la moitié du revenu de l'année est consommée avant d'être votée, et qu'en cas de dégrèvement, les contribuables n'en jouissent point dans l'année même sur laquelle il est assigné, comme il est arrivé en 1819. Tout cela est grave dans notre position. Les peuples préféreraient un budget prompt et moins lourd, à toutes les loix d'exception de la terre.

CHAPITRE III.

Du respect dû aux Institutions.

Si la plus auguste fonction dont un homme puisse être revêtu, est de donner des lois à ses semblables, le but de ces fonctions est aussi la chose la plus vénérable de la terre, car il ne s'agit de rien moins, que de statuer sur le sort de l'humanité; un acte qui décide d'intérêts aussi grands, souvent très variés, presque toujours compliqués, exige à la fois la plus grande pureté dans le cœur et la plus grande vivacité dans les lumières. C'est un bien redoutable sacerdoce, que celui du législateur, et dont il ne devrait jamais être permis d'approcher qu'avec un cœur bien droit et une main bien habile. Quand on considère les conséquences des lois, on ne conçoit pas comment il se trouve des hommes qui en font l'objet de vues intéressées ou privées, de projets hasardés, d'ébauches et d'expériences, comme si l'humanité était une matière à expérience; c'est ce respect sacré de l'humanité qui doit toujours être présent à l'esprit et aux yeux du législateur; et cependant en fixant ses regards sur les lois qui régissent l'immense famille du genre humain, combien parmi elles en découvre-t-on qui satisfassent à ces conditions primitives de toute législation, et qui décèlent dans leurs auteurs cet amour de l'humanité, cette abnégation de l'individualité, cette clarté et cette étendue de vues qui forment le faisceau des qualités dont l'absence expose le législateur à devenir le fléau de tout ce qui aura le malheur de tomber sous sa juridiction? A l'aspect de cet océan de misères, où surnagent de loin en loin quelques institutions salutaires, on est bien fondé à dire avec le poète :

Apparent rari nantes in gurgite vasto.

Non, il ne peut se concevoir rien de plus grand, comme aussi de plus exigeant envers ceux qui l'exercent, que le ministère de la législation; pour mon compte, je n'y toucherais qu'en tremblant; toute considération puisée hors de l'intérêt des sujets de la loi, de ceux qui doivent en être atteints, me paraît un crime, et toute légèreté une source éternelle de regrets et de douleurs. Mais ce haut respect dû à tant de titres à l'établissement des lois, l'est de même à leur maintien. Si le changement doit être tenté, que ce soit avec une circonspection infinie et comme sous le coup de la nécessité, mais d'une nécessité évidente, démontrée, ainsi que facile à faire reconnaître par ceux que ce doit atteindre; car comme les lois empruntent leur force du respect qu'on leur porte; comme avant de produire et de mettre en mouvement une force physique, les lois doivent se trouver revêtues d'une force morale, et que la source de celle-ci est dans le respect porté à la loi; comme c'est cette dernière force qui confère et assure l'efficacité à la première, il faut avant tout que la loi ainsi que le changement de la loi parlent à l'esprit des sujets de la loi, et s'en emparent en quelque sorte, pour qu'elle puisse produire un effet convenable au but du législateur; sans cela il vaut mieux se passer de lois et rester comme on est : et comme en Médecine il faut épargner les remèdes et les commotions aux corps physiques, de même en législation, il faut aussi épargner la surcharge et le remuement des lois aux corps politiques. Ceux-ci ne s'attacheront et n'obéiront avec facilité, comme des ressorts lians et doués de souplesse, qu'aux lois et aux changemens des lois dont l'utilité leur sera rendue comme palpable ; hors de là, tout est à peu près inutilité et dangers. Les cœurs et les esprits mal satisfaits, rejètent comme des fardeaux, ou brisent comme des liens tissus pour d'autres que pour eux-mêmes, des lois dont l'utilité ne se fait pas assez ressentir. L'homme ne se sent pas fait pour être le prétexte des lois, il veut en être l'objet direct et réel ; le premier blesse le sentiment de sa dignité, le second la satisfait et l'apaise.

Ces considérations générales sont encore susceptibles de modifications dans leur application ; il faut tenir compte du nombre, de l'état moral, des lumières et des affections de ceux pour lesquels on fait des préceptes ; il faut tenir compte des degrés de l'attachement voüé aux lois sur lesquelles on se propose de porter la main ; il faut de plus reconnaître les intérêts auxquels elles touchent et se demander quels jugemens seront portés des motifs et des auteurs du changement ; tous ces préalables sont de rigueur pour un changement à la fois fructueux et facile.

Ici, comme on voit, la sagesse doit marcher

de front avec la lumière, et toutes les deux doivent se prêter un mutuel appui pour obvier à la fois aux méprises et aux conséquences des méprises.

Faisons l'application de ces principes au cas présent, et pour cela demandons-nous :

1°. Qu'est une loi d'élection ?

2°. Quelle est la loi soumise à la révison proposée ?

3°. Quel est le degré d'attachement qui lui est portée ?

4°. Quelles sont les circonstances de la révision exigée ?

5°. Quels motifs sont assignés pour la demander ?

6°. Quel est le remplacement assigné ?

7°. Quels sont les accessoires connus et efficiens de la demande de révision ?

8°. Quels remèdes pouvaient être apportés aux inconvéniens reprochés à la loi d'élection, en évitant le changement et ses suites probables ?

9°. Quel sera le succès du changement, et s'il remplira le but attendu ?

Cet ordre des matières sera suivi dans cette discussion, sans préjudice d'autres considérations qui m'ont paru indispensables pour la pleine et entière explanation du sujet. Je vais commencer par deux réflexions d'une grande importance, le reste viendra en son lieu et place... Ceci n'est point une discussion de tribune, mais une dissertation libre sur un sujet politique du plus haut intérêt.

CHAPITRE IV.

De la souveraineté en France, d'après la loi projetée.

FAIRE la loi, c'est être véritablement souverain. La législation est l'attribut essentiel et distinctif de la souveraineté : celle-ci réside dans celui qui en jouit. Le droit du législateur est de commander, comme le devoir du sujet est d'obéir; tel est l'état de tous les deux. La souveraineté véritable consiste donc dans le pouvoir législatif : le pouvoir purement exécutif n'est pas un pouvoir de souveraineté; exécuter est remplir les fonctions du bras, commander est celle de la tête, siége de la volonté et de l'empire sur le reste du corps;

par sa nature, le pouvoir exécutif est subordonné.

Il n'y a donc de vraiment souverain que le pouvoir législatif; à la différence du pouvoir exécutif qui, pour être efficace, doit être incommunicable; le pouvoir législatif doit être partagé, car il renferme la souveraineté et ne peut vivre que de lumières, c'est-à-dire, de délibérations. Concentré dans un seul, ce pouvoir réunirait à la fois le despotisme et l'erreur, l'arbitraire et les moyens de le satisfaire, c'est-à-dire, ce qu'il y a de pire au monde, comme de plus contradictoire à la destination ainsi qu'à la nature d'un pouvoir qui n'existe point pour la satisfaction de qui que ce soit, mais pour l'avantage de ceux auxquels il s'applique. Or, le bien ne peut résulter que du partage de ce pouvoir, que des lumières invoquées à son appui et réunies auauprès de lui.... D'où l'on voit sortir tout de suite la nécessité d'un corps législatif.

Lorsque la législation appartient exclusivement à un seul, alors il ne s'agit ni de partage, ni de lumières.... Aussi, dans ce cas, aucune combinaison n'est-elle nécessaire. Mais dès qu'il y a partage, c'est-à-dire, corps législatif, c'est autre chose ; là il faut s'occuper de calculer, d'équilibrer, autrement il n'y aurait qu'action désordonnée. Tout état qui ne se résigne pas au pouvoir absolu, doit se vouer à la recherche de la meilleure combinaison pour la parfaite harmonie de toutes les parties qui doivent concourir à former son corps législatif.... C'est le maître et le lien de toute la machine, et l'état ne sera que ce que ce corps sera lui-même...

La souveraineté étant l'idée mère de l'ordre social, le pivot sur lequel tout doit rouler, rien n'est plus essentiel que de bien concevoir et de bien classer cette idée. Presque tous les malheurs des sociétés humaines sont provenus des erreurs qui ont obscurci l'idée de la souveraineté ; et si l'on a beaucoup combattu pour acquérir le pouvoir et les jouissances qu'on y suppose attachées, on a aussi beaucoup erré sur sa nature, sa destination et ses effets...

Prenons la France pour sujet de cet examen, car il est naturel de revenir aux choses de la patrie, et de lui reporter ses pensées. Voyons qui a été souverain, c'est-à-dire, législateur en France.

Pendant la première race, on ne sait ni qui commande, ni à quel titre on commande : autant de rois que d'enfans de rois. A chaque génération l'empire est brisé, partagé; trop souvent le crime et le sang versé par la main même des frères, furent des moyens de rapprochemens et de ciment à ces débris... Il ne faut pas chercher des traces d'un ordre quelconque dans cette nuit ensanglantée; il n'y a rien à apprendre dans ce chaos.

Sous la seconde race s'ouvre une autre scène; alors la souveraineté n'est plus exclusive : à force d'être disséminée, elle est évanouie... Non-seulement elle n'appartient plus à un seul, elle est à tout le monde. La féodalité arrive avec les lois égalitaires, et couvre la France de souverains.

Le souverain principal, le roi, n'est plus qu'un premier entre des pairs, *primus inter pares*. La pairie, en généralisant la souveraineté, effaça la souveraineté première; elle amincit la souveraineté elle-même, au point d'en rendre l'image méconnaissable dans une partie de ses représentans. On sait ce que valut à la France cette petite monnaie de souverains, ce bas aloi de la puissance, dont la destination est de conduire les hommes dans les routes du bonheur social...

Presque tout l'espace de temps occupé par les rois de la troisième dynastie fut employé à rapporter à l'unité ces épaves de la souveraineté, et à refaire la souveraineté principale.

Depuis ce seigneur Dupujet qui occupait à lui seul toutes les forces de Louis-le-Gros à quelques lieues de Paris, jusqu'au cardinal de Richelieu, exterminateur des descendans et des imitateurs de ces souverains égalitaires, l'Histoire n'offre guère que le tableau des collisions entre les souverains secondaires et le souverain principal, presque toujours heureux contre des compétiteurs inégaux... Louis-le-Jeune et Philippe-Auguste entament habilement l'ouvrage par l'affranchissement des communes. Saint-Louis le continue par les voies droites qui convenaient si éminemment à son divin caractère. Philippe-le-Bel soulève la pierre du tombeau où dormait le pouvoir destiné à porter le coup mortel à cet ordre, le pouvoir populaire ressuscité par l'appel des communes dans les assemblées nationales. Charles-le-Sage procéda avec la maturité qui lui a valu ce glorieux surnom. Enfin, Louis XI enveloppa dans ses sanglans filets ce qui restait de ces incommodes co-souverains ; si les Valois s'occupèrent peu du même plan, les Bourbons reprirent l'attaque de la féodalité. Louis XIII l'abandonna à la main inexorable de son ministre, et Louis XIV acheva l'ouvrage, en faisant disparaître les restes de cet antique fantôme devant l'éclat des rayons de son soleil... Seul il se mit à la place de tous, et se montra le maître exclusif, là où naguères on les comptait en grand nombre.

La féodalité sans couronne, loin d'être menaçante, vint abaisser son front jadis si superbe, devant cet imposant monarque ; elle devint avide et aussi fière des regards qu'elle obtint de lui, que des honneurs qui lui avaient appartenu en propre ; tout éclat appartint au prince ; on ne brilla plus que de celui qu'il permit de lui emprunter ; il n'y eut plus que lui à faire la loi, et par conséquent que lui de souverain...

Depuis cette époque jusqu'à la révolution, à quelques modifications près, en France la souveraineté est restée concentrée entre les mains du monarque.

Ce qui avait le plus aidé les rois dans cette

récupération du pouvoir souverain, entre autres moyens habilement combinés, fut d'avoir mis fin aux concessions réelles des apanages territoriaux attribués aux princes leurs frères, pratique qui, à chaque changement de règne, amenait un démembrement de la monarchie, et donnait au monarque des rivaux dans des princes qui, pourvus de souverainetés inférieures à la sienne, pour se soutenir, cherchaient aussitôt de l'appui dans les vassaux puissans ou dans les étrangers. C'est cette funeste habitude du partage de la souveraineté territoriale qui valut à la France les guerres des Bourguignons avec les Armagnac, qui entraînèrent les grandes invasions des Anglais sous Charles VI. Louis XI eut à peine accordé en apanage la Guyenne à son frère, que celui-ci se trouva ligué avec l'ennemi invétéré de la France, l'Angleterre.

L'Histoire a tracé en caractères funèbres, les moyens mis en œuvre par ce roi, pour reprendre ce funeste présent. Les traitemens cruels, éprouvés sous le même règne par la maison d'Armagnac et par le connétable de Saint-Pol, furent autant de coups portés à la féodalité par une main dans laquelle la politique était une arme plus au service de l'intérêt personnel que de la morale. La continuation du même système avait aplani les voies à la souveraineté plénière des monarques français; et lorsque, pendant la fronde, car c'est là sa dernière représentation, la féodalité eut exhalé son dernier soupir, l'autorité législative se trouva rentrée tout entière dans la main du monarque qui, pour premier essai de son nouveau pouvoir, et comme annonce de l'usage qu'il se proposait d'en faire, débuta par paraître un fouet à la main au sein de ce même parlement qui, deux fois pendant son enfance, l'avait forcé de fuir de Paris, et à y rentrer à main armée; qui, muet et interdit devant lui pendant cinquante ans, ne recouvra la parole qu'après sa mort, et ne tarda pas à s'en servir pour casser le testament dont ce monarque l'avait rendu dépositaire. Par suite de cet ordre, Louis XV et Louis XVI, jusqu'en 1789, ont joui de la plénitude de la souveraineté, car ils ont été seuls législateurs. On pourrait faire en quelques mots l'histoire de la souveraineté en France sous les trois races depuis Pharamond jusqu'à Louis XVI..... Indéfinissable produit d'une force aveugle sous la première race; effacée sous la seconde; trop peu au commencement de la troisième, et trop à la fin.

Le juste et sage milieu dans lequel seul tout se repose et dure, a continuellement manqué. Trop ou trop peu, tel a toujours été l'état....; le bon esprit était absent...

L'assemblée constituante l'a-t-elle atteint ce juste milieu, si rare partout? Assurément non; et, quelque peu porté que je sois à faire remarquer ses torts, je ne puis me défendre de reconnaître celui-là. Les suites en ont trop pesé sur nous, et l'enseignement que renferme ce grand exemple est trop positif pour le passer sous silence; c'est à ce titre seul que je l'indique.

Cette assemblée se méprit en totalité sur la nature de la souveraineté; bien plus, elle eut l'air d'ignorer à quel usage elle était destinée. Avec sa Chambre unique, avec son Roi armé à la légère, comme ne peut manquer de l'être tout prince réduit à un simple *veto suspensif*, et de plus porteur d'une chaîne telle que l'acceptation forcée d'une loi représentée deux fois consécutives, la souveraineté fut transportée tout entière du trône où elle était placée, dans la Chambre législative. Celle-ci fut seule souveraine ; seule elle régna dans l'acception naturelle de ce terme. Le roi se trouva expulsé de la souveraineté : celle-ci resta pleine et entière au pouvoir dont la volonté ne pouvait éprouver qu'une suspension, et qui n'avait qu'à persévérer pour être obéi. Après le pouvoir absolu, il n'en est pas de plus complet que celui-là. Le pouvoir exécutif dans sa plénitude attribué au roi, ne compensait pas cette exclusion de la législation, ou plutôt cette plénitude, d'un côté, formait un singulier contraste avec la soustraction qui se trouvait de l'autre. Ce pouvoir, dans sa plénitude même, n'était propre qu'à faire sentir au monarque placé ainsi tout de travers dans la constitution, l'infériorité de sa condition, et à lui donner, avec les moyens d'en sortir, le désir de le faire ; arrangement le plus imprudent du monde : car, comment avec sagesse fortifier ce que l'on abaisse, ou rabaisser ce que l'on fortifie ? La preuve ne se fit pas long-temps attendre. Il fallait rire de ces braves gens qui *félicitaient Louis XVI sur son pouvoir exécutif suprême*, et qui le tenaient encore pour roi à ce titre, comme s'il y avait quelque chose de suprême à exécuter les volontés d'autrui, et comme si le pouvoir d'après lequel on exécute, l'agent de l'exécution, par sa nature n'était pas toujours suprême. Rien n'est plus rare que de se bien entendre soi-même ; l'expérience le prouve tous les jours.

Sous la Charte, c'est autre chose. On sortait d'un mauvais ordre, on s'est rejeté dans un autre moins défectueux, il est vrai, mais qui a encore le défaut d'outre-passer le but. Sous les trois dynasties, jusqu'à Louis XIV, la portion de la souveraineté afférente aux monarques français avait été trop mince et trop inégalement répartie. Il y avait à la fois déficit d'un côté, et excès de l'autre; aussi les rois n'ont-ils pas cessé de faire efforts pour rentrer dans le premier rang de la souveraineté, le droit exclusif de législation. Sous Louis XIV et Louis XV, il n'y eut plus qu'excès, et abus par excès même. Sous Louis XVI, depuis 1789, il n'y eut plus rien; et comme mort et néant sont synonymes, dès que le néant fut, la mort s'ensuivit. On dut cesser d'être.

La Charte avoisine l'excès, car l'initiative exclusive, jointe à la sanction, fait manifestement pencher la balance du côté qui jouit de ces prérogatives. Joignez-y la nomination illimitée des membres de la première Chambre, et vous verrez quel est le volume de la part qui appartient à la couronne dans la législation. L'Angleterre a moins accordé à sa couronne, qui d'ailleurs se trouve plus resserrée que ne l'est celle de France dans l'exercice des parties principales du pouvoir exécutif, telles que le droit de paix et de guerre, la conduite des négociations, ces articles principaux de la vie politique des nations.

Mais de plus il existe en France une circonstance qui, tant qu'elle durera, constituera la souveraineté dans un état incomplet par lui-même, comme inférieur pour une Chambre relativement à l'autre et à la couronne; je veux parler du nombre des membres de la Chambre populaire. La constitution de celle-ci présente à cet égard une difformité qui choque tous les yeux, et qui excite les réclamations de tous. On cherche ce grands corps de la France, cette masse de 30,000,000 de population, dans un squelette de représentation réduite à 258 membres.

Voici comment les trois branches de la législature sont constituées parmi nous :

Par sa nature, la couronne est toujours au

complet. Son état est d'être formée d'une unité, et celle-ci est indéfectible.

La Chambre des Pairs abonde; c'est une étoffe qui se prête à toutes les extentions que la main du monarque veut lui imprimer. Par sa nature, le volume de cette chambre est relatif. Sa mesure véritable ne se trouve pas dans elle-même; elle est au-dehors, c'est-à-dire, dans la Chambre des Députés. Les règles de proportion exigent qu'elle les suive. Si celle-ci est peu nombreuse, la première Chambre ne peut l'être beaucoup; si elle est forte en nombre, cette Chambre peut être plus peuplée. On sent qu'une disproportion qui montrerait la Chambre qui n'a qu'à se représenter elle-même, très supérieure en nombre à la Chambre destinée à représenter la massse du peuple, formerait un contre-sens tellement sensible, qu'il s'ensuivrait beaucoup de dommages pour la chose publique et pour la considération respective des branches de la législature. Les difformités ne sont pas tolérées long-temps; tout ceci suit de la nature des choses bien observée.

Au lieu de cela, en France, c'est la Chambre qui devrait être la moins nombreuse qui est la plus forte en nombre, et celle qui devrait être la plus forte est restée la plus faible. Par là, le corps politique reste informe et incomplet, et par une conséquence nécessaire, la souveraineté se trouve faussée par une représentation qui à la fois est insuffisante d'un côté et exubérante de l'autre : ce qui fait que les amateurs de rapprochemens peuvent trouver occasion de comparer notre corps législatif à ce prince de l'antiquité auquel la longueur d'un de ses bras qui avait l'air d'avoir été fait aux dépens de l'autre, avait fait donner le surnom de *longue-main*.

Pour que la souveraineté atteigne en France à ce degré de perfection d'organisation que celle-ci n'a pas encore eu, il faut commencer par fixer les proportions des parties destinées à la former. C'est la base primitive. Au lieu de s'en occuper, on a commencé par avoir frayeur d'une Chambre tant soit peu nombreuse ; on l'a faite comme *par extrait*, ensuite on est arrivé timidement à obéir à la voix qui indiquait la nécessité urgente du redressement de ce tort ; depuis on a reculé sous des prétextes, voiles transparens des motifs réels ; et tandis que le temps s'écoule dans ces hésitations contradictoires, la souveraineté reste dans son état incomplet et faux, faux parce qu'il est incomplet.

Il se présenta naguères, en 1819, à l'époque du premier renouvellement partiel du ministère, une magnifique occasion de mettre ordre à tout cela, en remplissant la lacune réprouvée par le plein et entier assentiment de la nation. Le premier besoin de celle-ci, et elle le sent, est d'avoir son corps législatif correctement et invariablement organisé. Chez elle, alors tout était disposé pour la plus heureuse arrivée de cette institution. Une gloire immense attendait ceux qui auraient donné ce gage de stabilité, car quoi de plus grand que de parfaire les institutions de son pays! Des supports immenses étaient préparés par l'opinion, ce don renfermait des avantages inappréciables pour la nation, et elle eût su les reconnaître. Qu'il est à regretter qu'une de ces sagesses timides qui perdent tout pour arriver à tout moyenner, ait cru devoir ajourner la satisfaction d'un besoin aussi pressant! Comment le ministère a-t-il pu soutenir le spectacle d'un corps législatif incomplet? La sagesse n'est pas moins la sagesse, lorsqu'elle devient incisive avec opportunité, que lorsqu'elle reste stationnaire ou indécise, quand le besoin veut que l'on marche. Avec une Chambre au complet, on aurait regardé à deux fois à proposer les lois d'exception et d'élection.

Peut-être le sort de la France et très certainement celui du ministère ont tenu à l'ajournement de cette grande mesure. Avec elle, une Chambre conformiste et nombreuse eût empêché de songer aux lois d'exception et d'exclusion. L'établissement se trouvait complet, et la machine roulait. C'est là une de ces occasions qui, étant manquées, font manquer beaucoup d'autres choses. En affaires, l'à-propos est indispensable.

Tout ceci, comme on voit, n'est point étranger à une loi destinée à former les élémens d'une des branches de la législature; il apporte une triste confirmation à ce que j'ai avancé dans le *Petit Catéchisme*, qui est que la France est le pays de l'Europe dans lequel l'idée de la souveraineté a toujours été le plus mal entendue.

CHAPITRE V.

De l'initiative royale, d'après la Loi d'Élection.

J'AI déjà, dans plusieurs écrits, exprimé des doutes sur les avantages que la royauté peut trouver dans l'initiative des lois, c'est-à-dire, dans l'attribution qui lui a été faite de proposer exclusivement la loi. D'après la Charte, la couronne possède cette prérogative dans toute son étendue. La Charte dit, article 16 : *le Roi propose la loi.* Cela est formel et exclusif; et pour qu'il n'y manque rien, la Charte a statué qu'aucun amendement ne pourra être fait à une loi, *s'il n'a été proposé ou consenti par le Roi, et s'il n'a été renvoyé et discuté dans les bureaux.* Voyez les articles 19, 20, 21.

Comme l'on voit, le législateur semble avoir entassé les précautions, pour que l'initiative restât tout entière au monarque, et pour écarter de la proposition de la loi tout ce qui serait étranger à la couronne, pour réserver exclusivement à celle-ci ce droit qui est le premier attribut de la souveraineté ; car la souveraineté consistant dans le pouvoir de faire la loi, avoir seul le droit de la proposer, est prendre dans la souveraineté la portion la plus élevée, et jouir d'un droit exclusif créé à son profit. En effet, cette proposition suppose dans celui auquel seul il appartient de la faire, une supériorité de lumières, de connaissances et de vues qui l'élèvent au-dessus de ceux qui n'ont qu'à examiner les propositions dont il leur fait part. Entre ceux qui ont le droit et la charge de penser par eux-mêmes, et ceux qui sont bornés au droit d'examiner la pensée d'autrui, qui occupe le premier rang ? Qui est le plus haut placé ? ne remarque-t-on pas entre eux la différence que l'on aperçoit entre la création et l'analyse, entre l'auteur et le commentateur ?

L'initiative suppose dans le monarque une connaissance des besoins du peuple plus grande que celle de ses copartageans de souveraineté. Cette prérogative constitue les Chambres dans une infériorité relative avec le monarque, et cependant leur action sur la législation est égale et parallèle ; car les trois membres de la souveraineté sont égaux en faculté de délibérer, d'adopter et de rejeter. Pourquoi, pour compléter l'égalité, ne seraient-ils point égaux en droit de proposer? Pourquoi ce qui a été si bien observé par les législateurs anglais, a-t-il été soigneusement mis comme à l'écart parmi les Français? C'est que les Anglais ont procédé d'après des principes qui sont éternels et immuables, et les Français, d'après des souvenirs qui tiennent à des choses variables et passagères. Voilà ce dont il faut se rendre bien compte pour saisir le véritable sens de cette partie de la législation fra :: aise.

C'est en présence de la nature éternelle des choses, et pour ainsi dire, le front courbé devant la sainteté et l'inviolabilité des droits des nations, que les législateurs anglais ont tracé d'une main aussi impartiale que ferme, la ligne sur laquelle ils entendaient faire marcher chaque pouvoir dans l'ordre constitutionnel. Avec eux, rien du temps, rien des faits particuliers, des souvenirs, des pertes, ou des avantages; tout est de la nature même des choses et de cette durée qui les renferme toutes. Hors de là, ces hommes vraiment droits et sincères n'apercevaient que vanité, principes de troubles établis au sein de ce qui est destiné à produire l'ordre, collision entre des élémens mal assortis, mal conformés, et finalement but manqué et bonheur avorté. On reconnaît ce beau idéal qui a caractérisé les cœurs et les pensées des législateurs et des moralistes de l'antiquité, hommes qui, dans l'entier dégagement de toute idée étrangère au principe de l'institution qu'ils formaient, semblent, pour se rendre plus dignes de commander à la terre, avoir commencé par s'en détacher, et avoir réalisé la fiction de ces essences célestes, parmi lesquelles l'auteur du Contrat social dit qu'il faut aller chercher les qualités du législateur, trop souvent absentes parmi les simples mortels.

C'est dans cette même pureté de pensées et d'affranchissement de tout alliage terrestre, que fut dressé ce code romain qui a mérité l'honneur d'être appelé l'interprète et le supplément de la nature elle-même. Ainsi est tenu de procéder quiconque s'occupe de statuer les règles qui doivent diriger ses semblables. Combien il s'en faut que cette partie de la législation française ait occupé d'emblée une position aussi élevée! Elle est trop souvent le résultat des souvenirs de l'époque d'où l'on sortait. Ainsi, dans l'article que nous examinons, on sent un législateur dominé par les souvenirs de la révolution. Comme on se croyait fondé à attribuer une partie des malheurs qui l'ont suivie, à la concentration de la législation et de la proposition des lois dans le corps législatif, ainsi qu'à l'exclusion donnée à la couronne dans l'exercice de ce même droit, par un déplacement violent, dans notre temps, on a transporté exclusivement à la couronne ce qui avait été conféré par exclusion et par abus au corps législatif tout seul, parce que la couronne avait été dépouillée dans un système. Dans une autre occasion on a dépouillé le peuple; un droit également nécessaire à tous les deux leur a été alternativement ravi; on a eu l'air de prendre une revanche du passé, et roulant ainsi de dépouillement en dépouillement, de droits perdus à des droits reconquis, de l'exclusif de l'un à l'exclusif de l'autre, on est arrivé à introduire dans la Charte une disposition contraire à tous les principes, ainsi qu'à la manifestation éclatante des avantages de la pratique contraire, consacrée par des siècles de succès en Angleterre, car elle est toujours là, cette constitution anglaise, pour confondre qui s'égare, et qui s'écarte de ce patron de toute bonne organisation sociale.

Une initiative absolue, exclusive, la plus restrictive qui ait jamais frappé aucun peuple, a donc été attribuée à la couronne. On a grossi les attributions de celle-ci des retraits faits au peuple. Voyons si le succès a répondu à l'attente, et si par mégarde on n'a point préparé dans cette intention même de faire prévaloir la couronne, un principe très actif de dépréciation pour elle : erreur aussi déplorable pour le peuple que pour la couronne elle-même; car, dans une constitution bien ordonnée, le bien d'une partie ne peut être fait aux dépens de celui d'une autre. Chacun doit avoir tout ce qui lui appartient, et pour cela, il doit exister entre les branches du pouvoir législatif une juste répartition d'attributions, une pondération équitable de forces, et un ordre calculé qui assure à chacune tout ce dont elle a besoin, pour que l'action commune soit parfaite et complète. En pareille matière qui songe à soi seul et à l'ambition, travaille contre soi et contre le but; il ne recueillera pas ce qu'il croit avoir semé. Il sera atteint à son tour par les effets du désordre qu'il aura contribué à introduire....

Pour bien peindre le besoin d'un concours franc et égal à la formation et à l'entretien du corps social, l'homme d'état n'a pas besoin de chercher au loin. Qu'il lui suffise de s'approprier un de nos plus ingénieux apologues, celui des membres et de l'estomac. C'est l'image vivante des besoins des corps politiques....

Rentrons dans notre sujet..

Le pouvoir du prince repose sur un fondement principal, le *respect* qui doit toujours régner autour de lui, et la considération qui ne doit jamais s'éloigner de cette source sacrée et de ce qui en émane. Le trône n'a pas une force qui lui soit propre : celle dont il jouit, réside dans l'idée que les sujets s'en font.... Comme le prince qui a une existence à part, n'a aussi qu'une existence isolée, l'idée de la vénération pour lui doit être au plus haut degré que comporte l'ordre social : autrement le prince manquerait de point d'appui pour agir. Seul vis-à-vis de tous, comment agir sur tous, s'il n'est pas l'objet du respect de tous ? Son isolement fait son droit au respect qui fera sa force. Celle-ci sortant du sein de la faiblesse et se formant un emprunt ingénieux mais indispensable, fait à toutes les forces de la société, est un des plus admirables résultats de ces fictions que l'on appelle, organisation des corps politiques.

Les hommes, pour acquérir de bons gouvernemens, ont été obligés de recourir à des fictions et à des emprunts, qui transposent et déguisent les forces brutes de l'association, et qui font dominer le physique par le moral, et le fort par le faible; déplacement essentiel sans lequel tout périrait sous le poids de la force, agissant avec toute sa violence.

Ainsi la Chambre des Pairs, qui a plus de *corps* et de *réalité* que la couronne, n'a pas besoin du même degré de respect qui est nécessaire à celle-ci. De son côté, la Chambre populaire, investie de toute la force réelle, peut se passer d'un degré de respect égal aux deux premiers; car, si aux élémens de force positive qu'elle contient, qu'elle représente, et qu'elle seule peut faire mouvoir, elle venait à égaler en attributs extérieurs la royauté et la Chambre des Pairs, bientôt ces dernières seraient annulées ou effacées, et la Chàmbre populaire se trouverait être tout, et elle absorberait tout. C'est pour compenser la supériorité de sa force intrinsèque que l'on a retranché à ses honneurs du dehors; donnez-lui l'éclat du trône, et vous verrez celui-ci disparaître aussitôt devant cette réunion de forces, qu'il ne peut jamais avoir en propre. Cet ordre n'a pas été établi contre le peuple, dans la vue de le mortifier ni de le rabaisser; loin de là, il a été puisé dans son intérêt propre, qui veut qu'il soit mis à l'abri des excès de sa propre force.

Or, quel est le principe le plus efficient du respect pour une autorité qui est toute de convention? Demandez-le à Rome! Là, on ne s'y est pas mépris, on ne s'y est pas pris à deux fois. Mais quand on a vu le monde en train de se laisser faire et d'adorer, on s'est déclaré infaillible. C'était toucher le but du premier coup, et se connaître en constitution de pouvoir; car le plus haut degré de considération auquel il peut être donné aux mortels de parvenir, est sûrement l'infaillibilité. Si quelque chose pouvait combler la distance qui sépare l'homme de Dieu, ce serait cet attribut : l'Église ne représente l'autorité de la parole divine que parce qu'elle participe à son infaillibilité. Quand la Grèce profane voulut consacrer Delphes et Dodone, et leur assurer les hommages de l'univers, elle leur fit rendre des oracles.

Pour conserver intacte sa considération, le trône a donc besoin de s'approprier, autant qu'il est en lui, cet attribut merveilleux, et d'emprunter à l'infaillibilité tout ce qui en elle est compatible avec la faiblesse de l'humanité, ainsi qu'avec les lumières des sociétés, et dans ce cas l'infaillibilité n'est plus pour lui que la fixité de sa parole et son application certaine.

Le trône est un sanctuaire d'où il ne doit émaner aucune parole hasardée, incertaine, ou sujète à contestation. Il y a profanation dès qu'il y a erreur, méprise, variation, contradiction, toutes choses qui portent avec elles un aveu d'infirmités. Or, le trône ne peut en ressentir aucune. Élevé au-dessus de la région où s'agitent les passions, où se forment les tempêtes, sous un ciel toujours dégagé de vapeurs, que ne peuvent plus obscurcir ni la poussière que soulèvent les intérêts privés, ni l'encens que brûle la flatterie; à cette hauteur d'où tous les objets apparaissent dans leurs formes véritables, du haut d'un siége autant inaccessible qu'inébranlable, hors d'illusions comme de séductions, le prince regarde passer sous ses pieds les flots des intérêts privés. De cette hauteur il voit, entend, compare et juge tout... Sa parole est également puissante à donner la mort ou la vie : d'un mot, il appelle à la lumière et à l'acte les volontés du corps législatif; d'un mot, il fait rentrer dans le néant tout ce que celui-ci a pu résoudre; d'un mot, il peut encore interrompre son existence. Il tient renfermé dans son sein les motifs de son intervention toute puissante et magique; et quand tous les autres ont eu besoin de faire effort pour faire éclater leur pensée, seul il réserve pour lui-même le secret de la sienne. Ainsi se montre dans un poste d'honneur et de sûreté le monarque anglais. Dans une intelligence complète de son état, dans un accord parfait entre ses attributions, il ne fait rien qui déroge à aucune d'elles... On ne le voit point venir s'exposer à la critique, descendre comme dans l'arène; il n'a pas appelé l'examen sur ses pensées propres; il ne s'est pas abaissé à reconnaître des égaux et des juges, comme le fait quiconque ouvre une discussion; il a laissé ce soin, ce labeur subalterne à d'autres : ce ne sera pas lui qui sera jugé, mais lui qui jugera les autres. Il est patient, parce que lui aussi il est éternel, et qu'il sait que rien ne pouvant lui échapper, en dernier ressort, c'est lui qui par son action propre décide de toutes les autres. Ah! que le monarque d'Angleterre revêtu de prérogatives aussi bien disposées, est placé haut dans l'ordre social! Comme il doit saisir l'imagination, et inspirer le respect! Quelle force, quelle dignité dans ce silence, dans cette immutabilité, dans l'efficacité de cette parole plus puissante à mesure qu'elle est plus réservée, et qu'elle n'exprime que des arrêts irrévocables!

Comme tout cela est conséquent, lié ensemble, bien ordonné, puisé dans la nature même des choses, et favorable à leur action et à leur conservation! Pourquoi faut-il qu'il y ait si loin de là à ce qui se passe parmi nous? En voulant relever le pouvoir du monarque, on n'a fait que le rabaisser....

Des aveugles féliciteraient le roi de France de sa supériorité, de sa prérogative sur celle du roi d'Angleterre; des hommes clairvoyans ne seraient point pris au même piége, et n'y trouveraient que des motifs de s'affliger, et pour le monarque et pour l'état.... En effet, qu'avons-nous fait avec notre initiative concentrée dans la prérogative royale, et comme enchaînée au monarque? Qu'avons-nous prétendu en lui faisant à la fois proposer et sanctionner la loi, c'est-à-dire, agir deux fois sur la même chose; double action qui ne suppose pas plus de dignité que d'efforts, lorsqu'elle se borne à adopter ce que l'on a proposé soi-même? Ce que nous avons fait, les faits vont nous l'apprendre. Je les laisse parler.

Par cet ordre de propositions royales, il se trouve que la couronne se présente au peuple:

1°. A la quatrième variation, sur une loi qu'on peut appeler fondamentale.

2°. A la cinquième variation, sur une clause principale de cette même loi.

3°. A la seconde variation, sur une autre disposition essentielle de cette même loi.

Je reprends.

1°. Dans la session de 1815, le ministre Vaublanc présente un projet de loi d'élection, tel qu'on n'a jamais osé le reproduire.

2°. En 1816 fut présenté le projet de loi

adopté le 5 février 1817; c'est la loi actuelle, l'objet de tous les débats.

3°. En 1820, 15 février, nouveau projet présenté par le président du conseil, le comte Decazes.

4°. Le 17 février 1820, nouveau projet présenté par le ministre de l'Intérieur.

Voilà pour la loi elle-même; passons à deux dispositions essentielles de la même loi.

1°. La Charte dit, article 36 : *Chaque département aura le même nombre de Députés qu'il a eu jusqu'à présent.* Cette disposition est fondamentale.

2°. Par l'ordonnance rendue au mois de juillet 1815, portant l'annonce de plusieurs additions et corrections à faire à la Charte, le nombre des députés fut porté à 400, et les élections de 1815 faites d'après cette disposition.

3°. Par l'ordonnance du 5 septembre 1815, le nombre fut réduit à l'état actuel de 258.

4°. Par la proposition du 15 février 1820, il est porté à 447.

5°. Par la proposition du 17 avril 1820, il est rappelé au nombre de 258.

Voilà bien cinq variations sur le même article.

Passons à un autre :

1°. Par la proposition du 15 février 1820, le renouvellement intégral de la Chambre est établi.

2°. Par la proposition du 17 avril 1820, le renouvellement partiel est maintenu.

Nous voilà donc vis-à-vis de onze variations dans une seule et même question; cela promet....

Maintenant, je le demande à tout appréciateur équitable et impartial de la dignité du commandement parmi les hommes : quelle considération sur la terre résisterait à une succession aussi rapide et aussi nombreuse d'idées contradictoires, destructives les unes des autres sur la même question? Quelle légèreté, quelle imprévoyance dans la conception, ne suppose pas cette versatilité, et quel défaut de tenue dans la volonté?

En Angleterre, un ministre à variations ne serait pas écouté un quart d'heure; un chef de parti parlementaire serait déserté par tous les siens à la première variation; à l'aspect de la versatilité, il ne lui resterait pas un soldat.

Les hommes appartiennent à la fixité; ils aiment les terrains solides, et fuient les sables mouvans, et nous sommes condamnés à voir exposée aux vents de doctrines contraires, la parole du monarque, de celui qui siége sur le plus haut trône de l'Europe, puisque ce trône est celui de la France! Nous devons dévorer la douleur de voir promener dans un cercle de contradictions, la pensée de celui dont nôtre respect attend des oracles, et ne voudrait recevoir que des oracles, et qui nous trouverait toujours attachés à sa parole, s'il paraissait l'être lui-même. Mais dans ce flux et reflux de pensées qui se succèdent et se choquent, qui se détruisent mutuellement à quelques jours l'une de l'autre, sans que la survenance de grands intérêts commande ou légitime clairement ces variations, à quoi peut se prendre le respect qui cherche la royauté pour s'attacher à elle, et qui éprouve le désespoir de la voir fuir sans cesse devant lui? Voilà pourtant où conduit cette initiative à laquelle il est probable qu'on attachait beaucoup de prix, lorsqu'on l'a affectée exclusivement à la couronne. Avec elle, on a eu des lois versatiles et des remuemens de lois. Appliquée à la loi des élections, cette initiative était dirigée dans l'intention de protéger la couronne; elle l'a rabaissée en la montrant contraire à elle-même, et toujours prête à détruire son propre ouvrage. Cette manifestation provenant de la loi des élections, a déjà rendu celle-ci funeste à la royauté, qui vit de considération et de confiance : *Le ciel et la terre passeront avant ma parole ;* cela seul suffit pour fonder une religion. Mais avec une parole variable chaque jour, loin de fonder, on détruirait et le ciel et la terre.

Que doivent penser les Anglais de ce grand trône de France, garant de la sécurité de tant de millions d'hommes, façonné d'après des conceptions qui ont le dix-neuvième siècle pour date, et l'Angleterre pour modèle et pour juge, en le voyant ainsi compromis par une disposition tellement antipathique avec la dignité qui est son premier besoin? Quelles subsannations ne s'éleverait-il pas dans les trois royaumes, si l'on y voyait, comme nous avons eu la douleur de le contempler chez nous, au sein de la discussion la plus animée, les serviteurs de la couronne demander un sursis pour se concerter entre eux, et rentrer pour annoncer qu'ils accédaient en son nom à ce qu'un quart d'heure auparavant ils avaient attesté, comme au nom du ciel, qu'elle ne pouvait souscrire!

Que des individus isolés courent les hasards de la discussion et ceux du rejet de leurs pensées, cela est dans l'ordre, et aucune dignité n'est blessée, aucun intérêt public ne souffre, un simple particulier est seul atteint; mais la royauté, mais la couronne, mais le trône! ah! cela est tout autre chose; et quiconque a réfléchi sur la sublimité de cette institution bien ordonnée dans l'ordre social, bien appropriée à son état, amant jaloux de sa gloire, se sent condamné à un rude supplice, lorsqu'il la voit arracher ainsi du sanctuaire où elle doit se reposer dans un silence religieux. Dans ce cas, les ministres se placent derrière le trône comme derrière un bouclier; ils mettent le monarque à leur poste, et se mettent au sien, d'où il suit une interversion complète dans les rôles, et une confusion complète dans les choses.

Quelle immense et inexplicable distance mettent donc quelques lieues qui les séparent, entre deux grands peuples, les plus éclairés de l'univers, dont l'un s'est interdit de proférer le nom du monarque, et dont l'autre le prononce à tout propos? Qui a le mieux entendu le respect dû à la royauté, ou celui qui a placé le prince hors de la possibilité des contradictions, qui a toujours joint l'effet à sa parole, ou celui qui a créé pour le prince l'inévitable nécessité des contradictions, qui a soumis sa parole à la discussion, à l'amendement, à la honte des refus? De plus, en Angleterre, le nom du roi prononcé dans les Chambres arrête sur-le-champ la discussion; en France, on pourrait dire qu'il l'alimente. En Angleterre, on a senti que l'on ne pouvait discuter avec liberté devant le roi, et qu'un pouvoir ne devait pas délibérer devant un autre pouvoir. En France, on perd sans cesse de vue cet état de *pouvoir*, pour ne se rappeler que de celui *de sujet*. On fait un métier nouveau avec les idées de l'ancien; aussi entend-on à tout propos invoquer le nom du roi, l'appeler en témoignage. L'un célèbre ses vertus, l'autre son amour pour lui (1); celui-ci parle de ses joies, celui-là de ses douleurs. Le bon sens, d'accord avec le

---

(1) Ce qui est écrit ci-dessus, suffit sans doute pour faire juger la manière dont j'apprécie la royauté, et

respect, prescrit de se tenir loin du lieu où séjourne le monarque, du sanctuaire dans lequel l'Angleterre a si judicieusement placé le sien, de s'interdire de rechercher ce qui se passe autour de lui, comme de pénétrer dans ses affections. Quand on les a connues, le devoir commande encore de s'en taire. Il est deux noms au monde qui ne doivent jamais être pris en vain, *Dieu et le Roi.*

Les projets de loi d'élection ayant donné

---

le respect que je lui porte et que je voudrais inspirer aux autres; c'est d'après ces données que je prie de juger ce qui suit :

En France, soit officiellement, soit narrativement, le nom du Roi est habituellement présenté avec un entourage de forme semi-adulatoire; on a comme oublié de dire tout simplement le Roi, tel prince; pour moi, ces mots seuls me disent plus que toutes les épithètes dont on les surcharge. Les actions les plus ordinaires de la vie, la promenade d'un enfant de quelques mois, sont annoncées comme des faits graves, et au milieu des évènemens politiques, on tient registre public de tout; les dons les plus minces marchent de compagnie avec un étalage de préconisations.

Je rends toute justice aux intentions, mais je cherche

une grande activité à l'initiative, et n'ayant pas profité à la considération si nécessaire à la royauté, il a été bon de faire sentir la liaison qui s'est établie entre ces deux questions, et de les réunir comme une cause l'est à son effet.

---

l'effet, et je suis bien trompé s'il répond exactement au but de ces mentions systématiques.

On ne rencontre rien de pareil dans tout ce qui se passe en dehors de la France. Là même où le gouvernement est le plus absolu, le nom du prince va tout seul, sans escorte comme sa personne. Chacun se meut, donne ou garde son argent sans proclamations; et ce qu'il y a de mieux dans tout ceci, c'est qu'aux lieux dans lesquels on ne dit rien du prince, il est toujours obéi, et que dans ceux où l'on en parle toujours et avec emphase, il est assez rare qu'il ne soit pas contrarié.

CHAPITRE VI.

Nature des Lois d'Élection.

QU'EST une loi d'élection ? Une loi de souveraineté ; car elle confère le pouvoir de faire la loi. Élu et souverain sont synonymes. La société se compose essentiellement de trois choses : la souveraineté, l'égalité et la liberté.

La souveraineté est la faculté d'appliquer les pouvoirs de la société ; c'est ce qui fait qu'ils ne peuvent être que l'apanage du petit nombre. L'égalité est le bien commun de tous. La liberté, c'est-à-dire, la plus grande sûreté de la personne et de la propriété, est le droit de tous et le but de l'emploi des pouvoirs de la société.

L'ordre qui confère la faculté d'user de ces pouvoirs, est donc du plus grand prix dans l'état social. Sa possession a dû être, et ne cessera pas d'être l'objet des vœux de l'humanité tout entière. Commander ou être commandé, faire la loi ou la subir, voilà ce qui se trouve au fond de toute loi d'élection, et ce qui est bien propre à irriter le cœur de l'homme, ainsi qu'à mettre en jeu toutes ses facultés, pour s'assurer la meilleure part de ce séduisant apanage.

Voyez le changement qui s'opère dans l'élu, au moment où la manifestation des suffrages le présente investi des pouvoirs de la société; ce n'est plus le même homme. A cette heure, d'égal qu'il était, il devient supérieur; de sujet, souverain, et maître de ceux dont la veille il était peut-être le courtisan, et la créature au moment où s'opère cette métamorphose dont les effets sont si grands.

On sent avec quelle force doit agir sur l'homme la perspective des puissans résultats contenus dans le droit d'élire, et quels stimulans s'y trouvent pour parvenir aux jouissances qu'il promet. C'est d'après ces considérations que tous les législateurs ont apporté leur plus sérieuse attention à bien ordonner le droit électoral, d'où ils voyaient qu'allait dépendre le bon ordre de l'état. Ils sentaient qu'ils avaient à travailler contre les penchans les plus forts du cœur humain, et qu'on ne pouvait leur opposer de barrières que par la justice qui n'excluait aucun droit, et qui ne cédait à aucune ambition.

Chaque peuple a eu son mont sacré, d'où il n'est descendu qu'après avoir vu améliorer son apanage électoral; chaque peuple est toujours au moment de remonter sur ce même mont, pour défendre son partage, ou pour y ajouter. Les tribuns et les autres magistratures, conquêtes du peuple romain sur le patriciat, n'étaient pas autre chose que *des lois d'élection*, qui associaient le peuple à la souveraineté, et qui le défendaient de l'autorité exclusive du patriciat. En tout pays, comme à Rome, celui-ci a beau se défendre de l'admission plébéienne, il faut bien finir par l'accepter. Car comment pourrait-il être qu'à la longue un peuple nombreux consentît à rester tout-à-fait étranger à la législation qui resterait concentrée dans les mains du patriciat seul? La féodalité n'a pu se soutenir; la pospolite polonaise a passé; le sénat de Venise a succombé, et l'exemple même de Venise ne fait pas autorité contre la question; car le patriciat n'y dominait pas plus que le peuple. Comme lui et plus encore que lui, ce patriciat était soumis à un violent despotisme, enté sur le patriciat même, de manière à ce que ce fût ce corps qui se tyrannisât lui-même. Venise était dans l'ordre social, comme il est par sa position géographique, une chose à part, un véritable oasis, qui n'a pas plus de modèles qu'il n'est fait pour avoir de copies.

L'intérêt d'une loi d'élection est donc immense; car elle touche à l'essence même des sociétés. Chaque changement remet en question la société même; à leur annonce, chacun se sent ébranlé dans sa position, balancé de l'espérance à la crainte, et de la crainte à l'espérance, apercevant devant lui la possibilité de nouveaux maîtres, et le passage à de nouvelles lois.

C'est donc une chose fort grave qu'un changement de loi d'élection, et qui doit fortement remuer tous ceux qu'il peut atteindre. Aussi rien n'est-il plus amusant que l'aimable facilité avec laquelle on entend beaucoup d'hommes parler d'une loi d'élection et de sa refonte dans de nouveaux creusets, comme si ce n'était plus d'une loi de souveraineté qu'il s'agissait encore, mais de déplacemens individuels seulement; et tel qui se pâmerait à la nouvelle du rhume d'un grand, court du pied le plus léger sur la décision de la souveraineté de tout un peuple.

Retenons bien, fixons dans notre esprit cette idée élémentaire : c'est que toute loi d'élection est une loi de souveraineté ; qu'elle assigne le partage des pouvoirs publics entre les mains des membres de l'association, et que, suivant que la loi sera le produit de la sagesse, ou le résultat de *coups de dés* politiques, elle peut devenir la confirmation du bonheur, ou l'arrêt de condamnation d'une nation tout entière.

Comme on voit, cela n'est point du tout plaisant, et mérite bien qu'on y regarde.

CHAPITRE VII.

Qu'est la Loi des Élections proposée à la révision ?

Le complément de la Charte. Celle-ci admet le gouvernement représentatif ; mais ce gouvernement ne peut aller tout seul, à part des élémens qui doivent le constituer, et des membres qui doivent le former. Ceux-ci sont les trois pouvoirs, parties efficientes du corps législatif, et dont sa réunion le forme.... Les deux premiers sont organisés d'après leur nature propre, sans constitution et sans partage avec personne. Le troisième doit l'être à son tour, pour que le corps se trouve complet; mais, comme il s'agit de la partie populaire, là se montre la nécessité d'une loi d'élection, qui régularise son action : car, comme le peuple ne peut en raison de son nombre, et par beaucoup d'autres raisons encore, être représenté en personne, comme le sont le roi et les pairs, il faut chercher le moyen d'extraire du milieu du peuple ce qui est propre à former sa représentation, et c'est l'élection qui a cette charge. Des députés sont donc nécessaires, et doivent être nommés. Ici s'ouvre la carrière électorale, et commence l'action de la loi d'élection. Sans elle, il n'y a point de corps législatif, et par conséquent plus de gouvernement représentatif ni de Charte. Cette loi est donc comme identifiée avec la Charte même, elle en découle comme une conséquence nécessaire : la négation de l'une ferait la mort de l'autre. Ainsi cette loi se trouve être d'une nature particulière, et d'un ordre bien supérieur aux lois dont l'existence n'est relative qu'au simple bien-être social, mais dont l'absence ne détruirait pas la société, comme le ferait la loi d'élection par la sienne, de manière à ce que si cette loi doit son principe d'existence à la Charte, la Charte à son tour doit le maintien de son existence à cette loi... Par conséquent la loi d'élection rentre dans l'ordre constitutionnel, et participant à son essence, elle doit participer à ses attributs. Or, l'immutabilité est l'essence de celle-ci, et puisque celle de cette loi est la même, pourquoi en différerait-elle dans ses conséquences? La loi des élections a dû être donnée une fois : la Charte l'a été de même; mais, pour celle-ci, l'immutabilité a succédé à la création, et l'a suivie immédiatement; pourquoi la loi des élections, sortie de la même source, ne jouirait-elle pas de la même prérogative? Je n'aperçois pas en vertu de quels principes on entend faire à cette loi l'application de la législation ordinaire, avec laquelle elle n'a rien de commun. Les autres lois peuvent être, ou ne pas être, suivant le libre arbitre du législateur; mais ici il s'agit d'un être nécessaire, qui force l'action du législateur lui-même; et l'immutabilité n'est-elle pas l'attribut essentiel et distinctif de l'être nécessaire?

Par une conséquence naturelle, une loi

commandée par la loi fondamentale, faisant corps avec elle, ne pouvant être déclinée, doit avoir la stabilité de la loi fondamentale elle-même. Quand elle confère des droits, ces droits acquièrent et retiennent tout de suite le caractère d'inviolabilité, qui fait la garantie de la propriété. Les droits que la loi d'élection a conférés au peuple français, sont donc une propriété véritable, incommutable et sacrée comme toutes les autres. Par conséquent la loi doit rester intacte, dans ses parties essentielles, comme la Charte même, dans laquelle se trouvent aussi deux parties bien faciles à distinguer : les fondamentales et les réglementaires. Aucun homme sensé ne mettra sur la même ligne la formation des bureaux, ou quelque formalité de scrutin, à côté des dispositions qui déterminent les caractères et l'effet des suffrages, cette cause primitive et génératrice de l'élection : car le suffrage est tout dans l'ordre électoral, et c'est à lui que se rapporte toute loi d'élection. Or, lorsque le droit de suffrage a été accordé dans une mesure déterminée à une nation, lorsque celle-ci l'a accepté, lorsqu'elle l'a confirmé par l'usage qu'elle en a fait, n'y a-t-il pas eu un contrat véritable, et une acquisition réelle de propriété? Alors qui peut s'arroger avec justice le droit de l'en dépouiller?

La Charte, article 5, dit : *La Chambre des Députés sera composée des députés élus par les colléges électoraux, dont l'organisation sera déterminée par des lois.* Ici il n'est question que d'organisation des colléges, et non point du *droit des colléges* : ce qui est fort différent, car l'une est adventice et extérieure, et l'autre est intérieure et personnelle.

Le droit du peuple à une place dans la législation ne vient pas de la Charte, celle-ci n'est pas la source du droit, ce n'est point elle qui l'a conféré, seulement elle en est la déclaration, et pour ainsi dire, le héraut. De même pour le droit acquis par la loi primitive d'élection, loi qu'à son tour l'on peut considérer comme la Charte de cette partie de notre organisation sociale. Ce qui est fait une fois, doit être considéré comme consommé; des droits ont été reconnus; on ne peut être reçu à les reprendre, à les amincir, à les faire remplacer par d'autres.

Étrange et offensante idée, dont je crois reconnaître le principe dans cette horreur secrète que l'on nourrit au fond du cœur, contre la reconnaissance des droits qu'ont aussi les peuples. C'est là ce qu'il coûte de reconnaître, de confesser, et encore plus, de respecter. Ainsi, à l'aurore de notre gouvernement représentatif, on entendait soutenir parmi les premières têtes de l'état, que les *Chambres n'étaient que des conseils,* qu'elles ne tenaient de droits que de la Charte, et que par conséquent le peuple n'en avait aucun par lui-même.

La doctrine de ce temps n'est pas morte; je crois reconnaître ses premiers linéamens, et fasse le ciel que ce soient aussi les derniers.

Il faut enfin fixer ce point capital de toute association humaine, et savoir si, en définitive, nous avons des droits par nous-mêmes, ou si ce que nous avons, vient des autres. Alors, mais seulement alors, les lois d'élection, basées sur des droits reconnus, reposeront en paix; et peut-être aussi, lorsque notre portion de souveraineté aura été reconnue, à notre tour, serons-nous traités en souverains?

CHAPITRE VIII.

De l'attachement des Français à la Loi des Élections.

L'ATTACHEMENT des Français à cette loi est immense, il date de loin. Je vais en montrer la filiation, elle prouvera la profondeur de ses racines.

L'amour des Français pour cette loi, est de beaucoup antérieur à l'existence même de la loi; il remonte au principe même de la révolution, et se rattache à tous ses effets. La source de cet amour se trouve là, car cette loi a donné ce que l'on cherchait depuis ce temps. Jugez si après tant de travaux et d'attentes trompées, elle a dû être reçue avec transport, et embrassée avec fermeté.

Suivons ceci.

La France fatiguée d'un gouvernement plein d'irrégularités, inégal de lumières avec elle, chose insupportable pour les peuples, se retourna vers le gouvernement représentatif, comme vers le lieu du repos véritable. Alors le but fut manqué; suivirent vingt-cinq années de tourmentes; mais ces tourmentes ne furent pas vides d'instruction, ni dépourvues de progrès de lumières. La catastrophe de 1814 permit de revenir au point d'où l'on était parti. La Charte fut donnée, une loi d'élection la suivit, et quoi qu'à longue distance du point de départ, le gouvernement représentatif se trouva enfin complété. Alors la France respira et se crut au but. Il avait coûté cher à atteindre, mais enfin on était arrivé, et l'on voulait être arrivé. Jugez si l'attachement à la chose qui donnait ce résultat, ne dut pas être extrême, et si à son tour ce sentiment n'était pas la chose du monde la plus naturelle. Je dirai donc à ceux qui viennent de nouveau troubler le peuple français dans ce séjour de son choix, fruit et objet de ses travaux, dans ce *fort gardé par le fort armé*, imprudens, que faites-vous? vous croyez ne toucher qu'à la loi des élections, et dans la brièveté de votre vue, vous n'apercevez pas que c'est la masse même de la révolution que vous atteignez et que vous soulevez tout entière! Vous ébranlez la pierre qui avait fermé l'abyme dans lequel cette révolution a été précipitée, et vous rompez la chaîne qui l'y retenait captive, car cette chaîne n'est pas autre chose que la loi d'élection qui complétait le gouvernement représentatif dont l'établissement fut l'objet de la révolution. Ce sont deux choses inséparables, attaquer l'une est attaquer l'autre; car, comment avoir le gouvernement représentatif sans loi d'élection, et comment avoir une loi d'élection avec les élémens que vous présentez? et sans gouvernement représentatif comment échapper de nouveau à la révolution? C'est donc de la satisfaction du vœu que la France forma depuis si long-temps qu'il s'agit aujourd'hui; c'est de l'acquittement du prix qu'elle a mis à ses immenses travaux. Tout cela mérite beaucoup d'amour de sa part, et beaucoup de considération de la vôtre. Osez me démentir, et dites si ce n'était pas ainsi que s'exprimait la France, lorsque la loi fut promulguée. Dites si le peuple français n'espérait pas avoir trouvé dans cette loi un asile contre les calamités et les sévices qu'il venait d'éprouver; les peuples ont de la mémoire, celle des souffrances de 1815 était fraîche et le sera long-temps encore. Dans ce moment, par votre projet, toutes les horreurs de ce temps détesté renaissent aux yeux de la France, et s'agrandissent de tout ce que la crainte et la nuit de l'avenir peuvent avoir d'effrayant, en montrant la possibilité d'une nouvelle remise du pouvoir, entre les mains d'où étaient sortis les premiers maux. Vous ne voyez donc pas que c'est contre le retour de 1815, que la France a embrassé la loi des élections, bien sûre que tant qu'elle serait debout, le sanctuaire des lois ne s'ouvrirait plus pour les hommes qui venaient de la torturer. Et qu'a donc cette loi qui ne soit pas fait pour lui valoir tout l'amour et la vénération de la France? par qui a-t-elle été proposée? par le Monarque lui-même; il avait lu au fond du cœur de son peuple, au fond de l'esprit de son temps, au fond de l'histoire de nos tristes années, il avait tiré ce résultat de trente ans de malheur; il a recueilli pour ce don les acclamations universelles de toute la France. Ses ministres ont été les premiers promoteurs et les plus ardens défenseurs de cette loi; ce sont eux qui nous ont appris à la chérir; nous les avons vus élever des barrières entre eux et ceux de leurs collègues qui donnèrent le signal trop tôt suivi par eux-mêmes, de l'infidélité à cette loi. Leur défection actuelle n'a pu effacer les sentimens dont nous avions reçu la première impulsion par eux-mêmes. Dans quel lieu, mieux que dans cette loi, trouverez-vous l'application du premier principe du gouvernement représentatif, qui est l'égalité entre les citoyens? La loi, dans une salutaire circonspection, écarte la foule et n'admet que les titres compatibles avec le bien de la cité; dans une juste mesure, elle ne s'élève pas trop haut, elle ne descend pas trop bas. Jamais le problème de la participation du peuple aux pouvoirs publics, ce problème qui passait pour être la pierre philosophale des sociétés, qui a absorbé l'attention de tous les législateurs, ne fut résolu avec plus de bonheur; la preuve en est le résultat qui appelle l'élite seule de la nation à la représenter. Opulente d'une richesse intellectuelle et mobilière, inconnue aux âges précédens, elle ne pouvait pas les délaisser comme n'existant pas; mais interprète de la justice du corps social, elle a appelé à la participation de ses avantages ceux qui contribuent à le soutenir et à l'illustrer. Que renferme de choquant pour personne une disposition puisée dans la justice la plus stricte et dans la considération éclairée de l'état des sociétés modernes? Par cette loi, quel est le droit violé ou méconnu?

quelle est la classe ou la profession rebutée? il n'y a d'exclusion que pour les élémens de désordre; pourquoi donc tenter de la ravir aux Français cette loi chérie, s'il n'est pas de légitimes reproches à lui adresser? pourquoi troubler tant d'hommes dans des jouissances qui sont du bonheur pour eux, et de la sécurité pour vous? car ne vous y trompez pas, il n'y a pas de sécurité pour vous, là où il n'y a pas de bonheur pour eux, là où la masse de la nation peut apercevoir de la menace, ou de sinistres desseins dont aucun masque ne lui déguisera l'existence et le but.

Voyez si le bon sens de cette nation a pu être détourné un seul instant de son objet. Après avoir vivement désiré sa loi d'élection, après l'avoir obtenue, comment l'a-t-elle défendue?

Le ministère qui se déclara le premier contre elle, dut tomber. Le soulèvement de l'opinion ne permettait plus de le soutenir. Depuis ce temps, la nation n'a pas cessé de suivre d'un œil inquiet et jaloux tous les mouvemens relatifs à ce même intérêt. Depuis six mois qu'une nouvelle attaque est annoncée, tout autre sujet d'attention a disparu. Dès qu'il se forme des nuages sur le ministère, tous les yeux se reportent vers la loi des élections; on craint que ce ne soit elle qui soit encore la cause de l'orage. Dans ce cas, à voir l'attention du peuple fixée sur ce seul point, on dirait que pour lui, au-delà d'elle, il n'existe plus rien au monde. La nation a vu d'un œil sec, lorsqu'il s'est déclaré contre la loi, tomber le ministre au maintien duquel elle attachait tant de prix, lorsqu'il se montrait son défenseur. Du moment qu'il se retira de la protection de la loi, la nation se retira de lui : elle a assisté froidement à sa chute. Jusqu'ici semblable à l'arche, cette loi a frappé de mort quiconque a osé y porter la main. Si les vaines prétentions d'hommes qui, dans leur facilité à dénaturer les objets, réduisant à quelques individus la masse active d'une nation de trente millions d'hommes, ont pu prévaloir auprès de vous, séparez-vous d'eux pour un moment, transportez-vous au milieu de cette nation, enfoncez-vous dans son intérieur, écoutez-la, entendez-la distinctement, et jugez par vous-mêmes s'il est faible, comme on travaille à vous le persuader, l'attachement porté à cette loi d'élection, et s'il est petit le nombre de ceux qui le ressentent. Malheureusement c'est de Paris et du sein de ses brillantes illusions qu'émanent les décisions; le miroir est trop loin de l'objet, pour retracer une image fidèle. Pour avoir la juste mesure de cet attachement, attendez le retour des représentans au milieu de leurs commettans.

Voilà ce que je ne craindrais pas d'adresser à ceux qui poursuivent avec une constance désastreuse autant qu'inconsidérée, un projet qui les rend les instrumens d'intérêts qui ne sont pas les leurs, qui ne les contiendront pas dans leur position, qui ne les aideront pas en cas de malheur, et mes paroles ne seraient que la fidèle image de l'état réel des choses.

CHAPITRE IX.

Des circonstances de la révision de la Loi d'Élection.

Elles sont de deux sortes : éloignées et prochaines, extérieures et intérieures.

Ces dernières seront le sujet du chapitre suivant.

Mon sujet s'agrandit en marchant ; je dois élargir le cadre destiné à le contenir, et pour cela, je dois m'emparer de la question tout entière et remonter aux sources.

Qu'est la loi d'élection ? la loi de la souveraineté ; qu'est la loi de la souveraineté ? le contrat social. Quelle question s'agite de nos jours en Europe et dans le reste du monde ? celle du contrat social : ceux qui en doutent, n'y ont pas regardé d'assez près. Comment cela se fait-il ? par la révision complète de toutes les anciennes institutions que nous voyons effacer successivement. Chaque jour abat un pan de l'ancien édifice, et malgré tous les cris, la démolition se poursuit et se consommera. Regardez l'Espagne : là, le marteau frappe à grands coups et élargit la brèche. Comment cela peut-il s'appeler? la réformation sociale de l'Europe et du monde. D'où provient cette réformation? du mouvement nouveau imprimé aux sociétés depuis trois cents ans. Quel a été le résultat de ce mouvement? la révolution : c'est donc de la révolution même, de ses principes et de ses conséquences qu'il s'agit dans la loi d'élection. Précisément en France la révolution fut la conversion du régime arbitraire et irrégulier dans un gouvernement légal et régulier qui s'appelle le gouvernement représentatif. La loi d'élection est le complément, on pourrait dire, l'âme et la vie de ce mode de gouvernement; c'est donc lui qu'on attaque en elle, et pourquoi cela? parce qu'elle consacre les nouvelles institutions, avec lesquelles les anciennes sont incompatibles. C'est leur guerre qui éclate par la loi d'élection. Les anciennes défendent le terrain depuis long-temps; pour elles le produit net et l'honneur de la lute, ont été de n'avancer ni de reculer, de ne rien apprendre et de ne rien oublier.

La perpétuité du combat est dans la nature des combattans, parce qu'il est dans la nature des supériorités sociales de ne jamais céder, de ne pactiser jamais, de ne jamais reculer et de ne s'éclairer que le plus tard qu'elles peuvent. Cette station morale est un de leurs élémens; elles y sont placées sans le savoir, sans le vouloir, et tel de ces supérieurs, qui de la meilleure foi du monde, croit et ne veut que remanier un droit électoral, fait de l'aristocratie sans s'en douter.

La loi d'élection est une loi d'égalité, toutes les inégalités ont dû lui déclarer la guerre; n'est-ce point là ce qui a eu lieu constamment parmi nous? Jusqu'ici nous avons deux lois d'égalité : celle des élections et celle du recrutement; depuis le jour qui les vit naître, jusqu'à celui qui nous éclaire, s'en est-il écoulé un seul dans lequel le déchaînement des supériorités se soit arrêté? n'a-t-on point par toutes sortes de voies renouvelé leurs attaques? s'est-on refusé un seul moyen, soit de force, soit de ruse? Et pourquoi? C'est que les supériorités se sentaient à chaque instant ramenées au niveau insupportable pour elles, de l'égalité constitutionnelle; elles sentaient que l'autorité leur échappait, à leur ancien titre de supériorité sociale, et que dorénavant elles ne pouvaient rentrer en partage de l'autorité que par la voie ouverte à tous, de la légalité et du civisme éprouvés. De même pour la loi de recrutement qui n'est que le partage du commandement militaire, comme la loi d'élection n'est que le partage du commandement civil : l'un et l'autre avaient été exclusifs au profit des anciennes supériorités ; elles les voient partager, c'est ce qui les offusque et les indigne. Les anciens empereurs associaient à l'empire, les supériorités sociales n'associent jamais.

Les supériorités sont des souverains qui se sentent détrôner, qui sentent que le pouvoir leur échappe, et qui sur le bord de l'abyme font effort pour s'arrêter et pour s'assurer une restauration. L'attaque livrée à la loi d'élection n'est donc en définitive que la demande d'une restauration, faite par l'aristocratie française ; en cela elle se montre conforme à sa nature propre, comme concordante avec les autres aristocraties européennes, ainsi que conséquente dans sa haine contre la révolution qui l'a fait descendre dans les rangs de la nation.

Suivez sa marche depuis 1789, et surtout depuis 1814 ; quels ont été son langage uniforme depuis ce temps, et sa profession de foi ? l'horreur de ce que l'on appelle le progrès des lumières et du changement qui remplit le monde. C'est aux lumières que tout le mal est rapporté, ce sont elles qu'on outrage, ce sont elles qu'on demande de restreindre et d'éteindre, si l'on peut : et ce vœu décèle un tact très sûr, car il est bien évident que la lumière et ses progrès sont incompatibles avec le maintien de la rouille antique, et qu'il faut qu'il y ait cession d'un côté ou de l'autre. Or, comme il est fort difficile que la lumière recule, ce qui est contre sa nature, il est naturel aussi que ceux qui redoutent ses atteintes, s'en défendent comme de leur ennemi capital. En général on n'aime guère ses héritiers, et il est évident que ces lumières tant redoutées, tant incriminées, finiront bon gré malgré, par être les légataires universelles de toutes les antiquités qu'elles détruisent, qu'elles rendent pauvres, faibles, ridicules, et que chaque jour elles acheminent vers le tombeau.

Voilà le principe et le siége du combat; la loi d'élection n'y entre que comme machine de guerre, comme fera à son tour la loi du recrutement. On en veut à ce nouvel ordre, parce qu'il est la révolution elle-même, et que l'égalité en fait la base. L'aristocratie, pour renverser l'une et pour s'affranchir de l'autre, qu'elle regarde, et à bon droit, comme son tombeau, redemande la souveraineté; et pour la ressaisir, elle réclame une loi d'élection qui remette dans ses mains le pouvoir qui en est sorti. Voilà toute la question : l'aristocratie demandant à la révolution de céder et à l'égalité de disparaître, par un progrès naturel et au moyen des mêmes raisonnemens, on pourrait redemander la féodalité, et nous sommes dans le chemin, comme il appert par les doctrines qui l'annoncent sur les substitutions et sur les majorats, qui sont les vrais suppôts de la féodalité. Je dirai plus, c'est que pour se défendre des lois d'égalité, telles que les exige le gouvernement représentatif, il faut ou le gouvernement absolu, ou la féodalité, et ceux qui ne veulent pas des lois égalitaires, telles que le sont les lois d'élection et de recrutement, ne s'entendent pas eux-mêmes, s'ils se croient ou s'ils se veulent dans le gouvernement représentatif, et s'ils s'imaginent qu'il puisse y avoir place pour eux hors du despotisme et de la féodalité. Un peu de réflexion leur montrerait bien vîte leur erreur.

Telles sont les causes éloignées provenant de l'ordre général des sociétés modernes et de l'état de l'Europe, qui ont amené l'attaque contre la loi d'élection.

Passons aux causes prochaines, celles qui proviennent de notre propre sol.

Commençons par remarquer, 1.° que la perte de cette loi fut jurée dès sa naissance, et qu'on ne l'a pas laissée jouir d'un moment d'existence tranquille; 2° quelle est la tactique de ses ennemis.

Parmi nous, un parti faible par le nombre, comme par la raison, mais fort en élévation sociale et en hauteur de ton, à défaut des moyens d'attaques directes, renouvelle sur tout ce qui n'émane pas de lui des pronostics sinistres, et tire sur l'avenir des lettres de change endossées par la peur. Dieu sait tout ce qu'il a annoncé de sinistre sur la loi des élections et sur ses résultats.

D'un autre côté, depuis 1815, le ministère a pris comme à tâche de pervertir tout l'ordre électoral. Que ne lui a-t-on pas vu faire à cet égard? La carrière s'ouvre en 1816, et déjà tout est arrangé pour faire tomber aux mains du ministère et amener à son point le résultat des élections. Ce n'est point avec cette pudeur que commandent les circonstances qu'il procède, mais à front levé, mais par des voies découvertes à tous les yeux. Les élections approchent-elles? les proclamations les plus bizarres pleuvent. Que n'ont-elles point dit?.... Il en est telle qui a été jusqu'à proscrire le talent du sein de la représentation, et qui a eu l'air de demander à la France ce qu'elle avait de moins éclatant, à condition cependant qu'il fût ce qu'il y aurait de plus souple. Alors la doctrine des bienfaits de la présence des fonctionnaires dans la Chambre fut en grand honneur. Alors des légions de commissaires, metteurs en œuvres préparatoires des élections, furent lâchées sur la surface de la France. Alors tous les fonctionnaires dans les départemens furent mis en réquisition, chacun *en droit soi*, pour aider à l'ouvrage; leurs instructions étaient publiques, leurs mouvemens étaient patens, leurs indiscrétions souvent fort grandes et fort remarquées. Alors la préparation des élections devint le grand travail du ministère, et occupa la majeure partie de son temps et de sa pensée; d'où il résulta deux choses que le ministère, s'il eût été plus clairvoyant, ne pouvait manquer d'apercevoir, mais qu'il ne vit pas, et dont la vue cependant aurait dû suffire pour l'amener à un changement de direction : 1° c'est que par lui la France était déclarée mineure en matière d'élection; 2° qu'elle sentit que son droit électoral lui échappait. La tendance de la marche ministérielle était si directe, si évidente, son action était si violente, que la nation ne put manquer de reconnaître bien vîte sa nature et ses résultats, de s'en effrayer, et par le progrès naturel des idées, de s'en irriter et par là même de chercher à s'en affranchir. Voilà l'origine véritable.

J'en appelle à quiconque a suivi la marche des évènemens, et je lui demande de déclarer si la chaleur n'a pas suivi les degrés de l'insistance ministérielle dans les mêmes voies; il a marqué les uns d'un signe d'adoption, les autres d'un sceau de réprobation. Maître des présidences, appuyé par les fonctionnaires, souvent il a prévalu, et souvent aussi il a présenté des choix peu agréables à la masse, étrangère aux motifs personnels du ministère. Fréquemment les choix étaient privés de tout éclat; le ministère arrivait ainsi à se faire grand-électeur, et électeur exclusif en France. M. de Châteaubriand a très bien dépeint cette entreprise dans un écrit qui n'est pas le moins bon de ceux qui sont sortis de sa plume. Le ministère a la dispensation des emplois publics et celle des grâces. On connaît l'empire de ces faveurs dans notre nouvelle formation de société et de fortune; on voyait souvent les députés y avoir bonne part. Les liaisons et les affiliations du ministère avec un grand nombre de membres de la Chambre, ne sont et ne peuvent être un mystère pour personne; aujourd'hui, chacun porte ses noms et qualités sur le front. Il devenait clair que le droit électoral échappait à la nation, et qu'il allait se confondre avec les autres attributions dont le ministère se trouve déjà investi. Or, l'élection donnant le pouvoir législatif, celui-ci retombait au ministère par son attribut de grand-électeur, et en joignant ce pouvoir à celui d'exécution dont il jouit déjà, toute l'autorité lui était acquise et assurée, et dans cet état, on ne voyait plus dans le corps législatif qu'une propriété distincte, celle de cour d'enregistrement sous l'impération ministérielle. Cela était effrayant, et trop peu fin pour n'être pas aperçu du premier coup-d'œil; et dans le siècle où nous vivons, comment se flatter que tout ne soit pas vu, deviné, proclamé? Les cabinets sont percés à jour, ai-je dit depuis six ans, à l'époque du congrès de Vienne, et chaque heure m'apporte la démonstration de cette vérité.

En vérité, à voir tout ce qui se passe, qu'on me permette et qu'on m'excuse de le dire, il semble que l'on prenne les Français pour des imbécilles, et qu'il soit passé en principe parmi les directeurs de nos affaires, que cette nation est un composé d'espèce d'*in exitu Israël, qui ont des yeux pour ne pas voir, des oreilles pour ne pas entendre, et des bouches pour ne pas parler*. Tel me paraît souvent être le partage qu'on lui assigne.

La marche du ministère montrait donc le retour au pouvoir exclusif par la légalité, et la remise des pouvoirs nationaux par la main du peuple même. Il y avait évidemment lésion, surprise et ouverture à beaucoup de suspicions et d'alarmes; cependant la vérité oblige de reconnaître que ces pratiques du ministère ne rencontrèrent dans les deux premières élections, celles des sessions de 1816 et 1817, aucune opposition qui annonçât l'irritation ou le ressentiment; quoique, j'ose le dire, la conduite du ministère fût d'autant plus illibérale :

1°. Que le droit de la nation, dans chaque renouvellement partiel, ne s'étend qu'à cinquante-deux nominations. Comment lui disputer, que dis-je, envahir à son détriment, l'exercice d'un droit aussi restreint ?

2°. Qu'il ne peut jamais se rencontrer d'égalité entre les moyens dont un individu peut disposer, et ceux que le gouvernement a toujours à son service, et trop souvent à sa dévotion. Que peut un individu isolé dans le désert, où le mérite seul peut le laisser, contre les légions d'agens que le ministère traîne à sa suite, et peut mettre en mouvement ? Quel poids un individu peut-il mettre dans la balance qui égale ces trésors de grâces dont le ministère tient la clef, et qu'il peut montrer ouverts ou fermés suivant les degrés du zèle et des services qu'on lui montre ou qu'il exige ? La partie n'est-elle point évidemment inégale, et la décence d'accord avec la justice, ne faisait-elle pas au ministère la loi de ne pas abuser de ses avantages ? Or il ne pourra jamais avec quelque apparence de raison, se refuser à reconnaître lui-même que, dans tous les renouvellemens d'élections, il n'ait poussé à l'extrême l'usage de ces avantages. Le mal était au comble, il ne fallait plus que songer à s'en défendre; on le fit. On opposa désignations à désignations, candidats à candidats, manœuvres à manœuvres; tout cela était forcé, naturel, la suite d'une défensive obligée, et provenait pour la plus grande partie, du fait même du ministère. Il avait donné l'exemple, et si quelqu'un avait besoin d'excuses, ou plutôt était sans excuses, sûrement c'était lui. La corruption du système électoral est venue de son côté; à quel titre la reprochait-il donc aux autres?

Le ministère n'avait et n'aura jamais qu'un rôle à jouer en fait d'élections : *Bien gouverner, ensuite laisser faire et laisser passer.* Tout le secret des élections est dans le talent de bien gouverner; des esprits vulgaires le placent dans l'art de *manœuvrer* les élections; c'est un déplacement évident de la question. Quand le gouvernement agit de manière à produire la satisfaction, à quel titre craindrait-il les élections, ou s'en inquiéterait-il? Il est bien sûr qu'il n'y en aura que de bonnes, et que les mauvaises, s'il s'en rencontre, n'apporteront qu'un venin isolé et par conséquent sans efficacité. Comment aussi se flatter qu'avec un gouvernement contrariant pour une nation, on échappera à des élections contrariantes? En dernière analyse, on trouve toujours le gouvernement au fond de toutes les questions d'élections, tel qu'il se fait ressentir aux sujets, telles que les ont faites à l'avance son habileté ou son impéritie.

Si le ministère croit avoir à paraître dans la carrière, qu'il ne s'y montre donc que pour rappeler la nécessité de diriger tous les choix d'après les seuls intérêts publics, et qu'après cela, fort du bien qu'il a déjà fait, fort de celui qu'il saura faire encore, il déclare qu'il *attend le résultat avec confiance, et qu'il ne demande et ne craint personne.* Voilà le langage convenable aux dépositaires d'un grand pouvoir, qui ne doit jamais marcher que dans des voies droites et découvertes à tous les yeux, et non pas s'appuyer sur les raffinemens d'une politique vulgaire, qui dans ses détours connus, donne à un grand gouvernement les allures d'intrigues subalternes. Défenseur de la liberté des élections, protecteur des intérêts publics, le ministère eût attiré à lui plus de votes qu'avec tous les commissaires, tous les préfets, tous les fonctionnaires, et tous les autres moyens qui ont été mis en action ; on oublie toujours qu'on a affaire à des Français, peuple le plus sensible de la terre à tout mouvement généreux ; l'expérience valait bien la peine d'être tentée, elle n'eût pas rendu moins bien que ce qui a été fait. La préférence donnée dans les grandes affaires aux petits moyens sur les grands, est toujours un sujet de désolation et presque d'humiliation.

Mais pendant que le ministère entassait les fautes dans l'ordre électoral, il les entassait encore dans sa sphère naturelle, le gouvernement. A cet égard, on pourrait dire qu'il n'a pas fait de fautes à proprement parler, mais que tout ce qu'il a fait, a été faute ; sa direction primitive était fausse, toute sa marche a dû se ressentir de ce vice primordial.

Quelle dignité a-t-il montrée à l'égard de l'étranger ? Par lui, quel honneur a été rendu à la nation ? Quels avantages assurés à son commerce ? Quelle impulsion donnée à sa richesse et à sa prospérité ? Quelle liaison avec le mouvement général du monde ? Quelle direction imprimée à l'ordre religieux ? Des concordats, des jésuites, des missionnaires, des ignorantins, des myriades de couvens. Je m'arrète, car je suis loin d'avoir pour but de faire une critique; je ne veux que confirmer par l'exposition des faits la proposition que j'ai mise en avant.

Le mécontentement et la déconsidération ont dû suivre, c'était un résultat naturel; mais comme pendant ce temps, d'un côté on ne se relâchait pas sur ses prétentions à maîtriser les élections, et que de l'autre côté on n'apercevait pas ce qu'avait produit d'avantageux à l'État, cette grande maîtrise électorale, il était fort naturel de chercher à mettre un terme à tout ce désordre. N'en doutons pas, tout ce qui s'est passé ulérieurement en fait d'élections, a été le résultat de ces deux causes :

1°. Le mécontentement produit par les fautes du ministère.

2°. L'irritation provenue de son opiniâtreté à envahir les élections, et à insister sur des choix que l'on ne peut pas reconnaître comme ayant donné la fleur de la Chambre.

Voilà pour tout homme impartial et sensé l'explication littérale de tout ce qui s'est passé. Dans tout cela, il n'y avait pas une ombre de démocratie ou de républicanisme, mais un simple acte de défense naturelle et de résistance à une invasion. J'aurai à expliquer plus bas le fait le plus saillant parmi ceux auxquels les élections ont donné naissance....

Mais alors le parti dit des *ultrà* est revenu sur ses pronostics, il en a fait de nouveaux. L'imprudence des uns a donné gain de cause aux autres, et des prophètes de malheur ont reçu leur mission des fautes d'hommes inconsidérés; un choix généralement réprouvé eut lieu. Dès-lors les cris, les conjectures menaçantes, les alarmes sincères chez les uns, feintes et cachant la satisfaction chez les autres, n'eurent plus de bornes. Les conspirations furent démontrées flagrantes, les dangers d'une nouvelle épreuve imminens et inévitables; une tête faible s'effaroucha d'une inconvenance outrageante, il est vrai, mais amenée en partie par ses propres torts, comme gouverneur principal de l'État et directeur des élections. A la manière des hommes peu maîtres de leur raison, il n'a su que passer d'un système à un autre, et franchissant l'espace immense que des années des plus ardentes poursuites avaient mis entre un parti et lui, c'est à la haine qu'il fut demander du secours : elle l'a détruit, il est tombé sa victime et celle de tout ce qu'il avait brouillé en matière d'élections. Ah ! quel bizarre spectacle présentait le duc Decazes, allant se briser sur le même écueil et au milieu des mêmes hommes où, par la même manœuvre, quelques mois auparavant, son devancier avait aussi fait naufrage ! Le jour auquel l'irréflexion l'entraîna à toucher à la loi des élections, on le vit distinctement se placer sous le feu des batteries de deux partis ennemis, son piédestal réduit en poudre, et lui perdu.

Il est des fautes dont on ne relève pas, et des chutes d'où l'on ne rapporte que des membres d'invalides.

Que s'est-il donc passé qui ne fût pas entièrement dans l'ordre naturel de la question ?

Les élections donnent la partie du pouvoir qui appartient au peuple d'après la constitution ; il veut l'avoir :

1°. Parce qu'elle lui appartient ; 2° parce qu'elle ne vous appartient pas ; 3° parce que vous en avez mal usé, et que l'on peut se croire fondé à craindre que de nouveau vous en usiez mal : rentrez dans vos droits légitimes, et laissez-nous les nôtres. Nous ne prétendons pas nommer les fonctionnaires, laissez-nous nommer nos députés. Ces députés sont pour nous, et non point pour vous; ils sont chargés de nos intérêts et non des vôtres, nous devons souvent avoir affaire avec vous, et le bon sens ne nous a pas abandonnés au point de recevoir nos avocats de la main de nos parties. Il nous faut des hommes de notre choix et hors de toute dépendance; à nos yeux il n'y a de sûreté pour nous, que dans cette indépendance de nos représentans; que chacun rentre dans ses limites naturelles, et les collisions vont cesser; ces limites pour nous ne vont pas loin, pourquoi les resserrer encore?

Dans quel système de gouvernement vivons-nous? dans le gouvernement représentatif; mais pensez-vous donc que ce gouvernement soit une espèce de *calme plat?* faut-il à la première vague, la pâleur sur le front, nochers novices, abandonner le gouvernail, sonner l'alarme et se jeter à la côte? car voilà ce que vous faites. Contemplez l'Angleterre, examinez ce qui s'y passe : là, quand les élections présentent l'image des plus hideuses saturnales, quand la population soulevée et poussée par le besoin, fait craindre une subversion générale, et que des conspirations régulièrement organisées agitent tous les points de l'empire, parle-t-on de changer la loi électorale? quand la loi existante donne les résultats les plus contrarians, souvent les plus mortifians pour le ministère; quand les vainqueurs deviennent l'objet des triomphes les plus insultans et les plus dissolus, la loi qui a donné lieu à ces contrariétés, à ces difformités, est-elle attaquée? que feriez-vous, grand Dieu! du peuple français, s'il se passait chez lui, la dixième partie de ce que le ministère anglais regarde faire avec l'assurance du vieux pilote, qui se joue de la vague fuyant sous son vaisseau, ou qui du haut d'un rocher la voit se briser à ses pieds! C'est là savoir gouverner. Quelques hommes ont été nommés, à la grande déplaisance du ministère; mais dans le gouvernement représentatif, ces choix ne sont-ils pas inévitables? Dans cet ordre de choses, tout homme connu par des talens, ou par des services publics, n'est-il pas *député né?* qui donc nommera-t-on, si ce ne sont pas eux? la Chambre populaire n'est-elle point, par la nature des choses, formée de l'élite du peuple? n'est-elle pas son défenseur naturel? par qui peut-il se faire défendre, si ce n'est par les plus grandes réputations? Une cour d'enregistrement vous conviendrait mieux : voir enregistrer est plus commode que d'entendre discuter ; cela se conçoit, mais attendez.... le peuple a aussi des droits à défendre, il a besoin d'hommes de talent et de confiance; il les cherche parmi les têtes qui s'élèvent au-dessus de la multitude, où voulez vous donc qu'il les prenne? Que faites-vous vous-même, et si les hommes s'offraient à vous comme des instrumens dociles, les refuseriez-vous? en cas de maladie, ou de contestation, à qui vous adressez-vous? eh bien, le peuple use du même droit. Comme il a un procès continuel avec le gouvernement, comme la jalousie contre l'extension du pouvoir est son état naturel, souffrez qu'il cherche des armes d'une forte trempe pour se défendre; et ne vous étonnez pas à la vue d'adversaires donnés par la nature même des choses. Il ne vous est pas interdit de vous armer pareillement, et votre place vous ouvre tous les arsenaux. Dans quel temps comptez-vous donc vivre? sommes-nous si éloignés de celui des orages? leur retour n'est-il plus à craindre, et auraient-ils cessé de gronder? notre établissement constitutionnel est-il complet? est-il temps de s'endormir ou de veiller? que faisait-on en Angleterre à une époque rivale de désastres avec ceux de notre âge? Ne vous alarmez donc point, surtout ne vous irritez pas de ce que vous voyez résulter des élections. Chaque arbre porte son fruit; reconnaissez celui de l'arbre qui a été planté au milieu de nous. Lui trouvez-vous de l'amertume? Corrigez-la par la douceur et l'habileté de votre administration; ainsi le médecin habile déguise par une douce infusion l'amertume du breuvage qu'il présente à ses malades.

J'en appelle à tout homme de bonne foi, quel était l'état des choses en France, quelle était la conduite du ministère, lors des choix qui, en 1818, amenèrent la première crise? Où en était-on encore en 1819, lorsque les nominations de l'Isère, du Rhône et d'autres lieux vinrent effaroucher le ministère?

La guerre était déclarée entre le ministère et une grande partie de l'Assemblée, et se poursuivait avec une grande chaleur. Les injures de Lyon étaient restées sans réparation. La plus désastreuse affaire avait porté le deuil dans la seconde cité du royaume, et l'on est encore à savoir qui avait droit ou tort. Toutes les rigueurs imaginables avaient pesé sur le département de l'Isère. Il s'est, il est vrai, étrangement oublié dans son choix. Mais, qui l'avait amené ce choix calamiteux? quels administrateurs ce département avait-il reçus? quels apaisemens lui avaient été présentés? On attend, on exige tout des autres; on ne fait rien de son côté, et lorsqu'ils s'égarent, on les accable d'accusations. Hélas! trop souvent les torts des uns proviennent de ceux des autres! Je ne prétends rien excuser; je me borne à donner l'explication d'un fait qui m'a blessé autant que qui que ce soit. Dans l'évaluation des motifs, des résultats, de la direction et de la valeur totale des élections, le ministère aurait bien dû faire entrer pour quelque chose notre situation politique. Nous commençons un établissement; il est grandement incomplet; il est fortement attaqué; un parti s'agite en tous sens; il répand les accusations sur la nation; il est en extase devant le passé; en adoration devant le despotisme de quelques princes; en admiration devant l'*ignorantisme*; en requête permanente devant les étrangers ; c'est du ministère lui-même qu'est parti cet acte d'accusation renouvelé tous les jours depuis le 5 septembre 1817; les résultats de la révolution les plus sensibles à la majorité de la nation, sont menacés, ébranlés, comment les élections ne se ressentiraient-elles point d'un pareil ordre de choses? Comment le peuple ne chercherait-il point à se prémunir, à se fortifier, à s'entourer de défenseurs sur lesquels il ait le droit de compter, et qui, sentinelles vigilantes, pendant qu'il reposera lui-même, garderont les avenues du camp. Or, voilà toute la signification des élections qui ont eu lieu, signification qui, devant un autre prisme que celui de la peur ou des préventions, en donnant à chaque chose sa juste valeur, aurait détourné d'une attaque aussi inutile que dangereuse.

La France se trouve dans la position où se trouvait l'Angleterre, dans ce long cours d'altercations qui remplirent les règnes des deux derniers Stuarts.

La nation était divisée. Les droits n'étaient pas fixés. Comme en France, un parti voulait les établir; l'autre tenait et revenait sans cesse à un parti qu'il n'était pas en état de définir, ainsi qu'on voit faire en France par des hommes qui ne pourraient pas dire ce qu'il veulent, et qui courent après un pouvoir dont ils ne sauraient que faire. D'un côté on voulait des principes, et de l'autre les faits des temps passés. Cette position retrace ce qu'est la nôtre, et les élections en Angleterre se passaient, comme elles font aujourd'hui chez nous. Chaque parti était inexorable pour ses candidats et contre ceux de ses adversaires; c'était à qui nommerait ses plus chauds partisans ; de part et d'autre alors, il n'y avait point d'autre titre d'élection.

A mesure que les sujets de contestation s'effacèrent et s'adoucirent, une plus douce température se fit ressentir dans l'ordre électoral, et détendant les ressorts bandés par une trop longue irritation, elle ramena les élections à ce point qui admet dans une juste conciliation les soins de la conservation propre, et le maintien des douceurs de la paix. Eh bien, voilà toute notre histoire? Deux partis sont en présence; ils se disputent l'Etat; ils ont à nommer les membres d'une branche de la souveraineté, destinés à devenir les arbitres de leurs plus chers intérêts. Chacun recherche le champion le plus vigoureux ; il exclut inexorablement tout ce qui n'embrasse point son parti avec chaleur, et ne se refuse aucun moyen d'arriver à son but. Le mal n'est donc pas dans la loi ; il n'est pas dans les électeurs ; il n'est pas même dans les manœuvres reprochées, et qui appartiennent également à tous les partis; mais il se trouve tout entier dans la position. Corrigez-la ; complettez votre établissement, rendez-le ferme, solide, invulnérable, et vous verrez ce que deviendra tout ce fracas d'élections. Vous prenez l'effet pour la cause, lorsque vous comptez n'avoir à vous occuper que de lois d'élection, tandis que c'est de l'état de votre corps politique qu'il s'agit, et que c'est de lui que procède le mal. Médecins malhabiles, vous vous inquiétez d'une blessure qui n'affecte qu'un seul membre, et c'est la masse entière du sang et des humeurs qui fermentent sous l'aiguillon d'un venin intérieur qui le brûle et le prive de repos. Epurez-la, cette masse envenimée, vous verrez le calme se rétablir dans tous les organes, et la machine rentrée dans son état naturel, reprendra le calme qui suit de toute bonne organisation.

Voilà ce qu'il y avait à faire chez nous, comme on le fit chez les Anglais, et par les mêmes voies nous serions arrivés à un calme égal à celui dont ils jouissent. C'est en vain que l'on s'efforçait d'excuser l'intervention du ministère dans les élections par l'exemple du ministère anglais : car, 1° il faudrait commencer par examiner si la pratique anglaise est digne d'éloges ou de blâme ; les exemples ne font autorité que par leur légitimité, c'est-à-dire, par leur conformité avec la règle ; 2° si la condition des électeurs français est égale à celle de électeurs anglais ; si en Angleterre les présidences des assemblées sont désignées par le ministère ; si dans ce pays, on trouve en tous lieux comme chez nous, des préfets, des sous-préfets, des juges, des gendarmes, des officiers de finance de toute espèce, à la dévotion du ministère, comme ils le sont en France, et, ce qui domine tout le reste et qui complète la différence de l'ordre électoral des deux pays, si en France comme en Angleterre le renouvellement est intégral, septennal seulement, et s'il porte sur un nombre de députés aussi grand que celui de l'Angleterre.

En pareil cas, le renouvellement est une

espèce de révolution, une révision du gouvernement après une longue interruption de la censure populaire qui s'exerce par l'élection. Là, comme le nombre des députés à nommer est fort grand, l'action du ministère doit se partager; elle perd donc de sa force; mais il n'y a rien de pareil en France; le renouvellement est annuel, partiel, et ne porte que sur 52 membres. La force du ministère pèse de tout son poids sur ce petit nombre, l'annualité constitue le ministère en état *d'électorat* permanent. Mais rien de tout cela n'existe en France. Donnez-nous les choses de l'Angleterre, et alors nous verrons s'il faut faire comme en Angleterre; mais tant que les choses de France seront notre seul canevas, bornons-nous à nous conduire en Français et surtout en bons Français.

CHAPITRE X.

Causes extérieures de l'attaque contre la Loi des Élections.

Sortons maintenant du cercle de notre intérieur, et portons nos regards plus loin.

Dans l'état actuel du monde et des sociétés modernes, aucune action n'est isolée ; tous les intérêts se touchent, ils se rapprochent et se serrent les uns contre les autres, dès qu'ils se sentent menacés. Ce qui se passe en France a des anneaux au dehors, et je dois montrer comment ceux-ci sont enchaînés avec nos affaires.

La révolution est la fin de l'aristocratie en Europe comme en France, parce que là, comme ici, l'état moral de la société ne la comporte plus.

Le gouvernement représentatif est la fin de tous les gouvernemens aristocratiques : ce gouvernement est celui de la légalité et de la régularité, au lieu que le gouvernement aristocratique est celui de l'inégalité et de l'irrégularité. Qui a jamais entendu parler d'un gouvernement aristocratique qui fût égal et régulier ? Ce serait la plus choquante des contradictions. Par conséquent, le gouvernement représentatif doit être en butte à l'animadversion de toutes les aristocraties. Croit-on qu'il ne soit pas aussi détesté par elle en Allemagne, qu'il peut l'être en France ? La similitude des intérêts doit entraîner celle des affections ; l'aristocratie allemande ne voit pas moins sa perte assurée par le gouvernement représentatif, que de son côté l'aristocratie française ne voit la sienne certaine.

Le gouvernement représentatif n'est pas accepté par l'aristocratie, il n'est que toléré ; à défaut de savoir quoi faire autrement, elle accepte bien dans ce gouvernement ce qui favorise sa domination, ou ce qui recrée pour elle des moyens de pouvoir ; elle fait un choix entre ses attributs, accepte ou rejette suivant ce qui lui convient, mais ne veut pas de l'ensemble.

C'est ainsi que l'aristocratie s'accommode fort bien d'une Chambre des Pairs, parce qu'elle y trouve ses deux attributs distinctifs, le pouvoir et la ségrégation, ces deux élémens primitifs de sa constitution ; mais les conséquences des gouvernemens représentatifs, qui sont la loi des élections et celle du recrutement, c'est-à-dire l'égalité, base de ce système, ah ! voilà ce qui la blesse, ce qui lui paraît intolérable, ce qu'elle ne cessera pas de combattre, parce qu'elle ne peut pas cesser d'agir suivant sa nature qui est d'être inégale ! Aussi voyez l'accueil que l'aristocratie fait quelquefois aux collègues qu'elle croit être en inégalité avec elle ; autant vaudrait demander à un triangle de n'avoir pas trois côtés, et l'on ne peut pas plus se fâcher contre l'aristocratie, parce qu'elle vit d'inégalité, qu'on ne peut s'irriter contre un triangle et le taxer d'exigence, parce que pour être, il lui faut trois côtés. Chacun ne peut exister et se régir que d'après les lois de sa nature propre.

L'aristocratie ne veut donc pas, bien mieux elle ne peut pas vouloir, le gouvernement représentatif, parce qu'elle ne peut pas vouloir la conséquence la plus immédiate de ce mode de gouvernement, qui est l'égalité, laquelle est fort contraire à elle.

Cependant l'aristocratie se trouve entrée dans ce Gouvernement ; s'en retirer ouvertement n'est pas possible : elle rencontre vis-à-vis d'elle dans les intérêts du trône et dans ceux de la masse du peuple, des barrières insurmontables; la voilà donc enfermée, et comme enchâssée dans un ordre qui la contrarie, et forcée de suivre la marche d'associés dont elle ne peut partager l'esprit. La position est difficile et la retraite impossible. C'est la première fois qu'une pareille situation se soit présentée; il a fallu toutes les singularités de notre histoire moderne pour l'avoir créée. L'aristocratie anglaise n'a rien présenté de pareil.

Dans cette gêne, qu'a imaginé l'aristocratie pour sortir d'un état aussi violent? de se donner un correspondant au sein même de la législation, et d'y rentrer par cela-même qui l'en avait fait sortir : une loi d'élection qui lui fût favorable, comme l'autre lui avait été contraire. Cette dernière avait rendu l'aristocratie captive entre le trône et le peuple; pour s'affranchir de l'un et de l'autre et recréer son pouvoir, il n'y avait qu'à se mettre à la place du peuple, et pour cela faire une loi d'élection favorable à ce projet. C'est ce que l'on a tenté.

Tout ce qui a été allégué dans cette question, est pure fiction pour déguiser le fond des choses; le motif véritable était là.

La Cour n'a pas adopté le gouvernement représentatif pour son plaisir propre. On n'accepte point en riant ce que l'on a combattu pendant vingt-cinq ans, et à quoi l'on peut se croire fondé à adresser beaucoup de reproches. De sa part, l'adoption fut l'œuvre de la nécessité sous l'inspiration de la sagesse; en effet, dites ce que l'on aurait pu mettre à sa place. L'ancien régime, le pouvoir absolu? les élémens du premier étaient dissipés; personne ne possédait en propre les élémens du second. Ils venaient d'être consommés et usés jusqu'à la racine. Que restait-il donc de possible? le gouvernement représentatif; aussi n'est-il pas un don, mais un résultat; il est sorti à la fois de ce qui existait, de ce qui avait été détruit, de ce qui seul pouvait exister; il n'est l'œuvre de personne, mais celle des choses, c'est-à-dire, de la nécessité; car c'est toujours elle que l'on trouve au fond des choses.

Mais comme un gouvernement n'est qu'un mot, sans ses parties, comme la partie principale du gouvernement représentatif est la Chambre populaire, c'est à s'y assurer la domination que tous les soins ont été et ont dû être rapportés, d'après la nature même des choses.

Je parle sans critique; chez moi le sentiment des convenances marche toujours de front avec celui de la vérité.

Parmi nous, tout le monde, je n'excepte personne, est entré novice dans le gouvernement représentatif; nous y sommes tous arrivés sans le connaître, et nous l'apprenons en le faisant. C'est ce qui explique et ce qui absout beaucoup de faux pas, et qui doit faire trouver de l'indulgence à ceux qui jettent des cris d'étonnement ou d'effroi, à chaque degré d'agrandissement que prend ou que découvre à leurs yeux cet horizon nouveau.

La Chambre, dont les élémens sont connus et fixés, ne peut être un sujet d'inquiétudes, tant qu'elle reste dans cet état de fixité.

Mais la Chambre dont les élémens sont mobiles et peuvent suivre toutes les variations du temps et des affaires, mérite une tout autre attention. La première ne représente qu'elle-même, et dans son isolement elle ne peut mettre aucun intérêt en mouvement. La seconde représente la masse du peuple, protège et dirige tous les intérêts, et peut aller jusqu'à leur tracer une route. Il est donc dans l'ordre des choses qu'elle devienne l'objet de beaucoup d'attention.

Mais il y a un milieu à tout : influer ou bien absorber, diriger une action ou l'attirer tout entière à soi, sont des choses fort différentes. Dans l'action que nous examinons, on ne se crut en sûreté qu'en accaparant : là commença le combat, et de là s'ensuivit tout le mal. Il vint de deux côtés à la fois, du dedans et du dehors; suivez ceci pour l'entière explanation du sujet.

La Cour a toujours eu peur des élections. Le mérite principal du ministère à ses yeux, a consisté à lui en répondre et à calmer ses inquiétudes à cet égard.

De son côté, l'étranger a toujours eu peur de nos élections; l'art du ministère a consisté également à lui en répondre et à calmer ses inquiétudes sur le même sujet.

Rappelons le passé.

Comme je l'ai dit plus haut, les choses s'étaient passées assez placidement en matière d'élections, jusqu'à celles de 1818. De 1815 jusqu'à 1818, le ministère avait eu la principale influence sur les élections. Pendant ce même temps, son administration devenait l'objet de vives censures. On était fatigué de sa prépondérance électorale, des conséquences qu'elle devait avoir et de la dépendance dans laquelle on était tenu. La nation voyait avec un vif chagrin fuir devant elle le droit d'après lequel seul elle pouvait espérer d'arriver enfin à s'assurer de mandataires qui lui appartinssent en propre, et hors de toute suspicion par une indépendance complète. Elle était fatiguée de s'entendre dire que les hommes de sa partie adverse étaient son propre ouvrage, ses interprêtes, et mille choses pareilles qui, dans le cas donné, avaient l'air d'autant d'ironies. Comme il était naturel, l'irritation avait gagné et s'accroissait chaque jour. Il y a dans tout un *crescendo* inévitable; le séjour des étrangers avait fatigué. On était près de cette espèce de colère qui suit l'humiliation prolongée. Avec les meilleures intentions du monde, le ministère ne paraissait pas assez jaloux de dignité, aux yeux d'une nation chez laquelle tant de souvenirs vivaient encore, et qui ne pouvait manquer de frémir en voyant donner chez elle le mot d'ordre par ceux qui si long-temps étaient venus le lui demander. Le ministère n'avait pas tenu assez compte de cette affligeante transition, et il est des douleurs glorieuses qui exigent d'adroits et consolans ménagemens.

Enfin l'étranger s'en fut; c'était au moment des élections pour la session de 1818; le ministère d'alors l'avait rempli d'un espoir qui fut complètement déchu; les hommes dont l'exclusion avait été garantie, furent précisément ceux qui furent nommés: échec qui montrait dans ceux qui s'y étaient exposés, une profonde méconnaissance de leur terrain.

Là, commença ce que l'on peut appeler *l'effarement*; là fut jurée la perte de la loi d'élection. Le parti qui en France lui est opposé, n'avait pas cessé de correspondre avec l'étranger et de lui inculquer ses préventions propres contre cette loi; cependant le ministère resté en France, étant plus à portée de connaître l'état réel, n'était pas encore ébranlé; mais le ministre rentrant du congrès d'Aix-la-Chapelle, soit persuasion personnelle ou soit douleur d'avoir vu déjouer ses annonces, se prononça contre la loi et mena l'attaque contre elle; l'on sait le reste.

Son successeur ferme un instant, à son tour se laissa ébranler ; trop léger de poids pour rester inébranlable au milieu des oscillations que le gouvernement représentatif produit par sa nature, trop sensible aux atteintes des flèches auxquelles il était en butte, trop retardé dans sa marche, trop court dans ses plans, il se trouva surpris par la nomination de l'Isère; elle lui fit perdre la mesure. Il avait répondu des élections en France, comme son devancier l'avait fait dans l'étranger; il se trouvait dans la même position où celui-ci avait été placé; il prit la même marche et subit le même sort. Il avait procuré l'éloignement de la partie du ministère que lui-même, quelques mois plutôt, avait appelée à son appui ; le jour auquel il s'en sépara, il donna son bilan, et on le vit courir vers le précipice.

Voilà d'où sont venues les deux attaques contre la loi d'élection. Le premier discours du trône en 1818, le second en 1819, sont les dates fixes et les deux indications de cette entreprise et de sa nature véritable; elle fut annoncée par l'un, elle a été réalisée d'après l'autre. A tout ceci, il faut ajouter Carlsbad : en 1818, on avait eu Aix-la-Chapelle ; en 1819, on eût mieux encore, avec Carlsbad et ses continuations de Francfort et de Vienne. L'esprit de cette assemblée a été celui de l'aristocratie allemande; son travail était tout dirigé en sa faveur; cet esprit, ces œuvres, correspondaient directement avec leurs analogues, dans l'aristocratie française; qu'on assigne si l'on peut, la différence entre Carlsbad et *le Conservateur* de France, l'un n'est-il pas l'écho de l'autre? Qu'a-t-on dit et fait à Carlsbad, qui n'ait pas été dit et fait textuellement à Paris?

Voici Carlsbad en trois mots :

Suspension de la liberté individuelle.

Suspension de la liberté de la presse.

États historiques.

Voici la besogne de Paris :

Suspension de la liberté de la presse.

Suspension de la liberté individuelle.

Élections aristocratiques, moyens d'assemblées historiques.

Observez qu'à Paris comme à Carlsbad, on ne dénie ni les états, ni le gouvernement représentatif; le temps ne comporterait pas une dénégation directe; mais on se réserve de les former soi-même et pour soi, de manière à y dominer, et à en faire de simples instrumens. Ici le piége est dans la modération apparente, il ne s'agissait pas du gouvernement représentatif tel qu'il est, mais tel que l'on voulait qu'il fût; par là, on faisait disparaître de ce gouvernement un de ses élémens principaux, on faisait représenter le peuple par l'aristocratie, et au lieu d'une seule chambre aristocratique, on en aurait eu deux. En Allemagne, cela s'appelait *l'histoire;* en France, *la grande propriété :* comme on dit vulgairement, c'était bien une autre *histoire.*

Le concert de Carlsbad et de Paris était donc évident; il acheva d'être constaté par les cris de joie que le parti poussa en France à la vue de Carlsbad et des projets du ministère français. La France se vit menacée à la fois par l'extérieur et par l'intérieur. Sur ces entrefaites arriva l'affaire d'Espagne; au lieu de retenir le ministère, elle l'enflamma et le précipita dans la carrière. Heureusement l'affaire d'Espagne avait annulé tous les rassemblemens diplomatiques de la Germanie; ils étaient plus embarrassés que ceux qu'ils avaient eu la prétention d'effrayer; l'île de Léon avait congédié Carlsbad, et dans nos affaires, elle a mis à jamais les étrangers hors de cour et de procès.

Pour compléter la démonstration de l'identité des plans de Carlsbad avec ceux de Paris, rappelons-nous les allégations de tous les deux contre les doctrines révolutionnaires, la démocratie, les conspirations et les menées secrètes. La circulaire de M. le comte Bernstorf et celle du président du conseil des ministres n'ont-elles pas l'air d'être sorties des mêmes presses ? Dans le même temps, le ministère anglais n'usait-il pas de toute la latitude que lui laisse la constitution du pays, pour faire prévaloir les mesures qui se rapprochaient le plus de ce qui se faisait à Carlsbad et à Paris ? Les dispositions personnelles de ce ministère sont assez connues, et en le voyant procéder ainsi, on sentait l'accord formé entre toutes les aristocraties de la Germanie, de l'Angleterre et de la France, et la similitude de leurs volontés avec la simultanéité de leur action.

CHAPITRE XI.

Qui en renferme plusieurs autres.

1°. *Nature de la troisième branche du corps législatif.*

Qu'est la Chambre des Députés? est-ce un pouvoir avec les attributs qui caractérisent les pouvoirs, ou bien une chose subordonnée et d'une nature inférieure aux pouvoirs auxquels celui-là correspond dans l'ordre de la législation? De là dépend la solution de la question. Si cette Chambre est un pouvoir indépendant, semblable et égal en droits aux pouvoirs parallèles avec lesquels elle concourt à la confection de la loi, qui peut avoir le droit de revenir à chaque instant sur sa formation propre, comme sur une étoffe qui prête à toutes les fantaisies, préparée pour des expériences de tout genre, et qui doit payer pour tout? Car quelle autre signification présentent ces tentatives continuelles sur la constitution de la troisième branche de la législature, et qui peut avoir le droit de venir sans cesse la modifier, et pour ainsi dire, la *pétrir* de nouveau? Eh quoi! les deux autres branches de la législature sont invariables et *inscrutables* : la troisième seule est sujette à réformation et révision; qu'a-t-elle donc d'inférieur avec les autres? serait-ce de représenter plus directement la masse dont les travaux, les sueurs et le sang maintiennent plus particulièrement le corps même de l'association? où serait la justice, et je dirai la reconnaissance envers ceux qui sont la source qui alimente et féconde l'association tout entière? A chaque embarras, à chaque faux pas des gouvernans, à chaque idée nouvelle dont aura été frappée la tête d'un ministre ou celle d'un jeune homme, la constitution législative du peuple sera changée! A chaque fantôme que l'intrigue ou la peur feront passer devant les yeux, la part du peuple dans la législation sera soumise à révision; on viendra lui dire qu'il ne sait pas faire ses choix, qu'il n'est pas en état de résister aux passions et à leurs séductions, et l'on appellera la dérision au secours du dépouillement! Cela est-il concevable, cela a-t-il eu lieu dans quelque autre pays? Prenons pour exemple cette Angleterre, dont le nom classique en matière législative revient sans cesse de lui-même dans toutes ces questions.

Son droit électoral, chargé de la rouille des temps antiques, en a retenu la bizarrerie et l'inégalité; mais ses inconvéniens quels qu'ils soient n'ont pu engager à franchir les bornes du respect qui le protège et qui s'attache à tout ordre de choses établi; en lui on a respecté le pouvoir qu'il a créé; dans ce pays, on ne se figure pas avoir le droit de jouer avec les institutions; aussi les choses s'y établissent-elles.

Pendant la longue crise du règne des Stuarts, et long-temps après, sous la maison d'Hanovre, espace qui renferme au moins cent ans, les résultats des élections furent constamment dirigés d'après l'esprit et la force des factions. Cependant au milieu des chocs qui provenaient des dispositions où les esprits se trouvaient, fut-il question une seule fois de s'en prendre au régime électoral, ou de lui en substituer un autre? non assurément; à travers mille fortunes diverses, heureuses ou cruelles, pacifiques ou sanglantes, du haut de l'antiquité e même régime est arrivé intact jusqu'à nos ours; et chez nous, un régime qui date de rois ans, a déjà été attaqué trois fois; trois ois on a tenté de lui en substituer un autre!

D'où peut provenir cette propension à pro-oquer si facilement ces changemens? Je l'ai léjà dit; de ce que l'on ne peut se résoudre se persuader que le peuple ait aussi des droits lui. Il faut toujours que ce soit un conces-ionnaire à terme, révocable à volonté : il peut ecevoir, il est apte à profiter d'un don; mais l n'a rien en propre et rien ne vient de lui; n un mot, les nations ne peuvent avoir et l'ont effectivement aucun droit; un vieux onds d'idées aristocratiques vit au milieu de out ce qui gouverne; quatorze cents ans de lomination supérieure ne s'effacent point de a mémoire dans un jour; on fait le gouverne-nent d'un temps avec les souvenirs du gou-ernement d'un autre temps; et parce que le peuple a été fort peu de chose jusqu'ici, on ne peut se résoudre à reconnaître qu'il en soit une fort grande.

J'ai beau chercher la cause de ces *mains mises* renouvelées sur la loi qui constitue le troisième pouvoir constitutionnel, je n'en puis découvrir d'autre que ce défaut habituel descendu des âges antérieurs, d'absence de considération pour le peuple, et pour tout ce qui le rappelle. Le nom a porté malheur à la chose, à certains yeux, le peuple est toujours voué à la bassesse et à l'ignorance, fait pour servir et obéir ; c'est un être dépendant par nature; par nature aussi d'autres sont faits pour lui commander. L'idée de domination a continué de prévaloir, celle de société a toujours fui, et continue d'indigner.

Que l'on apprenne donc une fois pour toutes, que la troisième branche de la législature est un pouvoir à l'égal des deux premiers, qu'elle a droit à un respect égal à celui dont celles-là jouissent, car, ainsi qu'elles, elle entre dans la formation du corps dont la collection représente la nation ; que l'on fasse attention à ce que cette Chambre représente plus directement, à la part que ses commettans prennent dans les charges communes de l'association, et l'on verra enfin s'arrêter ces attaques qui sont incompatibles avec le respect dû à un membre nécessaire de la puissance législative, avec le bon ordre de la société et avec la nature des choses.

Tout ce qui s'est passé à cet égard est d'une inconcevable légèreté ; et en définitive, quels sont donc ces petits Samsons qui d'un pied si dégagé viennent tous les jours ébranler les colonnes du temple dans lequel un grand peuple est assemblé ?

Qu'il me soit permis de revenir sur une observation que j'ai déjà présentée dans plusieurs écrits antérieurs ; je demande pardon de cette citation.

En voyant les deux branches délibérantes de la législature, désignées par le nom de Chambres, en comparant l'élévation de leur rôle avec leur nom, on ne peut s'empêcher de ressentir une disproportion pénible. L'Angleterre ne l'a pas adopté sèchement comme nous ; de plus, le mot qui en anglais correspond à notre appellation des Chambres, a une acception plus étendue et présente une image plus noble ; il y a même dans l'usage anglais une idée d'ordre et d'ensemble ; car il rappelle un édifice total, au lieu qu'en France on s'est arrêté à la désignation de sa fraction. De plus encore, l'Angleterre a adopté un nom collectif pour désigner la réunion des branches de la législature, ainsi que l'acte qui résulte de l'accord de leurs trois volontés. *Parlement d'Angleterre, acte du Parlement;* dans cela on voit le corps législatif anglais réuni et agissant. La mention des auteurs de l'acte survit à l'acte même, et ne laisse pas désunie l'idée des trois volontés qui ont concouru à le former; en France, au contraire, le mot, le substantif propre à exprimer la réunion des trois pouvoirs, manque entièrement. Lorsque le Roi est réuni aux deux branches du corps législatif, comment en français, exprime-t-on cette réunion? En France le Roi dit: les Chambres *nous ayant.... nous ordonnons comme loi*... Cette formule n'est pas empreinte de dignité : en France on *va* à la *Chambre;* en Angleterre *au Parlement;* la loi porte le titre d'acte du Parlement; cette formule est très supérieure à celle de France; la loi anglaise ne se sépare pas de la mention de sa source; il y a dans un des deux pays une lacune qui ne se rencontre pas dans l'autre.

Le mot Parlement est l'ancien nom français; il a passé de France en Angleterre, il rappelait les anciens jours, il est très propre à présenter l'image des trois pouvoirs réunis; dans son imposante simplicité il eût ajouté à l'idée de la grandeur du corps législatif français, et peut-être que sous un *vocable* plus solennel, on eût senti croître la considération pour lui, et qu'on eût regardé de plus près avec la Chambre des députés, que sous le rapport de sa formation électorale, on traite depuis trois ans, comme on n'eût pas osé traiter la troisième des enquêtes de l'ancien Parlement de Paris.

Cette adoption d'un nom révéré de tout temps en France, n'était pas et ne sera point un effort de génie ou de mémoire. Il faut entourer de considération le corps qui fait les lois, et la magie, même celle des noms, n'a jamais nui aux pouvoirs qui ont souvent affaire avec l'opinion.

2°. *Caractère général de la Législation et de l'obéissance dans l'ordre social.*

L'auteur d'Emile a fixé toute la pensée de son livre dans la première phrase de son ouvrage : *tout est bien*, dit-il, *en sortant des mains de l'auteur des choses; tout dégénère en passant dans celles de l'homme.* Voilà l'histoire de la législation dans l'ordre social.

Elle sort pure de la source primitive qui est

le sein même de la société dans lequel et pour laquelle elle a été conçue ; elle va en se dégradant et contracte mille souillures en tombant au pouvoir des hommes. La législation est faite pour tous, et chacun voudrait que la loi fût faite pour lui seul. On tend ainsi à lui faire perdre son caractère original qui est la généralité, puisqu'elle a l'association entière pour objet, pour faire passer à l'état de particularité qui est celui de jugement sur un fait particulier, ou sur un individu. Dès que la loi perd le caractère de généralité, elle cesse d'être loi.

La guerre entre la législation comme chose générale, et les individus comme chose privée, est éternelle, et le législateur qui fait prévaloir le second caractère sur le premier, intervertit évidemment l'état des choses, et fait commander là ou l'on ne doit qu'obéir.

La loi ne doit jamais se présenter qu'avec un caractère de généralité; dans cet état, c'est une force irrésistible, armée d'un niveau qui console l'orgueil en rabaissant d'autres orgueils, et qui amortit la plainte même sous le triple sentiment de la justice, de la nécessité et de l'égalité. Rien n'est plus imposant que le législateur placé à cette hauteur d'où il domine tout. Dès qu'il en descend, rien n'est plus méprisable.

De même, tant que le devoir est commun, rien n'est plus facile que l'obéissance ; lorsque la particularité, c'est-à-dire l'intérêt privé, se montre, rien n'est plus sujet à contestation. Muet dans le premier cas, dans le second le cœur donne passage aux orages comprimés par la généralité, garant de l'équité. Qui ne croit pas avoir un droit égal aux préférences, et qui ne s'indigne pas contre les préférés ? Toute loi qui ne porte pas avec elle les signes manifestes de l'égalité et qui ne paraît pas sous ses auspices, est donc une loi dégradée d'avance et contraire à son propre but.

Comme elle a commencé par se manquer à elle-même, il n'y a pas à s'étonner qu'on lui manque à son tour, et que l'égoïsme des uns réponde et se préfère à celui des autres, car telle est la nature de l'égoïsme.

Rien n'est plus commun parmi les hommes que de commencer par fausser les principes, et puis de se plaindre des conséquences de l'infraction, de donner l'exemple et de se plaindre qu'il ait été imité. On veut des hommes comme moyen ; on ne s'en inquiète point comme moralité, et cependant sans moralité, qu'en faire? qu'importe au législateur qu'il ait fait la loi qui n'est que la paix placée dans le sein de la société, si elle est faite de manière à y introduire la guerre ; si les intentions connues du législateur décélant la trace des intérêts privés, avertissent tous les autres intérêts de l'imiter pour s'en défendre ; que ferez-vous des lois sans les mœurs, sans ces mœurs dont le poëte a dit :

Quid leges, sine moribus?
Vanæ proficient.

Où pourront se trouver le respect et l'obéissance qui commence toujours par lui? Des législateurs matérialistes, si l'on peut parler ainsi, réduisent la législation au prononcé d'une loi quelconque, appuyée par des peines et des bourreaux. C'est de la législation *turque*, toute pure, mais pour de la législation vraiment sociale, *non.*

Dans le cas actuel, peut-on reconnaître à la loi proposée ce caractère de généralité qui est le premier principe du respect légal, parce qu'il rappelle l'idée de l'intérêt général, et de l'égalité des droits de tous les membres de l'association? Les intérêts privés n'occupent-ils pas les abords de cette loi dans un nombre qui frappe ou plutôt qui blesse les yeux? Est-ce la loi de tous, ou bien la loi de quelques-uns contre tous? Si cela est ainsi, comment supposer que tous obéiront facilement au profit exclusif de quelques-uns? Or, tels sont évidemment le principe et le but de cette loi. C'est la loi de la minorité contre la majorité, de la fraction contre le corps, de quelques membres contre l'association tout entière. Est-ce bien fortifier la législation et inviter à lui porter honneur, que de la présenter ainsi sujette à l'individualité, à la classification partiale et partielle, et susceptible d'acception, elle dont l'attribut principal est de ne connaître que les choses, et de détourner les yeux des individus et des intérêts privés? Ah! la moitié des crimes, des malheurs et des difformités qui ont souillé, tourmenté et défiguré les sociétés humaines, proviennent du fait même des auteurs des lois, encore plus que des sujets des lois. Trop souvent les premiers ont créé le mal et les seconds n'ont eu qu'à les imiter, souvent même pour s'en défendre;

trop souvent la corruption est partie de la source d'où devait découler l'épuration, et des lois viciées dans le principe ont vicié à leur tour tout ce qu'elles ont atteint.

3°. *De la civilité du projet de loi.*

La France est, dit-on, le pays de la terre dans lequel la politesse est le plus avancée et le mieux observée. Sûrement rien n'est plus heureux. Seulement, dans ce cas, il serait fort dommage qu'une exception eût lieu au détriment de la troisième branche de la législature. En effet, il se passe à son égard une chose fort remarquable. La cause est commune entre les électeurs et les élus; la filiation est trop directe pour pouvoir les séparer. Chacun a sa part dans cette bonne fortune d'une nouvelle espèce. Or, qu'arrive-t-il à tous les deux? Le voici : ils se trouvent placés entre le reproche et la méfiance. Vous ne savez pas élire, dit-on aux uns; vous avez mal élu, vous élirez mal. Changeons cela. Vous êtes de mauvais députés, dit-on aux autres; mettons ordre à cela, et que l'on ne vous voie plus ici. Voilà, je pense, la proposition réduite à sa plus simple expression; et s'il était besoin de faire ressortir toute la civilité cachée sous ces douces paroles, nous n'aurions qu'à rappeler l'urbanité de celles du ministre qui a fait aux élus de la dernière série les honnêtes observations que chacun sait. Vous devriez être honteux d'être députés, a-t-il dit. Je doute que la satyre Ménipée, non plus qu'Hudibras, renferme rien de plus obligeamment courtois. Heureusement que ce ministre est membre de la Chambre, et comme entre des hommes destinés à passer ensemble quelques années, ou même quelques jours, il faut savoir se supporter mutuellement et se passer quelque chose, il n'en a été que cela. Les partis se sont retirés, comme les armées dans les combats indécis où chacun reste avec ses blessures et son *Te Deum*, seulement on désire que ce genre d'urbanité ne prenne pas des racines trop profondes, et ne devienne pas d'un usage trop général.

En attendant cet heureux résultat, on peut recommander à qui de droit de mettre des lois somptuaires sur sa politesse; car en continuant sur le même pied, on pourrait arriver même à de mauvais complimens, chose très bonne à rendre rare partout, et surtout chez les législateurs et les ministres.

4°. *Du sacrifice des principes.*

Je ne sais quel ennemi du génie français, n'est-ce pas *La Mothe le Vayer*, a dit que les Français n'avaient pas la *tête épique*. En vérité je suis porté à croire qu'il existe une conspiration pour faire croire aussi qu'ils n'ont pas davantage la tête *à principes*. Aussi, dès que j'entends proférer ce malheureux nom de principes, je tremble. Je vois déjà des victimes, des morts ou des mourans, mais très certainement des blessés. A la moindre difficulté, nouveaux Jonas, les pauvres principes sont jetés à la mer; il faut commencer par se débarrasser de ce bagage incommode. Le vaisseau deviendra ensuite ce qu'il pourra; en attendant, ce sera toujours fait d'eux. On a l'air de croire que ce sont eux qui portent malheur. Tous nos Alexandres politiques, à l'exemple de leur modèle, ne s'amusent pas à délier des nœuds, ils les coupent; c'est plus court et plus brillant. D'où vient cela? Ne serait-ce point à la fois de la vieillesse et de la jeunesse, des vieilles chaînes et du noviciat, de l'état passé et de l'état ébauché et encore mal appris?

La France ne fut jamais le pays de la consistance ni de la foi politique, et le royaume très chrétien n'a pas toujours été le plus fidèle. Un de nos rois a dit sur la bonne foi la plus belle chose du monde; aussi avons-nous toujours eu sur cette matière l'avantage des plus belles paroles, mais pour l'effet on a jusqu'ici usé d'une grande modestie.

Par exemple, au temps du contrôleur général Émery, la banqueroute était au nombre des axiomes politiques et des actes vraiment royaux; la bonne foi était déclarée bonne pour les seuls bourgeois. L'abbé Terray ne perdait pas le sommeil, pas plus pour éviter une banqueroute que pour ne l'avoir pas évitée; les commissions, les créations étaient d'autres banqueroutes, mais dans l'ordre judiciaire seulement; ce qui les rendrait moins mal sonnantes, attendu la défaveur dont à son tour la justice a toujours joui en France. Il en était à peu près de même pour tout le reste. Revenir sur ses engagemens, sur ce qui était fait, ne coûtait rien.

L'assemblée législative fit banqueroute aux principes de l'assemblée constituante. La convention, ne pouvant faire banqueroute aux principes de l'assemblée législative par la bonne raison que celle-ci n'en avait eu aucun, se mit à faire banqueroute au ciel et à la terre; on ne sait pas à quoi les successeurs immédiats du directoire n'auraient pas aussi fait banqueroute. Heureusement arriva l'empire, et comme un empire est bien plus beau que tous les directoires et que toutes les républiques du monde, celui-ci fit banqueroute à la liberté, à l'égalité, ces deux pauvres sœurs qui en vérité ne sont bonnes qu'à se morfondre; aux conquêtes, à lui-même enfin, en ne laissant dans son bilan que cette vanité des peuples, qu'on appelle la gloire.

Depuis ce temps, la passion des banqueroutes s'est un peu ralentie; mais, comme il est dans la nature des passions qui ont des racines profondes, de laisser percer des lueurs, comme dans celle des volcans mal éteints, de jeter des flammes, nous nous donnons de temps à autre le délassement de quelques petites banqueroutes à certains principes.

Agnosco veteris vestigia flammæ.

Ainsi les principes de l'architecture des prisons exige que leur entrée soit précédée d'un péristyle où l'on puisse attendre l'ouverture de ces agréables séjours. Nous venons de placer le péristyle derrière la prison ; on pourra y attendre, quand on sortira. Dans le fond, puisqu'il faut attendre qu'importe que ce soit avant ou bien après ?

De même, il est d'un usage à peu près général de pouvoir parler avant d'être jugé sur ses paroles, et cela paraît aussi naturel que d'user de ses bras avant de subir les conséquences de leur emploi. On a trouvé tout cela bien commun, bien vulgaire ; on s'est dit qu'il n'y avait pas le moindre esprit à faire comme tant d'autres pauvres humains moins aguerris contre les banqueroutes, et il a été décrété que l'on commencerait par être jugé, que l'on parlerait après, ou que l'on ne parlerait pas du tout, si on l'aimait mieux ; car enfin il ne faut pas contrarier les gens jusqu'au bout.

Il était bien écrit dans un papier, nommé Charte, que tout français qui trouverait sur son acte de naissance trente ans accomplis, et dans sa bourse trois cents francs pour le trésor public, concourrait à nommer les députés au corps législatif. On avait bien voulu se contenter de cette croyance vulgaire pendant quelques années ; mais voilà que la lassitude des principes a repris, le sang banqueroutier a parlé de nouveau, et il n'a plus été question que de se débarrasser de ce maudit principe :

Ce pelé, ce galeux, d'où venait tout le mal.

Et l'on s'est mis en conséquence à prouver que concourir veut dire se séparer, que majorité signifie minorité, que chambre populaire doit être chambre seconde de la noblesse, et gouvernement représentatif, gouvernement aristocratique, armorié d'une couronne; de manière à ce que, si en 1789, on eut la démocratie royale, en 1820 et jusqu'à la consommation des siècles, on aura l'aristocratie populaire; de manière encore à ce qu'en continuant ainsi, la France ne peut manquer d'être, comme elle le fut toujours, le pays de l'univers le mieux pourvu en moyens de se passer de principes.

Malheureux principes ! comme on vous traite! vous devez payer pour tout ; mais qui paiera pour vous et pour votre perte ?

Mais aussi, si vous êtes méprisés, comme vous vous vengez! La vengeance sort à l'instant de l'injure même. Le voilà le législateur séparé de vous ; son supplice est déjà commencé, l'infraction a été le coup de lance qu'une main imprudente enfonce dans les flancs de l'antre où les vents dormaient enchaînés : le passage est ouvert pour les tempêtes. Pour avoir manqué au principe, le législateur est livré au souffle de mille doctrines, qui toutes ont la même légitimité, ou plutôt le même défaut de légitimité que la sienne propre. A quel titre les récuserait-il ? Où se trouve son principe d'autorité pour exclure la leur ? il est sorti du retranchement donné par la nature, il est séparé de sa base, il ne porte plus sur aucun fondement, il n'est plus rien. C'est ce qu'a mis à découvert la question qui nous occupe ; voyez comme les plans se sont succédé une fois que le principe a été mis à l'écart. Ce principe est celui de l'élection directe à des conditions déterminées. On le franchit ; arrivent mille fictions, mille amendemens, mille sous-amendemens, famille adventice et fictive, sans parens et sans titre, qui tend à s'emparer de l'héritage du maître légitime, la Charte, et dont chaque membre peut exclure tous les autres à titre égal. L'un crée des arrondissemens dont la Charte n'a jamais parlé, le voilà suppléant de la Charte. Les députés n'en peuvent point avoir; à plus forte raison, la Charte. L'autre renvoie à des colléges dont la Charte n'a pas laissé un vestige, tout le monde s'en mêle, tout le monde règne. On prétend régner dans ce royaume envahi, et l'on finit, pour avoir méprisé le principe, par se trouver au pied de la tour de Babel..

D'où provient tout ce désordre ? de l'oubli des principes et de la facilité habituelle que l'on a de les sacrifier.

Les principes sont des rois dont la vie forme le faisceau qui tient le peuple ensemble; leur mort le rompt, et c'est à bon droit que l'on peut appliquer à cette souveraineté ce que le poète a dit d'une autre royauté :

Rege incolumi, mens omnibus una,
Amisso, rupere fidem.

CHAPITRE XII.

De la dignité de la législation, et de la supériorité du ministère.

J'AI cherché, dans les chapitres précédens, quelque allégement au fardeau que cette discussion fait peser sur moi; j'avais besoin de respirer. Lorsqu'un paysage riant, un tapis de verdure, une vallée refraîchie par un ruisseau s'offre aux regards fatigués du voyageur par l'aridité de vastes plaines, il ne néglige pas le rafraîchissement offert à sa vue, dans lequel il trouve un renouvellement de forces et d'alacrité pour poursuivre sa route.

Mais la gravité de la discussion qui va nous occuper, me rappelle à celle qui convient à la nature des intérêts dont nous avons à traiter; elle m'impose aussi le devoir de me conformer à sa dignité propre. Il s'agit de la législation, et des agens du premier mobile de la législation; rien sur la terre ne mérite plus de considération.

Faits tous les deux pour commander et

pour guider, la supériorité et la lumière sont leurs attributs distinctifs : on ne commande pas d'en bas, on ne guide pas qui connaît mieux le chemin. Dans ces deux cas, le commandement ne serait plus à sa place, et leur déplacement produirait un effet contraire à leur destination, en mettant le désordre là où ils sont destinés à entretenir l'ordre.

Les élémens du commandement et de la direction sont donc la supériorité et la lumière ; c'est par là qu'ils existent et qu'ils sont. Il faut régler l'application de tous les deux sur le temps et sur les hommes ; la supériorité pour se maintenir, la lumière pour éclairer, doivent grandir avec les sujets auxquels elles s'appliquent ; toujours le genre humain marche, on ne connaît pas encore l'heure dans laquelle il se soit reposé. Il faut observer les mêmes gradations pour marcher à hauteur avec lui ; s'il vous dépasse, comment commanderez-vous ? S'il vous surpasse en lumières, comment le guiderez-vous ? Il faut donc tenir compte de l'état moral des peuples, sujets de la loi, ainsi que de l'importance de l'objet de la loi. Comment faire marcher sans un cortége imposant, une loi qui touche aux intérêts les plus graves d'une nation et les mieux appréciés par elle? comment l'engager à transporter son affection à ce qui la sépare de l'objet même de cette affection? La législation doit donc être plus imposante, c'est-à-dire, fondée en raisons plus relevées et plus sensibles, à mesure que les intérêts qu'elle atteint, sont plus relevés eux-mêmes, à mesure que les sujets sont mieux pourvus des lumières propres à leur faire apercevoir clairement les principes, les conséquences et les motifs de la loi; armés de prismes qui ont la vertu de décomposer tous les objets, les hommes sont devenus durs à la croyance, exigeans en matière de preuves; ils ne peuvent plus supporter que des impressions justes, profondes et fortes.

Quel ébranlement dans les affections, quel changement dans les esprits apporteront avec elles des allégations au fond desquelles on lit clairement la nullité, ou seulement l'intérêt privé? la régulatrice de l'univers, la loi, paraît alors mise au service de la particularité; comment dans la demande de ces espèces de changemens qui affectent de grandes associations, espérer de faire accepter par la persuasion, ce ressort le plus puissant qui puisse agir sur l'esprit de l'homme, des lois qui sortent de la discussion toutes meurtries des coups qui leur ont été portés, des lois qui ne peuvent montrer d'autre sanction d'opinion que celle de quelques votes, des lois qui ont le caractère de lois de circonstances, en se rapportant à un but indiqué par des intéressés, et par conséquent des lois dépourvues de ce grand caractère de généralité dont la vue réjouit, console et consolide.

Un seul mot suffit pour déshonorer une langue, un mot peut de même suffire pour déshonorer une législation entière, pour la mettre à nu, et finalement pour l'annuler. La loi a-t-elle passé? la loi passera-t-elle? combien d'un côté, combien de l'autre? Ces indignes mots ont trop souvent frappé mon oreille; lorsque je les entends, je ne me sens plus dans le sanctuaire auguste où se balance le destin des mortels sous les yeux et par la main de la justice, mais vis-à-vis les amphithéâtres sur lesquels une roue mobile distribue au hasard les faveurs d'une aveugle déesse entre le peuple d'aveugles, qui a déposé sa fortune sur ses capricieux autels : là je ne vois plus de législateurs, mais des plaideurs acharnés à s'arracher quelques lambeaux.

Voilà l'idée que me laisse forcément une législation réduite à n'être qu'un simple jeu de forces physiques, au lieu de dépendre uniquement de la force morale, résultant de l'évidence de la raison, que l'orateur romain appelle si bien la maîtresse de l'univers. Quand au contraire celle-ci peut succomber sous le poids du nombre réuni contre elle, quand sa défaite n'est plus que le résultat d'une opération algébrique, le principe de la législation est détruit par la racine, il y a encore des lois, mais plus de législation. L'obéissance n'est plus qu'un acte de sûreté personnelle, mais non plus de cet assentiment qui provient de la satisfaction de la raison. Dans ce cas la révolte des bras serait illégale et deviendrait fatale, mais celle du cœur est infaillible; celle-ci n'est qu'une protestation en faveur des droits de la justice, et un rappel à la seule sauve garde de l'humanité, la loi d'après la raison, et non pas seulement d'après le nombre des votes.

On aime à se plaindre de la difficulté qui se trouve dans la conduite des hommes, de leurs penchans à la révolte; on ajoute chaînes à chaînes, et peines à peines. Eh bien, allongez-les, surchargez-les, ces moyens extérieurs de coaction, ajoutez-y tant qu'il vous plaira, qu'aurez-vous gagné, tant que vous n'aurez pas pénétré jusqu'au cœur, tant que votre loi comme un glaive à deux tranchans, n'aura pas atteint jusqu'à la région de l'âme? Non, je ne conçois pas ce que l'on entend faire avec les lois sans foi et sans racines dans l'esprit des hommes; que produiront les ruses des uns contre les ruses de tous, la force des uns contre la force de tous? Vous voulez la paix qui suit de l'obéissance intérieure; et vous établissez la guerre qui naît de la révolte intérieure. Vous *machiavelisez* le peuple, ne vous étonnez pas de trouver un peuple de machiavels: c'est votre ouvrage que vous retrouvez en lui.

Avant tout, il faut rendre le peuple moral; je ne cesserai jamais de le dire aux législateurs; tel est le fondement véritable des lois, la moralité du peuple, bâtissez hardiment sur elle, mais hors d'elle, vous élevez en l'air un édifice, qui, dans quelques heures, retombera sur vos têtes; voilà pour la législation. La tâche des ministres du premier pouvoir de l'état n'est ni moins noble, ni moins faite pour être rapportée à une destination élevée : c'est ce qui fait la beauté de leur rôle, comme les dangers sont celle de l'état des guerriers, et non point ce qui aux yeux du vulgaire, les rend un objet digne d'envie.

Qu'est le Roi dans notre ordre social? le sommet, le faîte de l'édifice. Que sont les ministres? les premiers assesseurs du trône, les yeux et les bras du Prince, ses organes auprès du peuple, sur lequel ils sont chargé de faire prévaloir ses volontés légales; en soi-même cela est grand et beau, mais ce qui l'agrandit encore, c'est l'initiative attachée à la prérogative royale. Comme le Prince est inviolable, il doit aussi être infaillible, et l'initiative le condamne à l'être; le ministère pour représenter fidèlement le Prince, doit donc l'être aussi; car comment ce qui serait susceptible d'erreur représenterait-il celui qui ne peut jamais faillir? L'initiative a doublé la responsabilité ministérielle. Le ministère anglais n'a pas voulu de ce fardeau; mais comme le Prince est supérieur à tous et plus puissant que tous, pour représenter le peuple et pour faire prévaloir sa volonté, le ministère ne doit jamais présenter que des idées supérieures à celles de tout autre, et n'exprimer que des volontés qui ne soient point de nature à céder à aucune autre volonté, parce qu'étant plus éclairée, elle doit aussi être plus ferme.

Là se montrent à la fois les élémens de la formation du ministère et l'indispensable nécessité de le prendre dans l'élite de la nation. En effet, si le ministère n'est pas de taille à marcher toujours à la tête de la nation, à faire prévaloir par la supériorité de la raison, la pensée et la volonté royales, je le demande, de qui est-il ministre? Pour moi, je sais bien qu'il n'est pas celui de mon Roi constitutionnel, non plus que l'instrument exigé par l'initiative royale et par les exigeances du gouvernement représentatif. Elles sont grandes les exigeances de ce gouvernement, et il faut qui puisse y suffire, mais il faut celui-là. Si toujours le ministère ne dirige pas, si toujours il ne se trouve pas être de calibre à briser toutes les résistances et à ramener toutes les pensées et toutes les volontés vers celles du monarque, il ne peut pas être son ministère, parce qu'un inférieur à des subordonnés ne peut être ni l'organe ni le représentant de celui auquel il appartient de rester supérieur à tous. Chez moi, l'idée de la royauté fait celle du ministère; je descends du Prince au ministère, et je ne remonte pas du ministre au Prince.

Dans le gouvernement représentatif, où tout est patent, où tout se fait comme sur la place publique, quelle étrange manière de servir le Prince et de le recommander au respect, que celle de le présenter toujours battu dans la personne des ministres qui succombent à chaque instant sous l'effort d'adversaires dont ils ne peuvent soutenir le choc, et que l'on voit se débattre sous la main puissante de ceux-ci, comme le faible oiseau sous la serre de l'autour.

Dans les innombrables familles dont la main libérale du Créateur a peuplé les plaines de l'air et la surface de la terre, à qui l'empire reste-t-il? est-ce à l'aigle, roi des airs, ou bien à la colombe timide; au terrible animal dont les rugissemens épouvantent la contrée, ou bien à ceux qui sont réduits à chercher leur salut dans l'agilité de leurs pieds ou dans la fécondité de leurs stratagêmes?

La prépotence de la domination morale est donc l'attribut distinctif et nécessaire du ministère constitutionnel, exerçant l'initiative avec tous ses dangers.

C'est par cette supériorité incontestable qu'ont prévalu les ministres à grande renommée, qui ont illustré l'Angleterre, hommes qui sortaient plus éclatans de gloire des rudes combats que leur livraient des adversaires dignes d'eux. C'est par le maintien de cette supériorité que s'affermissait l'empire des Chatam, des Pitt, épurés comme l'or dans le creuset, par leur lutte avec les Fox, les Shéridan, les Burke; il était beau de les voir sortir de l'arène couverts d'une noble poussière, traînant après eux trois royaumes qui se reposaient avec confiance sur des athlètes de cette vigueur; et le prince, qui pouvait l'ébranler, l'atteindre, ou même l'inquiéter derrière un rempart au pied duquel tout assaillant était venu se briser? Voilà les ministres tels que les indique la nature du gouvernement représentatif. Hors de là, il y a un nominatif, mais point de réalité de ministère.

A la hauteur à laquelle j'aperçois et je montre le ministère, on sent combien est loin de moi l'inutile prétention de faire monter une atteinte quelconque jusqu'à ceux que la pesanteur de leurs fonctions recommande au respect autant que leur élévation; dès qu'un homme est ministre, j'oublie son nom, et je désire que tout le monde en fasse autant; à mes yeux, l'acteur et le théâtre restent seuls. Je respecte le prince dans son ministère, et je ne suis pas assez ennemi de moi-même, non plus que des avantages dont me fait jouir la société à laquelle il préside, pour travailler à énerver une force dont nous avons tous un égal besoin.

Mais je demande quelle espèce de service peut être rendu au prince comme au public par la présentation de lois d'une constitution frêle par elle-même, sujette aux plus cuisantes censures, basée sur des principes douteux, sur des faits incertains ou mal observés, qui n'atteint une question que par son petit côté, qui laisse aux adversaires l'avantage des grands rapports de la question, de ceux qui portant sur les bases mêmes des sociétés humaines, prêtent aux développemens les plus éclatans de la raison et du talent? Dans ce cas, une loi ne paraît-elle pas placée comme sous une meule qui réduit en poussière impalpable de vaines allégations, et de son côté le ministère n'est-il pas dans l'attitude la plus pénible, exposé à recevoir en face les déclarations les plus mortifiantes?

Par exemple, n'a-t-on pas eu le droit de voir une éclipse de ministère, lorsqu'à la suite d'une mâle déduction de principes, un orateur pourvu de toutes les armes que l'éloquence peut prêter à la raison, dans la discussion qui vient de finir, fut amené à conclure que tous les maux dont on se plaignait, n'avaient pas d'autre source que l'absence du gouvernement depuis six ans?

Après de pareilles significations fortifiées par cette espèce d'acclamation qui suit les révélations éclatantes, courageuses et confirmées par l'explosion ordinaire des secrets long-temps retenus, quelle force peut-il rester à un ministère? Désormais, qui peut-il convaincre et ramener à lui par la force morale? Comment, avec un pareil signe imprimé sur le front, retourner avec convenance auprès du Prince, source de tout honneur? Comment rapporter au milieu du public des lettres de créance dont le respect soit encore intact et dont les sceaux ne soient brisés d'avance? Le ministère n'est point fait pour se débattre sous les mains qui le pressent, mais pour comprimer tout sous la sienne et l'y retenir. Image d'un être supérieur, pour la rendre, il doit garder la supériorité ; s'il la perd, il a cessé de la représenter, et par une suite naturelle, il n'est plus rien pour le Prince. Cette vérité est d'une stricte observance en Angleterre. Le ministre battu est un ministre perdu. Le Prince cherche alors qui peut lui rendre sa supériorité ; dans ce cas, il ne reste au ministre qu'une ressource, celle d'en appeler au peuple, en venant avec ses adversaires se placer vis-à-vis de lui et en lui demandant de juger entre eux et lui ; noble revanche, attitude menaçante qui concilie à merveille le respect de la nation avec soi-même, ainsi qu'avec ce courage qui provient du sentiment de la force propre ; mais dans le cas que j'ai cité, eût-on osé recourir à cet appel au peuple ? C'eût été chercher la confirmation et même l'aggravation de l'arrêt. Dès-lors, où est la force d'un ministère qui ne peut ni se défendre contre les représentans, ni se montrer devant les représentés ?

En vain prendra-t-on un ton de bonhomie et un accent paternel, et viendra-t-on dire que si l'on se trompe, *c'est de bonne foi*. Ah ! Richelieu, Pitt et Napoléon n'ont jamais dit cela !

Le dernier ne l'eût pas laissé dire! Un ministre parle de sa bonne foi! C'est de ses lumières dont nous avons besoin; nous demandons à nos guides de nous montrer le chemin, et non point de nous montrer des cœurs candides. Des ministres se reconnaître sujets à l'erreur sur des choses d'une grande importance! organe de celui que l'erreur ne peut pas plus atteindre que la faute, un ministère ne peut jamais s'avouer dans l'erreur : ce serait reconnaître, ou qu'il n'a pas examiné, ou que la difficulté surpasse ses forces, et cet aveu serait une abdication du caractère distinctif qui se trouve en lui, car alors, il parlerait en homme auquel l'aveu de l'erreur convient très bien, mais non en ministre qui ne peut connaître que la lumière et garantir que ce qu'il dit est la lumière reconnue par l'examen. L'humilité n'est pas une vertu de ministre, parce que dans le trône qu'il sert, il n'y a rien d'humble, et qu'au contraire, celui-ci est tout de supériorité et de commandement.

En vérité, depuis quelque temps, chaque jour nous fait entrer plus avant dans une carrière de naïveté qui approche d'une nuance plus caractérisée dans la hiérarchie de l'innocence. On n'entend parler que des qualités qui ornent le cœur d'hommes dont la tête paraît être moins somptueusement meublée : on conclut des vertus privées aux vertus publiques, des qualités d'un état à celles d'un autre. C'est un bien honnête homme dit-on ; à la bonne heure ; mais je demande d'abord à l'ouvrier qui se présente pour me servir, s'il sait son métier.

L'un proteste qu'il ne périra pas un seul iota, là où l'on montre que tout est renversé ; l'autre admet à des confidences d'un genre tout neuf, et avec la plus effrayante bienveillance, il vous annonce qu'il tient pour l'arbitraire et la partialité, espérant vraisemblablement que la franchise un peu rude consolera de la perspective qu'il vient montrer. Depuis qu'il y a des ministres et des hommes pour les écouter, c'est la première fois que pareille annonce a été faite d'un ton aussi facile et aimable. Jusqu'ici on avait eu le mauvais sens de penser que, lorsqu'on avait le malheur de faire certaines choses, il fallait avoir l'esprit de ne point s'en vanter ; la mesure véritable se perd et disparaît tous les jours. Il y a une grande erreur à prendre pour de la force ministérielle une certaine facilité à parler sur tout, ainsi qu'à faire sur chaque question un étalage de raisons vulgaires, dépourvues de couleur et de ces traits qui laissent des aiguillons dans l'esprit.

La *faconde* n'est pas davantage une qualité de ministre; c'est la parole de commandement qui lui convient. Quand le tonnerre fait entendre sa grande voix, tout se tait autour de lui. C'est le conquérant devant lequel la terre se tut. De même, parlant d'une région supérieure, le ministre doit le faire avec le même empire. Pour soutenir la liberté, il doit posséder le despotisme de la raison, la plénitude de la force de conviction; et comme, dans le despotisme, la supériorité reste toujours à la force physique, de même, dans le gouvernement représentatif, elle ne peut être séparée de la force morale.

C'est ce qui impose à ce gouvernement l'admirable loi de l'emploi des talens dominans; car comme ce gouvernement est public, que chaque jour, chacun peut venir y montrer ses forces et s'offrir comme objet de comparaison sous les yeux du public, comme l'assentiment public appartient aux plus grandes forces, pour l'attirer à soi, c'est-à-dire, pour avoir l'opinion qui est la base du gouvernement représentatif, il faut que cette force se trouve du côté du ministère; autrement il se trouverait hors de la base de son propre gouvernement, et quelle force lui resterait-il en dehors de cet appui? C'est un arbre déraciné qui ne peut ni résister à la tempête, ni protéger par son ombrage.

Allez au voyant, *ite ad videntem*, a dit l'Écriture avec la sagesse et l'éclat qui resplendissent dans ce livre divin. Allez au voyant, c'est-à-dire, à la lumière; la direction de l'humanité entière est tracée dans ce seul mot; et ce qui a l'air de n'avoir été dit qu'à un seul israélite, dans le fait a été ordonné à tous les hommes. Allez au voyant, précepte admirable, indication de la seule route à suivre! Ce sont des voyans, et les plus voyans qu'il nous faut et que nous cherchons pour nous conduire; et comme le ministère est le guide dans notre gouvernement, c'est aussi à lui à être le voyant. Autrement, comment aller à lui?

Il est des choses auxquelles on ne répond point, et la plupart de ces grands réfutateurs, dans le fait ne réfutent rien du tout.

Parler souvent n'est pas répondre, et la main du ministère doit briser tout ce qu'elle touche.

La faconde n'est qu'un mince fleuret; le ministre à la tribune ne doit jamais manier qu'une massue et terrasser ses adversaires. S'il a à succomber, que ce soit sous un coup de tonnerre; et à la façon des empereurs il doit mourir debout.

La jurisprudence aiguise et effile l'esprit; le gouvernement fait mieux, il le fortifie et l'agrandit. Walpole, Chatam, Pitt, Fox, Mirabeau, ne retraçaient point la plus légère teinte de l'homme du palais; l'homme d'état était tout en eux. Je ne profanerai pas les noms des orateurs de la Grèce et de Rome en les faisant servir à un rapprochement.

Le palais appartient au métier, et le gouvernement représentatif à l'art.

C'est par suite de la haute importance que j'attache à la force morale de la législation et que je regarde comme sa seule force réelle, que je voudrais voir les dépositaires de l'autorité faire porter leur confiance sur des appuis plus relevés que la seule majorité numérique. Ce ressort paraît être le seul dont on veuille user.

En cela on oublie plusieurs choses :

1°. Que la majorité est une fiction et la reconnaissance du besoin d'une décision.

2°. Que la majorité n'est qu'une présomption de raison légalement, mais non moralement obligatoire. Le nombre des esprits faux excède celui des esprits droits.

3°. Que la majorité est sujète à la révision de l'opinion.

4°. Que la majorité véritable est dans la nation, dont le jugement confirme ou bien annule les décisions de sa majorité, d'après la satisfaction de son esprit.

5°. Que la majorité *intrà muros* n'a de force que par sa conformité avec la majoritè *extrà muros*, qui est la nation, et que la majorité législative ne doit pas s'exposer à devenir la minorité nationale.

6°. Que, par conséquent, la vraie majorité n'est pas celle du nombre, mais celle de la raison, et qu'il ne faut pas aller de cette majorité législative à la majorité nationale, mais de la majorité nationale à la majorité législative.

C'est la marche inverse de celle qui paraît être adoptée exclusivement. Il semble que la mode des combinaisons plus ou moins artistement disposées ait prévalu, et que l'on aime à s'en tenir au nombre. Des calculs sont employés pour se rencontrer avec des commissions favorables, et les décisions les plus importantes peuvent être prises à la vue de tout le peuple, sous l'appui d'une majorité de voix qui n'aura montré que la minorité de la raison.

On peut avoir des moralités pareilles, tant que l'on voudra; les affaires ne seront pas beaucoup plus avancées. On aura la loi sans la moralité de la loi, qui est la raison et la force morale de la loi. Pour un avantage passager, on aura produit le plus grand des maux, celui qui ne se répare point : on aura frappé la racine même de la loi, sa moralité, avec le moral des sujets de la loi.

Il n'y a rien dans la loi séparée de sa moralité, et dans le cas de la préférence donnée à la seule majorité numérique, il n'y a plus à rechercher cette moralité.

CHAPITRE XIII.

Présentation, rapport, contenu de la Loi.

UNE des plus pénibles sensations que l'homme sensible et droit puisse éprouver, est l'attente trompée par le déclin des renommées et par la brusque éclipse des prospérités légitimes. Ces transitions font ressentir à l'homme ses infirmités, et par un retour naturel sur sa condition propre, en voyant les échecs des autres, il se croit fondé à en redouter pour lui-même.

Lorsque des projets d'une haute importance sont annoncés, lorsqu'ils ont formé l'objet d'une longue attente, lorsqu'ils ont été remis aux mains qu'une habitude prolongée de succès montre comme les plus propres à faire ressortir leurs avantages, il est naturel que l'attente publique soit exigeante, et cette exigence même n'est point dépourvue d'hommage pour ceux qui en sont l'objet; de même il est naturel que le désapointement de cette attente retombe sur l'objet qui l'avait fait naître.

Le public est toujours dans un état complet à la fois de justice et d'indépendance ; il aime de plus à faire revivre les mérites ; la renommée est un aimant pour lui, elle l'attire fortement ; mais aussi il regrette facilement les pas faits vers elle et les satisfactions auxquelles il s'offrait.

Il faut que la loi ait apporté en naissant quelque vice intrinsèque, radical et tenace, pour avoir résisté au remède qu'elle ne pouvait manquer de trouver dans les mains habiles auxquelles le soin de la faire valoir avait été remis. Ces hommes n'ont pu la faire monter jusqu'à eux, mais elle a eu le triste privilége de les faire descendre jusqu'à elle.

Dans le rapport et dans la présentation de la loi, les talens accoutumés des deux orateurs ont pâli ; on n'y retrouve que les vices de la loi, la faiblesse de la loi, l'infériorité des motifs de la loi : on n'a pu donner une apparence de vie à ce cadavre, ni parvenir à le réchauffer. Ce que n'ont pu faire ces orateurs, comment d'autres l'auraient-ils fait ? en effet, les motifs de la présentation et ceux du rapport de la loi sont de la même maigreur, et à défaut de substance véritable, ils sont de la même subtilité ;

aussi n'ont-ils point produit une forte impression sur le public; c'est de l'argumentation d'école ou de palais et rien de plus. Il faut désirer pour leurs auteurs que ces pièces leur aient fait plus de bien qu'ils n'en ont fait à leur client; aussi quel sujet ingrat et qu'elle tâche laborieuse!

Il faut prouver le respect pour la Charte: on en parle en termes évangéliques, mais on la viole avec évidence; il faut montrer les inconvéniens de la loi actuelle, dont on n'a point à s'occuper, si la Charte a déjà établi l'élection directe: on leur en substitue qui sont mille fois plus graves. On parle de gouvernement représentatif: on détruit la base qui est l'égalité, pour lui substituer une inégalité choquante. La Charte a reconnu une chambre populaire: on lui substitue une seconde chambre aristocratique. On parle seulement d'une loi d'élection, et dans le fait, il s'agit de compléter l'organisation du système de contraction envers la France, système concordant avec celui que l'étranger a adopté. L'ambition a demandé à la subtilité et à la peur de l'aider à renverser la barrière autour de laquelle elle frémit, dépouillée depuis la loi du 5 février 1817.

Je vais prouver tout cela.

Si la bonne foi était perdue dans le reste du monde, elle devrait se retrouver dans le cœur des rois, a dit un roi français ; ce roi était législateur, on le sent à ces admirables paroles.

La loi sans bonne foi ! ah quel monstre et quelle éclipse dans l'univers ! j'aimerais autant voir le soleil retirer sa lumière, que la loi bannir la bonne foi de ses œuvres ; alors où serait notre guide ?

La Charte est donc et ne peut être qu'un acte de haute bonne foi, de la sincérité la plus épurée, de la droiture la plus sévère. Ciel ! sans cela, à quoi aurions nous obéi et à quoi serions-nous voués ? Un mensonge, le maître et le régulateur du peuple français ! Ah ! cela n'est pas possible, cela n'existe pas et ne peut exister ! Rendons hommage à la Charte, reconnaissons en elle la sincérité même, n'en doutons pas ; si cette Charte pouvait recevoir un moment la vie et rendre elle-même sa pensée, on lui entendrait dire à tous les Français : c'est l'élection directe seule que j'ai voulue ; en vous constituant, je vous ai placés au premier jour de votre existence constitutionnelle, comme vous le serez au dernier jour du monde. Tout ce que je rends capable d'élire et d'être élu, à ma droite, tout ce que je ne reconnais pas susceptible de l'un ou de l'autre, à ma gauche. Le partage est fait ainsi par ma pensée, et quiconque en entend un autre, substitue évidemment sa volonté à la mienne. En examinant attentivement la Charte, on y reconnaît non-seulement qu'elle a exprimé en termes formels l'élection directe, mais qu'elle n'a pas pu en entendre une autre; car elle a voulu le gouvernement représentatif et par là même elle a voulu les élémens de ce gouvernement: de plus, elle s'est voulue elle-même, et comme elle renferme une Chambre populaire, elle n'a pu vouloir la destruction de cette Chambre, qui entraîne la sienne propre, ce qu'effectue le projet de loi. Avec des *plus* imposés, il n'y a plus d'égalité, et le premier article de la Charte déclare tous les Français égaux en droits. Avec des plus imposés excluant *les moins imposés*, il y a des priviléges, ce qui est formellement contraire au gouvernement représentatif.

Le point est décisif dans la question, et tout ce qui a été dit au-delà est superflu; il s'agit d'un fait, et non point des conséquences d'un fait; la Charte a-t-elle établi la nomination directe, ou non? Voilà toute la question. Quelles qu'en soient les conséquences, la Charte ne nous a point appelés à en juger, il suffit de savoir ce qu'elle a dit; hors de là, commence le procès de la Charte, et où s'arrêtera-t-il? que nous importent les mille questions que l'on a soulevées? la Charte ne nous a pas donné tant de charges, elle a réglé des droits, assigné des facultés et ordonné de se conformer à cet ordre, voilà tout; le reste ne nous regarde pas; pourquoi prendre une sollicitude qu'elle ne nous a point imposée? A quoi d'ailleurs reviennent toutes ces objections? Manque-t-on de moyens d'y répondre? Les électeurs, dit-on, n'usent pas de leur droit. La Charte ne s'est chargée que de leur dire en quoi ils consistent : c'est à eux à en faire usage; la Charte ne provoque et n'interdit rien. Peut-être qu'un jour il leur plaira d'en jouir à leur tour.

Mais les chefs-lieux sont dominateurs! qu'importe, s'ils ne sont pas exclusifs par la loi. La supériorité leur vient comme centres et réservoirs principaux de richesses, de lumières et de population. De quoi vous plaignez-vous ? C'est là précisément l'étoffe élémentaire des élections. Les chefs-lieux sont éloignés, continue-t-on ; la Charte n'a point parlé de distances. Cet éloignement même, en combien de localités se fait-il remarquer ? quelles sont les distances dont on fait tant de bruit ? s'agit-il du voyage des grandes Indes, ou de quelques lieues de plus ou de moins à parcourir dans le pays de l'Europe le plus riche en routes superbes et en moyens de transport ?

Mais on veut mettre les élections à la porte, des életeurs : dites que ce sont *les électeurs que l'on veut mettre à la porte*.

Enfin, et c'est là le mot de la chose, on veut relever la grande propriété à laquelle on attribue des *propriétés* merveilleuses.

1°. Je cherche la grande propriété dans la Charte ; je n'y trouve ni la grande ni la petite.

Nous voilà toujours en-deçà de la Charte et la tyrannisant pour en tirer ce qui ne s'y trouve en aucune manière. La Charte n'a parlé que d'impôt direct de 300 francs et de 1000 francs ; le nom de la propriété ne s'y trouve pas.

2°. Je cherche la convenance de la grande propriété dans le gouvernement représentatif, ce gouvernement qui ne doit rencontrer devant lui aucune masse, et qui n'en comporte qu'une seule, celle du corps législatif et de lui seul.

3°. Je cherche les bienfaits de la grande propriété dans l'ordre social, et par elle, je vois une partie de l'Europe inculte et dépeuplée; je vois l'Angleterre portant dans son sein un élément de destruction mille fois plus menaçant que le berceau des tempêtes au milieu desquelles elle repose. Eh quoi ! C'est l'exemple de l'Angleterre sous les yeux, que vous venez parler de grande propriété ! C'est lorsque par l'effet de la grande propriété, une association de *neuf* millons d'hommes en montre huit millions cinq cent mille évincés de toute propriété foncière et réduits à attendre leur subsistance d'une industrie précaire et périssable ; cet exemple terrible est à vos portes, il peut donner au monde celui d'une subversion et d'un dépouillement tel qu'il n'en exista jamais, et c'est ce moment que vous prenez pour dresser la législation contre la division de la propriété ! Et cette grande propriété même, vous n'osez pas en assigner la nature ! Suppléons à votre silence : pour vous, il n'existe qu'une seule propriété véritable, celle de la terre, toute autre vous paraît vaine, dangereuse, et vous est odieuse; en elle, vous haïssez la révolution, dont vous la regardez comme l'auxiliaire. Par cet amour exclusif de la propriété foncière, vous rétrogradez vers les âges antérieurs au commerce, à l'industrie; vous remontez à la féodalité née du sein de la terre et ne se soutenant que par elle; vous assimilez la France à la Pologne et à la Hongrie, pays de grande propriété et de tous ses bienfaits.

Mais cette grande propriété de la terre, qui la possède? n'est-ce pas vous? ne vous êtes-vous point comptés entre vous? Les places que vous occupez ne vous ont-elles point donné tous les moyens de le faire avec certitude? Demandriez-vous cette loi sans cette certitude acquise?

La loi actuelle écarte-t-elle aucune propriété qui se trouve dans la ligne de démarcation tracée par la Charte? Celle-ci a-t-elle dans la propriété cherché autre chose qu'une garantie par la propriété, et dit à quoi elle attachait cette garantie.? A-t-elle demandé la plus grande garantie possible, ou seulement une garantie suffisante? La première est antisociale, puisqu'elle est exclusive; elle fonde la domination de quelques-uns sur tous; au contraire, la seconde est sociale parce qu'elle renferme la satisfaction des droits du grand nombre, du corps même de l'association; de plus, elle est constitutionnelle, car elle renferme l'égalité, principe fondamental des sociétés et du gouvernement constitutionnel, tandis que la première renferme l'inégalité, cette ennemie capitale des sociétés et de tout ordre constitutionnel.

Mais que de chose à dire encore sur cette grande propriété : où commence-t-elle ? Où finit-elle ? En quoi se ressemble-t-elle avec elle-même ? Les riches d'une partie de la France seraient les pauvres de l'autre. Dans un grand pays où les différences de fortune, de sol, d'industrie ne peuvent manquer d'être nombreuses, comment suivre toutes les nuances de la propriété; et dans l'impossibilité de le faire, la loi n'a-t-elle pas dû adopter un niveau commun, celui de la suffisance de la propriété, et non point la gradation relative de la propriété, ce qui mènerait à l'infini ? La loi n'a pas voulu faire ce qu'il n'est point en son pouvoir de faire, c'est-à-dire, fermer la carrière à personne. Seulement elle marque le point auquel elle s'ouvre; sa juridiction ne dépasse pas ce point.

En vain demande-t-on des garanties pour tous les intérêts; elles se trouvent également pour tous dans l'intérêt général. La loi ne peut s'occuper que de celui-ci, qui à son tour comprend tous les autres. Si vous vous livrez au détail, vous allez avoir affaire avec toutes les hiérarchies et toutes les natures d'intérêts; il faudra des élections pour la propriété de dix millions, pour celle de quinze, pour celle de vingt, pour la richesse mobilière, pour la richesse industrielle, pour la richesse intellectuelle, toutes propriétés qui ont des intérêts à part de la grande propriété foncière; ce sera l'Océan; vous n'en sortirez jamais.

La loi a agi à la fois avec plus de grandeur et plus d'équité. Fidèle à son caractère de généralité, elle n'a vu que la généralité des intérêts et lui a tout rapporté. Elle a cherché des garanties pour la société, et non point des classifications de fortune et d'intérêt dont elle ne peut avoir à s'occuper. Il fallait que cette considération de l'intérêt général fût bien puissante à ses yeux, puisqu'elle a pu la déterminer à imposer à vingt-neuf millions de Français le douloureux sacrifice de leurs droits. Était-ce par haine ou par amour pour aucun qu'elle s'est décidée à ce rejet, à cet acte de condamnation contre la presque totalité du peuple français ? Non sans doute ; lorsqu'elle faisait cet effort sur elle-même, elle n'avait en vue que le bon ordre de la société, ordre dont le maintien est aussi nécessaire à ceux qui ne sont pas appelés à jouir des droits civils, qu'à ceux qui sont admis à les exercer ; aussi ce n'est point une exclusion, mais une simple suspension qu'elle a prononcée contre les premiers, car ils seront admis auprès des seconds, le jour où ils feront les mêmes preuves qu'eux. On entre dans cet ordre civil, comme on entrait jadis dans les chapitres nobles ; ils n'étaient fermés à personne, seulement la porte ne s'ouvrait qu'après un certain nombre de générations : le tout était d'y atteindre.

On a osé parler de démocratie, lorsque sur trente millions d'hommes, cent mille seulement sont électeurs et quinze mille sont éligibles ; c'est l'aristocratie la plus serrée qui exista jamais (1).

D'ailleurs, on a déjà fait droit à cette plainte, car on reconnaît que la moitié des électeurs s'absente; eh bien, voilà la réduction toute faite.

Par la formation des grands colléges, quatre-vingt mille Français sont dégradés du rang qu'ils occupaient, et relégués dans celui que la Charte n'a point fait pour eux ; par la création des arrondissemens, on introduit une création étrangère à la Charte.

La sollicitude montrée à la grande propriété a l'air de lui promettre une protection contre une exclusion systématique ; mais cette pro-

---

(1) D'après un rapport présenté aux deux Chambres par le ministre de l'Intérieur, il existe en France :

Électeurs à 300 fr. y compris la patente..	90,879
Sans la patente......	74,900
Par la patente seule..	3,836
Éligibles à quarante ans et contribuables à 1000 fr..............................	16,062
Contribuables de 300 à 1000 fr.........	71,892
Départemens dans lesquels il ne se trouve pas un seul patentable.................	14
Ou de la France le..................	6me.

priété ne se montre-t-elle point parmi un grand nombre de députés ? Veut-on protéger l'ancienne noblesse contre la haine ou la jalousie? Mais des nobles en grand nombre ont été admis, leur titre relevé par le patriotisme n'a offusqué personne, et cette seconde noblesse a fortifié la première. Les nobles ne sont pas exclus à titre de nobles, mais à titre d'opposition, et quand ils se montrent exempts de préventions et de préjugés, on leur tient compte du sacrifice de l'esprit de corps. Comment d'ailleurs trouver mauvais que ceux qui se montrent en opposition habituelle, ne soient pas nommés ? Est-ce donc qu'on se fait représenter par des ennemis ? Chacun ne nomme-t-il pas les siens ? Qui nomment-ils, quand ils prévalent ?

Parlera-t-on d'intrigues, de directions ? Mais ne sommes-nous pas dans le gouvernement représentatif qui est l'appel des citoyens dans le *Forum?* Ne s'y rassemblent-ils point pour se concerter et pour s'entendre ? Toute direction d'élection est illégale, de quelque main qu'elle parte : le ministère en a pris l'initiative, il a donné l'exemple, il a mauvaise grâce à se plaindre de l'imitation. L'exemple hors de la règle est un poison dans l'ordre social.

Un premier projet se présentait sous des apparences plus généreuses : en dépouillant il restituait en quelque manière, et du moins il offrait des compensations, car il doublait la représentation, et ce don en complétant la troisième branche de la législature et avec elle toute la machine législative, devait paraître du plus grand prix. Ce projet n'était pas même dépourvu d'un certain courage : car il bravait le renouvellement intégral, cette grande épreuve de tout ministère. Il ne choquait pas évidemment la Charte et ne la déchirait pas avec rudesse, car il conservait l'élection directe, et il se bornait à la scinder et à la disséminer dans les colléges. De plus, il rapprochait l'âge de la députation ; par là il rentrait à la fois dans l'ordre de la nature qui montre l'homme complet à trente ans, et dans l'ordre de l'égalité entre les membres des deux Chambres, que la Charte a constitués dans une inégalité morale, peu obligeante pour ceux sur lesquels retombe la condition inférieure.

Rien de cela ne se trouve dans le nouveau projet ; c'est un dépouillement à nu, sans compensations comme sans motifs, et le respect allégué pour la Charte n'a dans le fait d'autre résultat que d'empirer la condition du peuple français.

Les colléges d'arrondissemens du premier projet étaient affectés d'un vice radical, il faut le reconnaître.

L'esprit vital de la société est l'esprit de généralité : l'esprit de localité, de particularité est son plus grand ennemi ; il rétrécit l'esprit, il attire l'attention des intérêts généraux pour la porter sur les intérêts privés, il diminue le contrôle que dans le gouvernement représentatif les citoyens doivent exercer les uns sur les autres, et qui ne s'exerce jamais mieux que dans les réunions générales. Tel qui sera nommé infailliblement par son arrondissement dans lequel prévalent ses amis, ses parens, ses obligés, ne le sera jamais au département dans lequel ces motifs locaux et personnels auront perdu leur force. Là, les intérêts plus généraux excluent les intérêts particuliers, ceux-là deviennent le correctif infaillible des autres.

Mais les arrondissemens actuels qui participeront au même défaut, sont de plus affectés d'un autre bien plus grave. Il arrivera presque toujours que l'esprit des colléges d'arrondissement ne sera pas celui des colléges de département. Cependant ceux-ci doivent recevoir d'eux les candidats. Les arrondissemens choisiront des hommes peu agréables au département; de là la division entre les colléges; il peut arriver que pour satisfaire ce sentiment d'animosité, de part et d'autre on ne s'attache qu'aux sujets extrêmes; le soin du repos public est donc remis aux mains de la haine!

La composition des colléges d'en haut révèle l'intention véritable du projet; elle annonce à la France une domination d'une espèce peu flatteuse pour elle. Il est évident que ces colléges seront formés par ce qu'on appelle la noblesse de province, c'est-à-dire les ennoblis. En France, la noblesse est peu nombreuse et peu pure; cette noblesse est bien la noblesse légale de l'état, mais elle n'est point la noblesse d'illustration; la source commune est dans la vénalité des offices, c'est-à-dire dans l'argent; en France, rien de plus rare que de voir la troisième génération des familles de commerce continuer cette carrière; dès que la fortune était assurée, elle tournait à la noblesse ; le commerce est la souche commune de la noblesse de France : la soie a fait la noblesse à vingt lieues de Lyon, le coton a fait celle de Rouen, le vin celle du Bordelais ; un enrichi à titre quelconque, achetait une place de judicature ou de finance pour ses enfans, et de là venaient des nobles. Contre l'ordre naturel ancien, l'épée avait cessé d'ennoblir ; les nobles de province forment la presque totalité de la noblesse française ; ce sont eux qui formeront les hauts colléges, mais ces ennoblis portent en général les prétentions et les idées nobilaires plus haut que la noblesse même du premier ordre. L'aristocratie existe en *charge* dans les provinces, comme les modes, et ces hommes, fort respectables sous beaucoup de rapports, sont intraitables sur le fait de la politique dont leurs idées, leurs relations, leurs études ne leur fournissent que des notions ou fort courtes, ou fort erronées. Des calculs certains prouvent que cette classe dominera dans les colléges ; elle est possessionnée territorialement parce qu'elle ne connaît et n'estime que cette propriété ; elle est encore nombreuse, et souvent les mêmes familles couvrent tout un canton et y exercent une influence sensible. Il se trouvera donc que le bas collége de la noblesse formera les hauts colléges de France, ce qui promet à la législation de ce pays autant de lumières que d'illustration. Dans l'esprit du gouvernement représentatif, c'était le collége d'en haut du peuple qui devait fournir la Chambre populaire ; d'après le projet, ce sera le collége d'en bas de la noblesse.

Il est temps de sortir de toutes ces arguties et d'écarter les chicanes de mots ; il n'y a pas de subtilités dans la Charte, elle est claire et découverte à tous les yeux ; faisons comme elle, et marchons directement au corps même de la question.

Parlons clairement : qu'a-t-on voulu ? une loi, simplement une loi, n'ayant pour objet que la loi de 1817 ? non, c'est un acte politique, systématique, formant le complément du plan de compression dirigé contre la France à l'instar de l'étranger. Ce plan marche de front avec deux autres lois antérieures ; il est évident qu'il ne s'agit pas d'un simple acte de législation, mais d'un ensemble de mesures dont cette loi fait partie, et il faut remarquer que dans cette assimilation avec ce qui se passe dans l'étranger, c'est la France qui est le plus mal partagée.

En Angleterre, la censure ne marche pas de front avec les restrictions de la liberté individuelle, non plus qu'avec l'aggravation de la pénalité. Dans ce pays, quand on ajoute aux moyens ordinaires de répression, on respecte ceux des lumières. En circonscrivant le pleuple dans une enceinte plus resserrée, on se garde bien de suprimer les sentinelles : on regarderait l'armée comme livrée. Encore moins a-t-on songé à s'en prendre au système électoral. Il est arrivé une chose remarquable à cet égard.

Par suite de cette contradiction qui se manifeste en tout entre la France et l'Angleterre, pendant que celle-ci demandait le changement de son système électoral, la France s'efforçait d'obtenir le maintien du sien; l'Angleterre a gardé le sien, et la France combat pour ne pas le perdre.

Il n'est pas jusqu'à Carlsbad qui n'ait été plus généreux qu'on ne l'est en France. Là, toute fière qu'elle est, l'aristocratie allemande améliorait la condition du peuple, même en ne la complétant pas autant qu'elle aurait dû le faire. Cependant elle faisait beaucoup pour lui, quoiqu'en ne faisant pas tout, puisqu'elle lui accordait des états dont jusque là il avait été privé ; elle n'élevait pas entièrement le peuple jusqu'à elle, mais cependant elle le soulevait au-dessus de son niveau ordinaire.

En France, au contraire, tout se fait au détriment du peuple; car on lui ôte sans compensations, sans remplacement. On le fait descendre, et d'égal qu'il était, on le fait inférieur, on lui enlève ce qu'il tient de la loi constitutive. Sa condition est empirée, tandis qu'en Allemagne, elle est améliorée.

D'après la nouvelle proposition, les ministres d'un roi qui a reconnu l'égalité, ont fait servir son nom à la demande de l'inégalité et de la domination de quelques-uns.

Les ministres d'un roi qui exerce son empire sur des hommes acquittant annuellement et très exactement une contribution qui avoisine un *milliard*, ont demandé en son nom de transporter l'autorité à la partie qui paie à peine le vingtième de cet immense tribut.

Les ministres d'un roi ami éclairé des arts, protecteur zélé de l'industrie qui fait fleurir l'état et qui vivifie la richesse de la terre, ont voulu subordonner l'industrie et les talens qu'elle suppose, à cette espèce de propriété qui, n'exigeant que la peine de naître, n'en suppose aucun.

Les ministres d'un roi qui a vu les longs orages des règnes de ses prédécesseurs, partis du sein même de l'aristocratie, orages qui ont amené tous les maux dont nous supportons le poids, demandent en son nom d'établir le pouvoir législatif de manière à rendre la Chambre populaire parallèle à celle des pairs par sa composition et par son esprit, de manière à former autour du monarque une chaîne qui ne pourra être rompue que par l'intervention du bras populaire (1) et par l'appel du peuple; car c'est bien la cour qui, en 1788, appela le peuple contre l'aristocratie.

---

(1) On peut se rappeler l'opposition que le clergé, la noblesse et les parlemens élevèrent avant, pendant et après les assemblées des notables; on n'a pas perdu la mémoire de ce que tous ces corps firent alors contre la cour : ce furent eux qui partout mirent le peuple en mouvement. Les publications des cours supérieures détruisaient en totalité l'ancienne autorité royale. Les salons de Paris et jusqu'au palais de Versailles étaient devenus de vrais *forum* de démocratie; il était du bel

La sûreté du trône, la stabilité des pairs, sont dans la différence des élémens du corps législatif; assimilez-en deux, ils sont maîtres du troisième. C'est en cela que consiste la beauté de la combinaison de ce gouvernement; il est calculé de manière à ce que la nature de ses élémens, par leur diversité, serve de garantie à leur indépendance mutuelle.

La Chambre populaire n'est un objet de

---

air de fronder la cour : la soutenir, ainsi que les anciens principes, était gothique et faisait éconduire du beau monde. Si l'on ne s'en rapporte pas à moi, qu'on lise Burke et les Annales françaises de M. Salier, ancien magistrat de Paris, aujourd'hui maître des requêtes.

Ce fut pour rompre ces manœuvres que le cardinal de Loménie imagina la cour plénière, qu'il invita la France entière à écrire sur la constitution de l'État, et pour opposer manœuvres à manœuvres, il dépêcha dans les provinces des agens provocateurs contre les nobles; on travailla à soulever le second ordre du clergé contre le premier; on anima la jeunesse de la Bretagne contre les membres des états, dont la cour avait tant eu à se plaindre. Alors la cour invoquait la nation contre les ordres privilégiés : elle travaillait sur une plus grande échelle qu'eux, mais pour se défendre d'eux. Tous se disputaient également le

méfiance que parce qu'on ne la connaît pas : elle renferme autant de garantie pour le trône que pour le peuple lui-même. Comme l'aristocratie défend le trône contre les irruptions du peuple, à son tour la Chambre populaire défend le trône contre les cabales de l'aristocratie; car si la violence appartient au peuple, l'ambition est l'état habituel de l'aristocratie.

---

peuple, lorsqu'à la fin de la dernière assemblée qu'il ait tenu, le clergé eut fait connaître à M. le cardinal de Loménie, par la bouche de son agent M. l'abbé de Montesquiou, qu'il accordait un don de 1,800,000 fr. avec des réserves pour ses priviléges propres. Ce ministre indigné de la modicité d'un don humiliant pour le roi, et si peu proportionné aux exigences du temps, répondit : *Puisque le clergé et la noblesse se separent du roi, qui est leur protecteur naturel, il doit se rejeter dans les bras des communes pour les écraser tous les deux par elles*. Tout le secret est dans ces mots, et puisque l'on parle des principes de la révolution, de ses malheurs, de la philosophie, qu'on accuse tout le monde; quiconque a vu, quiconque a lu, ne se laisse pas égarer par les cris de l'intérêt ou de l'ignorance, et sait à qui il doit s'en prendre.

Au reste, ce qui s'est passé depuis l'ordonnance du 5 septembre, prouve que la fin ressemble en tout au commencement.

La loi proposée est armée d'une grande force de déplacement; car elle a la puissance de transporter la France en Pologne, dans cette Pologne où l'œil voyait aussi un roi, un sénat et une chambre de nonces, tous grands ou petits nobles, formant une pospolite indisciplinable, mutine et qui, tout en s'humiliant devant le trône, en briguant ses faveurs, finit par le renverser. Voilà la nouvelle perspective et les chances rassurantes que le projet ouvre devant le trône de France.

On a pu remarquer un plan concerté entre la proposition et le rapport de la loi; les motifs de cet accord semblent faciles à pénétrer.

En effet, les auteurs de ces deux pièces jugeant bien leur infériorité dans les motifs péremptoires de la discussion, ont voulu se renfermer dans un cercle d'argumentation étroite et purement de forme, et retenir leurs adversaires sur un terrain choisi par eux-mêmes. Ils resserraient le champ de bataille pour gêner le développement des forces de leurs ennemis; ils décoraient cette tactique du nom toujours favorable du besoin de la réserve et de la mesure, des ménagemens dus à l'état des esprits. Ils ont demandé de bannir ce qu'ils appelaient les accens passionnés ; en quoi ils ont continué de s'appuyer sur une équivoque. Car il y a loin de la passion qui est l'égarement de la raison, qui conduit à l'oubli du devoir, à cette passion qui n'est que le feu auquel s'allume l'éloquence, à l'éruption vive et animée de l'émotion que produisent la mauvaise foi, la violation des lois, la destruction de droits sacrés, à l'appel de tous les sentimens si naturels dans une grande crise, à la manifestation des dangers que traînent à leur suite l'imprudence et l'irritation qu'elle peut produire dans tout un peuple.

Sûrement c'est pour la première fois que défense aura été faite à l'éloquence de paraître à la tribune, et jamais ministère anglais n'a adressé une pareille invitation à ses adversaires.

On a entendu un ministre dire qu'il fallait accepter une mauvaise loi, parce qu'on n'avait pas voulu en laisser faire une bonne. On a conclu des inconvéniens de la loi du 5 février à la destruction de la Charte ; on a conclu encore du silence gardé en 1817 sur la proposition de deux degrés, qu'ils devaient être dans la Charte, comme si ce qui se trouve dans la Charte dépendait de ce que l'on y voit, de ce que chacun y met, au lieu de ce qui y est réellement et de ce que le législateur y a mis; comme si l'existence des choses dépendait de l'heure à laquelle on les reconnaît, et non pas de celle à laquelle elles naissent; comme s'il n'était pas dans la nature de l'esprit humain de ramener son attention sur un objet, de le mieux observer, et de l'évaluer de diverses manières à diverses époques; comme si sa marche ordinaire ne le portait pas à procéder à *minus noto ad majus notum.* En vain vient-on alléguer sa résipiscence et ses repentirs, et descend-on à d'humbles aveux. Tout cela est très bon en morale, mais ne vaut rien en politique. Une première erreur autorise à en craindre une seconde; c'est une mauvaise recommandation pour un guide que d'avoir commencé par s'égarer. Au reste, il n'y a plus qu'à se féliciter; nous voilà revenus au temps des miracles : c'est dans l'ordre profane et à la tribune qu'ils éclatent aujourd'hui. La France devient un nouveau chemin de Damas, une pépinière de nouveaux convertis, où des milliers de nouveaux Saül frappés par une main céleste et éclairés d'en haut,

Tombés persécuteurs, se relèvent apôtres.

Concluons par affirmer comme vérité certaine, qu'en tout ceci on n'a eu qu'un but, celui de se défaire de la loi du 5 février, que pour y parvenir on a prêté à la Charte une ambiguïté qu'elle est loin d'avoir, c'est un de ses articles les plus clairs et les plus correctement rédigés. Dans ce plan on s'est appuyé sur une majorité frappée de terreur à la vue du tableau qu'on lui a fait de la France, et de quelques inconvéniens de détail. La loi était nécessaire pour compléter le système de compression ébauché par les deux lois d'exception; on a appelé au secours la subtilité et la peur, elles sont devenues les sacrificateurs de la loi à laquelle la France attache le plus de prix et à laquelle elle a voué le plus d'attachement, il n'est rien que des subtilités de légistes ne dissolvent; il n'est pas de peuples plus malheureux que ceux dont le sort peut être fait par des sophistes; ils sont les mêmes dans tous les temps, dans tous les lieux, et leurs œuvres sont en possession de faire éprouver le supplice du dépit dont parle Montesquieu, lorsqu'il dit à l'occasion des formules des proscriptions conservées par Appien;

« Vous diriez qu'on n'y a pas d'autre objet

» que l'intérêt de la république, tant on y » parle de sang-froid, tant on y montre d'a» vantages, tant les moyens que l'on prend » sont préférables à d'autres, tant les riches » seront en sûreté, tant le peuple sera tran» quille, tant on craint de mettre en danger » la vie des citoyens, tant on veut apaiser les » soldats, tant enfin l'on sera heureux. »

La raison et *la vérité* ont été appliquées à la torture des mots. On a eu à supporter ce spectacle, et il n'en est point de plus pénible. On ne contesterait pas à un enfant un don de 100 francs, avec les argumens qu'on a employés pour dépouiller la totalité du peuple français; la Charte était claire, parce que l'intention de son auteur l'était. Arrivent les sophistes intéressés, les légistes; avec ces gens là, il faut dire adieu à la possibilité d'aucune convention parmi les hommes; avec eux ce qui n'est pas dans la loi, détruit ce qui s'y trouve, et puis comptez sur quelque chose (1)!

---

(1) Puisque la grande propriété est à l'ordre du jour et le mot d'ordre du jour, je crois que rien n'est plus propre à bien éclaircir cette question que le tableau suivant; il est extrait d'un écrit intitulé : *Lettres*

CHAPITRE XIV.

Ce qu'il y avait à faire.

DEUX routes se présentent dans la direction des affaires : l'une vulgaire et battue, dans laquelle la force et la pénalité se rencontrent comme moyens principaux, et dans laquelle on ajoute du mal à du mal.

L'autre malheureusement moins suivie, offre l'emploi de mesures judicieuses et de nature à faire sortir le bien du mal lui-même.

Dans le cas actuel, où place-t-on le siége du mal, et que se propose-t-on? N'est-ce pas dans le trop grand nombre des petits électeurs, disproportionné avec celui des grands, et n'est-ce pas cette disproportion que l'on veut corriger? Or, il semble que rien n'était plus facile sans recourir au rude moyen d'une exclusion di-

de St.-James. Cet ouvrage contient des faits peu connus en France, sur l'état de l'Angleterre, et dont la révélation faite par un excellent observateur, est très propre à fixer à la fois les idées sur l'état réel de ce pays

recte appliquée à quatre-vingt mille électeurs; il semble même qu'on avait un moyen facile de dédommagement pour la classe perdante, et ce moyen est la diminution des impôts. A mesure que l'impôt diminuera, vous verrez la liste des électeurs se rétrécir; le dégrèvement à mesure qu'il sera plus important, allégera le nombre infini de ces petites cotes qui forment la masse qui vous incommode. *Il n'y a trop d'électeurs que parce qu'il y a trop d'impôts.*

Mais comment diminuer les impôts? En réduisant les dépenses; mais comment réduire les dépenses? Oh! rien à la fois n'est ni plus urgent, ni plus facile; voici les sources fécondes de ces améliorations salutaires. Les courtisans et les cours collatérales, deux incompatibilités avec le gouvernement représentatif, sources actives de nos divisions.

Les corps armés étrangers séjournant en

---

et sur les effets de la grande propriété; il y a de quoi guérir à jamais de tout ce qu'un parti débite en France à cet égard. On verra que la propriété foncière de la totalité de l'Angleterre et du pays de Galles est concentrée dans les mains de 500,000 personnes, et que

France sans l'autorisation des trois branches

---

sur 9,000,000 d'hommes, 8,500,000 sont évincés de la possession de la terre; et puis, à la vue d'un résultat aussi formidable, qu'on vienne célébrer les merveilles de la grande propriété!

TABLEAU approximatif de la répartition du pouvoir, des capitaux, des terres et de l'industrie entre les neuf millions d'individus qui forment la population de l'Angleterre seule

Population totale..... 9,000,000.

Division du pouvoir.

En possession du pouvoir direct ou indirect.		*Étrangers au pouvoir.*	
1°. La royauté............	1		
2°. Le patriciat...........	3,000		
3°. L'aristocratie plébéienne,	996,999		
4°. Clientelle attachée à ces pouvoirs..............	1,000,000	1°. Prolétaires industriels ou cultivateurs............	7,000,000
Total......	2,000,000.	Total......	7,000,000.

Division des capitaux.

En possession des capitaux.		*Dépourvus de capitaux.*	
1°. Le patriciat...........	3,000	1°. La royauté............	1
2°. L'aristocratie plébéienne,	997,000	2°. Les prolétaires..........	7,000,000
		3°. La clientelle attachée au pouvoir..............	999,999
Total......	1,000,000.	Total......	8,000,000.

de la législation, autre incompatibilité avec le

Division des terres.

En possession des terres et de leurs produits.		*Dépourvus de terres et de leurs produits.*	
1°. Propriétaires ou fermiers,	500,000	1°. Propriétaires des capitaux mobiliers..............	500,000
		2°. Les prolétaires..........	7,000,000
		3°. Clientelle attachée au pouvoir..................	1,000,000
Total......	500,000.	Total......	8,500,000.

Division du genre d'occupation.

Occupés aux terres.		*Occupés à la politique, au commerce, et aux fabriques.*	
1°. Propriétaires ou fermiers,	500,000	1°. La royauté.............	1
2°. Prolétaires journaliers..,	4,000,000.	2°. Clientelle attachée au pouvoir..................	999,999
		3°. Les chefs des ateliers du commerce et de l'industrie..................	500,000
		4°. Les prolétaires du commerce et de l'industrie...	3,000,000
Total......	4,500,000.	Total......	4,500,000.

Division des intérêts.

Intéressés à conserver.		*Intéressés à acquérir.*	
1°. La royauté.............	1	1°. Les prolétaires cultivateurs..................	4,000,000.
2°. Le patriciat............	3,000	2°. Les prolétaires industriels.	3,000,000.
3°. Les propriétaires et fermiers.................	497,000		
4°. Les chefs des ateliers du commerce et de l'industrie.	500,000		
5°. La clientelle attachée au pouvoir................	999,999		
Total......	2,000,000.	Total......	7,000,000.

gouvernement représentatif. Toute dépense faite par des agens non constitutionnellement institués et irresponsables, tels que le grand aumônier de France, autre incompatibilité avec le gouvernement représentatif.

L'armée qui est à la fois trop faible et trop forte, trop faible pour ce qui a pu être craint, trop forte pour ce qui reste à craindre, trop faible pour l'état de l'Europe avant 1819, trop forte pour ce même état en 1820.

Cent cinquante millions de francs consacrés à l'établissement militaire doivent d'ici à beaucoup de temps suffire à tous les besoins.

Le nouveau budjet militaire de l'Europe a été fixé le 1er janvier 1820, par l'armée espagnole dans l'île de Léon.

L'ordre maritime et colonial : le premier doit être révisé et fixé; le second refondu en totalité, car les colonies sont changées en totalité. Si j'avais un vœu actif à exprimer, je demanderais de réformer la moitié de ce que l'on dépense en colonies, et la totalité de ce que l'on dit sur les colonies, car on n'entend que des contre-sens sur cette question. Je voudrais aussi voir les orateurs qui demandent de la marine de guerre, pour faire du commerce maritime, mettre des lois somptuaires sur leurs devis.

L'administration intérieure peut aussi offrir quelques ressources, quoique d'une faible importance; car je n'ai point la simplicité de placer la restauration des finances d'un pays qui paie un *milliard de tous impôts*, dans la suppression ou la réduction de quelques centaines de commis presque tous pères de famille, et qui ne recevant plus, cesseront de consommer, ce qui fait perdre d'un côté presque autant qu'on gagne de l'autre. Cette propension à se jeter sur de pauvres gens dont la perte elle-même est en pure perte pour l'État, est une manie déplorable et qui accuse la petitesse de l'esprit; il n'y a de ressources véritables que dans les grandes choses.

Les dépenses intérieures qui tendent aux améliorations, sont plutôt susceptibles d'augmentations que de réductions.

Sans pressurer les ressources indiquées, on peut atteindre facilement à 50,000,000 fr., la guerre seule peut en donner 36,000,000 fr.

Cette somme jointe à celle de 19,000,000 fr. dont le dégrèvement a été réglée en 1819, opère la réduction du sixième de la contribution donnant le droit électoral; cette contribution affecte les petites cotes en bien plus grand nombre que les grandes, car les contribuables de 300 fr. à 1000 fr., s'élèvent au nombre d'électeurs soixante-onze mille huit cent quatre-vingt-douze, et plus la contribution baisse, plus le nombre des petites cotes augmente. La contribution de 20 fr. à 300 fr., porte sur les *deux tiers* de la propriété, par conséquent le dégrèvement de l'impôt en faisant repasser à un très grand nombre de propriétaires la ligne de démarcation au-delà de laquelle commence la capacité électorale, amènera dans le nombre des électeurs une réduction fort importante.

On peut croire que les contribuables dégrévés se consoleront de la perte de leur électorat; et que le propriétaire acceptera le dédommagement offert à l'électeur.

Cette réduction de l'impôt foncier ne sera pas tout en perte pour le trésor, car les consommations d'un peuple plus aisé, feront rentrer par l'impôt individuel, ce qui sera diminué sur l'impôt direct; d'ailleurs la réduction des dépenses compense celle des recettes. Il reste encore d'autres moyens de diminuer cette masse électorale dont on est si fort offusqué.

Étendez les incompatibilités légales, comprenez-y les fonctionnaires, tous les hommes dépendans par état, adoptez le code exclusif de l'Angleterre. Les Cortès de 1812 ont mieux fait que nous en 1814, en 1817. Surtout excluez vos pairs de l'électorat, et que l'on ne voie plus concourir à nommer des représentans, celui qui n'a plus qu'à se représenter lui-même. L'Angleterre a frappé de nullité toute élection dans laquelle comparaîtrait un pair. Là, aucun lord, aucun gouverneur de comté ne peut être électeur; tout employé dans les revenus publics paie de 100 livres sterlings d'amende et de l'incapacité à tout emploi pour le reste de sa vie, toute part prise aux élections.

Dans ce pays, on a su donner des garanties à ce qui méritait d'en avoir, aussi les choses s'y établissent-elles; il reste encore d'autres portes ouvertes pour l'écoulement de beaucoup d'électeurs.

La loi a voulu trouver des garanties dans les conditions contributives imposées également aux électeurs et aux éligibles; que l'accomplissement de ce vœu soit achevé. Il ne l'est point; la loi n'a pas ce qu'elle a cherché. Lorsque la propriété est fictive, ou simplement nominale, comme il arrive, lorsque le titulaire ne possède pas en réalité, et que des hypothèques absorbent sa propriété, alors la garantie légale est évanouie, et la condition entre les électeurs et les éligibles n'est plus égale. Celui qui ne possède plus que de nom n'est plus un propriétaire; il rentrera dans ses droits de cité, quand il sera rentré dans sa propriété réelle.

Un amendement notable dans notre situation a été recherché par la loi proposée. J'accepte cette pensée, mais je demande qu'elle soit étendue.

Les élections ne sont pas la source, ni la moitié du mal; elles ne sont que le résultat d'une fausse position et d'un gouvernement qui n'est pas égal avec sa charge. Il suffit donc de redresser la position et de ramener le gouvernement au point où il doit être. Le mal indique le remède. Celui-ci ne peut se trouver dans la loi d'élection; car le mal n'y est point. Par conséquent au lieu de s'attacher à la révision de la loi d'élection, il faut s'élever à celle de la totalité de la position et de la marche de l'administration ; si l'établissement est reconnu comme mal conçu et incomplet, il faut avoir le courage de le reprendre et de le compléter. Une marche grande, courageuse en frappant les esprits, en calmant tous les intérêts, mettra à l'abri des inconvéniens sans nombre comme sans limites, que ne peut manquer de produire la mesure partielle de la révision de la seule loi d'élection, qui n'a l'air d'être proposée qu'au profit d'intérêts particuliers, ce qui n'est pas propre à valoir plus de faveur à la loi elle-même qu'à ses auteurs.

CHAPITRE XV.

Des causes spéciales de la Loi : une élection.... ; la dynastie.

La spécialité des motifs du projet de loi a été proclamée à la tribune même. C'est sous la dictée des orateurs du gouvernement et des partisans du projet, que je traite ce sujet.

Élection de l'Isère.

Plus de nomination de l'Isère, plus de quatrième série menaçant le trône : ainsi ont parlé les défenseurs du projet.

Voyons d'abord d'où est provenue la nomination de l'Isère, et si le projet est le remède convenable. Un département couvert de sévices sans réparations, une plaidoirie scandaleuse entre les chefs de l'administration, sans aucun résultat, un préfet maladroit, l'entêtement du ministre à faire prévaloir un choix, et quel choix! encore un préfet, magistrat de mérite sans doute, mais fonctionnaire, mais sans titre éclatant; mille autres sont sur la même ligne. L'obstination de ce même ministre à rejeter toutes les présentations qui lui ont été faites et dont l'adoption eût évité le scandale, tel est au vrai le canevas de tout ce drame.

L'irritation a répondu à l'obstination, à cette présentation opiniâtre de fonctionnaires publics que le ministre devait savoir être fort mal vus dans le public. Il n'a plus été question que de maintenir son indépendance et d'opposer de la fermeté à la fermeté. Voilà comme les maladresses entraînent avec elles les malheurs.

Ce sont les antécédens de l'élection qui ont fait l'élection, comme il les feront toujours. Le gouvernement peut s'assurer qu'il y trouvera toujours ce qu'il aura semé.

Le concordat lui-même s'est représenté dans cette occasion; car on a montré les questions religieuses comme devant reparaître dans la session suivante, et le candidat proposé comme très propre à les traiter.

Les électeurs cherchaient de la célébrité, de la science et de l'indépendance dans leur élu; on leur montrait tout cela dans leur candidat.

Cependant il faut reconnaître qu'aucune considération n'aurait été capable de les excuser, si les écrits qui ont été révélés, eussent été connus d'eux antérieurement à l'élection. Ce point est décisif, et il est bon pour l'honneur de la France, pour celui d'un grand département, que l'on sache enfin que ces écrits étaient inconnus dans l'Isère, comme ils l'étaient dans presque toute la France.

Pour ma part, je déclare que je n'ai acquis cette connaissance que par les révélations du Journal des Débats et par celles des papiers du même parti. Je savais généralement que le candidat avait montré beaucoup de chaleur dans un temps où tout était en feu, mais qu'il n'avait pas assisté en personne aux fatales séances. Le fait de sa mission m'était connu, mais j'avais oublié le lieu, et je l'assignais à tort dans la Belgique. Il m'était resté un souvenir confus d'une lettre d'adhésion ; mais hélas! il y en avait eu tant d'autres, et l'on trouve tous les jours dans le monde et même sur un certain pied tant d'hommes qui.... Je n'ai pas la mémoire plus courte qu'un autre, ni les souvenirs des derniers temps peu présens, et cependant j'en étais là.

La même chose a bien pu arriver à d'autres, et surtout à des hommes dont l'habitation et les relations sont concentrées dans un département fort éloigné de Paris. Je mettrai en fait que ce sont les relations des papiers publics qui ont appris à la France ce qui s'était passé de la part du candidat; on l'ignorait également partout. En se représentant la masse et la nature des faits qui depuis vingt ans se sont accumulés de manière à égaler la hauteur des montagnes, en songeant à la quantité d'empires et de souverains qui ont passé devant nos yeux depuis ce temps, on s'étonnera peu que des faits particuliers consistant seulement en écrits déclamatoires, et non pas en actes matériels, atroces, n'aient pas surnagé dans le déluge de turpitude que le dévergondage des uns dicta à la peur des autres dans des jours affreux, et dont mille personnes évaluent les résultats avec la sévérité que donne la sécurité. On s'étonnera peu que de pareils faits eussent échappé à la connaissance du grand nombre qui, pourvu de cette notion, aurait refusé le vote qu'elle a accordé dans l'ignorance de ces faits. Il y a eu ce que dans le Droit on appelle erreur de la personne : on voulait une personne, on en a nommé une autre. Aujourd'hui que tout est connu, la nomination n'aurait lieu ni dans l'Isère, ni dans aucun autre lieu de la France.

Il n'y a eu de coupables que ceux qui n'ont pas fait connaître ce qu'ils connaissaient eux-mêmes. En pareil cas, les révélations sont de rigueur.

Mais ici, pour rentrer dans la question, je demande trois choses :

1°. Comment la France après les révélations, a-t-elle accueilli cette nomination ?

2°. Quel est le pays que nous habitons ?

3°. Si la loi d'élection avait rien de commun avec l'évènement de l'Isère.

Quant au premier point, qui oserait dire qu'une seule voix se soit élevée pour défendre la nomination par rapport à l'élu : on n'a soutenu que le droit d'élection. Un sentiment unanime s'est manifesté, et dans cette occasion, l'opinion s'est montrée ce qu'elle est, ce qu'elle sera toujours, juste, éclairée et inaccessible aux séductions.

Quant au second point, n'est-ce pas en France que nous vivons, c'est-à-dire, dans le centre de la civilisation, dans le pays où vit le sentiment le plus exquis des convenances, celui dans lequel les manquemens faits à cette partie délicate de l'ordre social, sont le plus fortement ressentis et valent le plus de défaveur à ceux qui s'y abandonnent? Eh bien; dans un pays soumis à l'empire de pareilles mœurs, la difformité d'un acte est un garant certain qu'il ne se représentera plus; on peut s'en fier à la civilisation; elle ne peut jamais être fausse.

Quant au troisième point, il est bien évident qu'il n'est pas du domaine des lois, mais de celui des mœurs. La nation est affligée d'un choix; sa douleur vous répond de sa conduite: vous prenez ce moment pour lui infliger un châtiment, et pour lui faire subir un dépouillement. Ses larmes se sèchent à l'instant, et la générosité méconnue se change en colère.

D'après ce qui s'était passé à l'occasion de la nomination de l'Isère, une nomination semblable était impossible en France; il fallait se fier aux mœurs de la nation; elles offraient une sûre garantie.

L'accueil fait à la nomination de l'Isère renfermait un avertissement à toute la France de n'y point revenir. Dans nos mœurs, le retour de cette déplorable aberration était impossible. Est-ce donc que les mœurs auraient cessé d'être la première force de notre pays comme celle de tous les autres? Dans ce cas, il fallait les laisser agir comme on aurait dû faire pour la liberté de la presse : là encore on n'a su que recourir au Code pénal, s'en prendre aux principes, les abattre et sévir.

Une explosion de volcan de boue a éclaté parmi nous, il est trop vrai; mais aussi quel dégoût, quel mépris ne l'ont pas suivie? Toute la haute littérature s'indignait et fuyait; la justice se faisait donc par ses instrumens naturels : bientôt les coupables fussent restés seuls, entre le délaissement et le mépris, et là, comme sur un théâtre d'exposition publique, ils servaient à un exemple salutaire. Il y a des choses que la législation positive doit abandonner aux mœurs; celles-ci savent bien les tenir ou les remettre à leur place et suffisent pour punir les contraventions.

Dans un pays policé, où la considération morale ouvre l'accès à la société, forme son premier élément et assigne les rangs, les excès anti-sociaux ne peuvent jamais aller loin; la société tout entière est là pour les réprimer;

elle pèse sur eux de tout son poids et les relègue dans les classes inférieures, où ils deviennent alors l'objet de la justice matérielle. Plus haut, le mépris est le correctif immédiat et infaillible de ce désordre, et il suffit pour ramener l'ordre au milieu d'hommes pour lesquels la considération est le premier élément de succès; qu'est un écrivain que l'oubli des convenances a mis hors de cette considération?

Les excès de la liberté de la presse ressemblent à la morsure du serpent; celle-ci fait éclater l'enveloppe qui renferme le venin; de même par leur explosion, les excès qui blessent la société ont perdu le leur : n'allez pas remuer de la fange, vous n'en ferez sortir que des reptiles.

Il fallait mettre sur la même ligne l'élection de l'Isère et les excès de la presse; il eût été beau de voir une nation s'amender elle-même, recevoir son épuration de ses mœurs, au lieu de la devoir à un Code pénal, et la loi des élections n'était pas plus nécessaire pour corriger les élections, que la censure ne l'était de son côté pour corriger la presse.

CHAPITRE XVI.

De la Dynastie.

AVANT de m'engager dans cette épineuse question, je dois livrer un passage aux plaintes que me donne droit de lui adresser l'imprudence des hommes qui m'attirent bien malgré moi dans cette région menaçante; je n'y suis pas entré de moi-même, j'y marche à la suite de ceux qui la troublent, qui l'obscurcissent, et je ne veux qu'y porter la lumière. Comment n'être pas affligé et ne pas élever la voix de la plainte, lorsque de tous côtés on n'entend parler que des dangers de la dynastie et du trône, chose sans exemple dans les annales du monde et chez aucun peuple de l'Europe? Et c'est du haut de la tribune que ces effrayantes paroles se repandent sur la France et sur l'Europe, et vont frapper des plus sinistres présages l'attention de toutes les deux! C'est encore de là que nous apprenons que nous vivons au milieu de conspirateurs et de conspirateurs bien puissans sans doute, quoiqu'on n'en puisse montrer un seul; car, s'ils sont faibles, pourquoi tant de bruit? La dynastie n'a qu'à souffler dessus, ils s'évanouiront comme un songe, et ce qu'il y a de plus remarquable, ces annonces sinistres partent du milieu des fervens amis, des appuis exclusifs du trône. Ce que nous n'oserions ni penser, ni dire, ils ne se lassent point de le proclamer; c'est là leur manière de manifester leur zèle. Ce qu'il faudrait confier aux entrailles de la terre, si le malheur faisait qu'il existât, ils trouvent salutaire et beau de l'exposer sur la place publique; en cela, dignes rivaux de jugement et de zèle avec ces prêtres qui vont proclamant partout qu'il n'y a plus de foi, plus de religion, et plus que de la haine ou de l'indifférence pour elles : étrange manière de servir la religion et le trône que d'affirmer que l'on n'en veut plus et que le monde appartient à l'incrédulité et au républicanisme!

Il faut transporter à la royauté ce qu'on a dit mal à propos de la personne des rois : le Roi se porte toujours bien....

Depuis quatre ans, nous sommes assaillis par ces indignes contre-sens, on ne cesse de mettre à nu les fondemens de l'édifice social, de profaner les mystères de la société; on prête au trône les appuis les plus bizarres et les plus dommageables; on soulève mille questions qu'il faudrait laisser reposer sous des voiles révérés; on attire dans l'arène mille combattans qui, sans ces provocations, n'auraient jamais songé à y mettre le pied. C'est ainsi qu'en 1815, la fatigue de tout ce qui se publiait sur la légitimité, m'amena à effleurer seulement cette question qui ne m'était jamais tombée dans l'esprit; le ciel m'est témoin que jusqu'à ce jour, je ne m'étais pas plus occupé de la légitimité des rois que de celle du soleil; et telle est la force d'une question bien posée contre une qui l'est mal, que deux mots suffirent pour renverser tout cet appareil. La légitimité *des Débats* et de *la Quotidienne*, non pas la véritable légitimité, que je respecte d'autant plus que je crois la mieux connaître, n'a pas pu se relever de ce choc; elle est restée à terre.

On veut donc nous faire discuter à tous risques et périls.

Discutons donc :

Etre ou n'être pas : la dynastie est perdue, si la quatrième série arrive; changez la loi d'élection, voilà le mal et le remède!

Vous l'avez dit, messieurs Lainé, de la Bourdonnaye, de Sallaberry ; et ne l'eussiez-vous pas dit, je ne l'ignorerais pas; car depuis long-temps ces paroles retentissent à mes oreilles offensées, et en vous écoutant je n'ai éprouvé que le travail bien pénible d'un retour de mémoire sur un sujet de douleur.

Ici vont redoubler mes plaintes :

Je les adresserai également à la royauté elle-même, à ceux qui peuvent croire à ses dangers, et à ceux encore qui peuvent concevoir la folle prétention de se regarder comme des êtres dangereux.

Ces plaintes, je les fonde :

1°. Sur la nature de la royauté.

2°. Sur l'état de la France.

3°. Sur l'impuissance de toute espèce de conspirateurs légaux ou illégaux.

Je dirai ensuite quels sont les dangers possibles de la royauté.

Je conclurai en examinant jusqu'à quel point le changement de la loi d'élection est propre à parer à ces dangers, s'ils existaient.

Le premier besoin de la royauté est d'avoir foi à elle-même; pour que les autres en aient, il faut commencer par leur en montrer soi-même, et l'annonce de dangers possibles est la création de dangers réels.

Or, la royauté et la dynastie ont beaucoup de motifs pour se rassurer et se croire affermies.

Le premier besoin de la France constitutionnelle, c'est la royauté, et le premier sentiment de la France est celui de ce premier besoin. Il en est de même de la dynastie. La nécessité la rappela; laissons dire, c'est par cette porte qu'elle est rentrée; j'y étais, et je l'ai vu. Elle a beaucoup parlé de ses titres, c'est de nos besoins qu'elle devait nous entretenir. Si elle ne se fût pas trouvée à nos portes on eût été la chercher loin. Ce sont de pauvres appréciateurs des choses humaines que ceux qui croient qu'on pouvait lui donner des suppléans. Napoléon était plus clairvoyant qu'eux, et dès long-temps avant sa chute, qu'il regardait comme certaine, il reconnaissait que le rappel de la dynastie était la seule voie assurée à la tranquillité commune de la France et de l'Europe. Celle-ci avait l'instinct de cette vérité ; il éclata par les signes les plus manifestes, lorsque les évènemens lui permirent de le faire, et les nuages qui depuis se sont élevés autour de cette vérité, ne la détruisent pas. Il était cent moyens de prévenir ou d'annuler ce qu'il pouvait y avoir de mal dans la chose même. Une main ferme au timon des affaires, et le bien restait entier et pur ; mais il faut dire de la France ce que le poète a dit de Rome :

Nimium vobis, romana propago
Visa potens, superi, propria hæc si dona fuissent.

Mais comme le passé n'appartient plus à personne que comme exemple et leçon, il n'y a plus à s'occuper que du présent et de l'avenir. Ce sont eux seuls qu'il faut avoir en vue ; le reste appartient au néant.

Le maintien de la dynastie est dans celui du repos public, comme le repos public est dans le maintien de la dynastie. Ce sont deux choses inséparables, enchaînées l'une à l'autre. Troublez ce repos, où se trouve celui de la dynastie? ébranlez la dynastie, où se trouve le repos, où s'arrête le changement? Du haut de cette perspective, la dynastie peut se rassurer et braver ses ennemis, si elle en a.

Les craintes de la dynastie, il faut le dire pour son service comme pour celui de la France, et l'on ne peut séparer l'un de l'autre, naissent de ce qu'elle déplace son point d'appui. Elle veut être un être à part, elle n'est qu'un être nécessaire : elle est flattée d'un amour de passion, variable comme toute passion; elle ne recherche pas assez l'amour de la raison, cet amour qui a la solidité de la raison même. Un français raisonnable n'aime pas la royauté de toutes les affections de son cœur sujet au changement, mais de toute la puissance de sa raison, siége de la solidité.

Les craintes de la dynastie proviennent de la foi accordée à une nouvelle manière de faire la cour, qui consiste à dire au prince qu'on ne veut pas de lui, et à lui montrer son trône au milieu de ses ennemis. Une sueur froide coule sur le front des courtisans, ils travaillent à faire de leurs frayeurs une fièvre épidémique de peur, et ne se croient en sûreté qu'à mesure qu'ils tremblent davantage. Que tous ces braves gens apprennent qu'un seul alinéa du discours de M. Royer-Collard, représentant la royauté comme la garantie du droit dans le corps politique de la France, a posé plus de garanties et plus de sentinelles autour du trône, que ne feront jamais tant d'hommes si empressés de fermer des grilles et de doubler des corps-de-garde.

Le premier danger de la dynastie, à mes yeux, serait de manquer de foi à sa propre consistance en France, de se méfier de sa force légale et d'avertir par ses craintes d'en concevoir pour elle. Le monarque ne peut jamais être l'objet d'un doute; garantie de tous, il doit toujours paraître le plus solide de tous.

Ceux qui peuvent croire aux dangers de la royauté, me paraissent aussi n'y avoir pas regardé d'assez près.

Une institution, telle que la royauté, ne se forme ni ne s'ébranle dans un jour; il y a là quelque chose des colonnes d'Hercule : il en est de même de la dynastie. Toutes les deux tiennent à tant de choses, elles ont des racines si profondes, tant d'hommes sont liés avec elle, le changement attaque tant d'intérêts, contriste tant d'esprits, en épouvante tant d'autres, menace tant de choses toutes faites, ouvre la perspective d'un avenir si lointain et si menaçant, qu'il est toujours une affaire immense. Il attaque la société par sa racine, la stabilité : celle-ci, pour renaître, a besoin d'un bien long temps que la société n'a pas celui de lui accorder. L'Angleterre en offre un exemple terrible. De 1688 à 1740, cinquante-huit ans s'étaient écoulés sous des règnes glorieux, fortunés et paisibles. La maison d'Hanovre pouvait se croire établie solidement, et voilà qu'une attaque subite vient lui montrer la vanité de cette confiance, la réduit à courir aux armes pour sa défense, et la conduit sur les champs de *Culloden*, pour y recevoir une dernière garantie des mains d'une victoire définitive et nécessaire.

Un prince a mille manières de briser sa couronne ; mais combien y en a-t-il de la lui arracher ? Napoléon a brisé la sienne comme à plaisir ; quelle main eût pu s'élever jusqu'à son front pour la lui enlever ?

L'exemple de Louis XVI ne fait rien dans la question ; il s'agissait alors d'une révolution générale. L'opiniâtreté et la maladresse avec lesquelles on a défendu un mode vicieux de royauté et d'administration, ont causé la catastrophe. Cela n'a rien de commun avec l'état actuel; même alors, la royauté éclipsée n'était pas éteinte en France. Voyez ce qu'elle fit pour la conserver ou la reconquérir; voyez comme elle courut au-devant d'elle, même sous une autre forme, comme elle l'a embrassée de nouveau sous celle qu'elle avait eue.

Mais de plus la France serait-elle changée dans un de ces pays de l'orient, dans lequel, conspirateur audacieux, conquérant rapide, un homme marche au palais, attaque le prince, le renverse, le remplace, ou périt?

La France est-elle donc dépourvue de tout gouvernement?

La France est-elle dénuée d'abondance et de toute richesse publique, comme l'était l'Espagne?

Un roi qui *paie tout à jour*, n'est-il pas un roi très solide?

S'entendrait-on en Fance, d'un bout de la contrée à l'autre, comme on l'a fait en Espagne?

Où donc est le danger?

Dans les conspirateurs légaux ou illégaux.

Les premiers sont ceux qui useraient des moyens que la loi leur donnerait pour réaliser des projets illégaux.

Les seconds sont les hommes qui, n'ayant aucun moyen donné par les lois, seraient réduits aux leurs propres.

Voyons les uns et les autres.

Des conspirations! nous en avons beaucoup depuis quelques années : en cela la richesse est grande, et non moindre que celle dont jouit aussi l'Angleterre sous les trois Stuarts, temps pendant lequel une conspiration renaissait du sang dans lequel on venait d'en étouffer une autre. Je ne sais qui dans ce période de temps, ne fut pas conduit à l'échafaud. Il y eut un massacre légal de soixante ans.

Chez nous un parti aime beaucoup les conspirations; le plus grand plaisir qu'on puisse lui faire est de conspirer, et quand les hommes lui ont refusé cette satisfaction, il s'en prend aux doctrines.

Parmi les conspirateurs illégaux, qui aperçoit-on? des hommes obscurs, des Pleignier, des Toleron. Qui les suivrait? Cette catégorie ne peut appartenir qu'à la police, elle est de son ressort immédiat, et le bras de la justice est toujours levé sur elle.

Les conspirateurs sont-ils puissans et illustres? Et qui est puissant en France, sinon la loi? mais pour les hommes, il n'en est pas un seul : puissant, lorsqu'il n'est personne qui puisse disposer de trois hommes; puissant, lorsqu'il n'est personne qui ne reste tout seul, au moment où il est séparé du pouvoir. L'homme le plus puissant de France serait arrêté par le premier garde-champêtre. De son côté, l'illustration n'est qu'un appel de plus à la surveillance; plus on est élevé, plus les yeux du public et ceux de la loi vous suivent. Le chef-d'œuvre de notre civilisation moderne a été de retirer toute force aux membres de l'association, pour la transporter tout entière au corps même de l'association, à la différence de la féodalité qui affaiblissait le corps pour fortifier quelques membres.

De tous les conspirateurs des six dernières années, lequel valait la peine d'être nommé? Lequel avait une base, un appui? Lequel a produit quelque résultat? Un scélérat imbu des poisons du plus noir fanatisme a frappé un coup détestable; tout bien scruté, il était seul. Quelques misérables, pressés par la faim, essaient des parodies du 3 *nivôse*. Ce sont des reptiles nés dans la fange des dissentions civiles. Les mêmes symptômes ont appartenu à tous les temps, à tous les lieux, à toutes les agitations politiques. Calmez celles-ci, avec le mal la fièvre disparaîtra. Votre erreur est toujours la même, vous vous obstinez à prendre l'effet pour la cause.

Dans nos sociétés modernes, dont chaque partie aboutit à un ressort de gouvernement caché ou patent, il n'existe plus qu'une seule force, celle des masses; celle-là est irrésistible et fait céder toutes les autres.

La révolution a consacré cette vérité; elle a détruit radicalement l'individualité, aucun individu n'a pu tenir. Les masses seules ont résisté et sont encore debout. Le plus puissant des individus qui fut jamais, a rendu hommage à cette force des masses, même en reconnaissant trop tard leur puissance. Les paroles des mourans ont quelque chose de sacré : *Je ne puis me rétablir,* dit Napoléon abdiquant à Fontainebleau, *j'ai choqué les peuples.*

La masse philosophique fit remettre à Louis XVI son ancien pouvoir; la masse populaire dans un clin-d'œil fit triompher la révolution, après le 14 juillet.

Pendant 22 ans, la masse française écrasa les individualités européennes; ce fut toujours le combat des Horaces contre les Curiaces : à son tour en 1815, la masse européenne écrasa l'individualité française. Le 20 mars, la masse populaire mit la royauté en fuite ; en 1815, la masse européenne se retourna de nouveau sur l'individualité française et l'abyma. La masse populaire a fait prévaloir les Cortès contre Ferdinand ; loin de nous, les masses américaines avaient, dans ces climats, brisé les sceptres de l'Angleterre et de l'Espagne.

Aujourd'hui toute force est donc dans les masses, et par un contre-sens manifeste, pendant que la révolution proclame cette vérité par un témoignage de faits de trente années, on voit des hommes rapporter la force à l'individualité, s'appuyer sur quelques confidens pour se croire des potentats, tandis que réduits à eux-mêmes et à leur mince entourage, ils invitent à leur appliquer les ironiques reproches qu'Auguste adresse à Cinna. La même erreur a régné dans l'émigration et l'a perdue ; elle se croyait puissante et soutenue dans l'intérieur, elle prenait des individus semblables à elle ou dévoués à elle par des motifs particuliers, pour la nation même ; toutes les fois qu'elle s'est présentée en gros ou en détail, qu'a-t-elle trouvé? la mort.

A cette même époque, pareille erreur régnait parmi beaucoup de chefs militaires ; ils prenaient d'autres chefs militaires qui partageaient leurs opinions pour l'armée tout entière. En 1791, j'ai entendu un des meilleurs esprits de ce temps, M. de Cazalès, se glorifier de disposer de la moitié de l'armée : c'étaient les capitaines. Quelques jours après, cet homme si puissant sortit tout seul.

La force des Etats est donc concentrée dans les masses ; mais qui dispose de celles-ci? qui leur imprime le mouvement? à quelles voix obéissent-elles? comment agir individuellement sur elles ou contre elles, dans un pays où de quart de lieue en quart de lieue il se trouve une autorité qui se lie avec un anneau supérieur, de manière à remonter sur le champ au bout de la chaîne? Quelques hommes inquiets par suite de longues agitations, fatigués de leur oisiveté, passés de la perspective ou de la réalité de la fortune à la médiocrité, peuvent exhaler en commun des haines, des regrets, caresser des idées chimériques, vaines consolations qui endorment leurs douleurs;

mais où sont leurs moyens? A qui tiennent-ils? Ce sont des officiers sans soldats, et rien n'est moins redoutable. Je craindrais bien plus des soldats sans officiers, car ils le deviendraient bien vite, témoin le sergent de Strasbourg.

Dans ce cas, je dis hardiment aux uns, rassurez-vous, le danger est loin ; aux autres, mettez bas toute conspiration, vous êtes en France, de plus puissans que vous y ont péri, et pour votre propre intérêt, mettez fin à un méchant métier. Pour que la royauté soit hors de tout danger, je ne lui demande qu'une chose, c'est qu'elle ait beaucoup de foi en elle-même et très peu dans ses bruyans amis ; elle trouverait plus de garanties auprès de ceux qu'on lui fait envisager comme ses ennemis : ceux-ci n'ont rien dirigé depuis 1814, et les dangers n'existaient pas à cette époque, ils sont venus depuis.

Passons aux conspirateurs légaux ; qui les formera? La quatrième série, c'est une chose avouée et convenue.

Examinons ce qu'elle sera et ce qu'elle pourra.

Si la quatrième série est composée d'ennemis du trône et de la dynastie, c'est donc parce que les électeurs le seront aussi, et la conclusion est nécessaire pour qu'il y ait quelque rapport entre la cause et l'effet, car si les électeurs ne partagent pas cette malveillance, ils ne prendront pas des élus qui en soient entachés.

L'élu n'est jamais que le représentant de l'esprit des électeurs, mais alors la question s'étend et change beaucoup, ce n'est plus la quatrième série qui ne veut plus du trône, c'est la France.... Prenez bien garde à ce que vous dites là, et convenez, ou que vous connaissez mal la France, ou que vous vous connaissez peu en élections.

Laissons cela pour passer à des choses plus sensées.

Voici le vrai : la majorité actuelle s'affaiblit d'année en année ; on a calculé que l'avènement de la quatrième série la déplacerait, et la ferait passer au côté opposé ; le résultat est infaillible, en continuant à nommer trois libéraux, contre un homme du côté opposé, comme on vient de le voir faire dans les quatre dernières élections. Mais pour que ce renfort porté aux libéraux soit un coup mortel porté à la monarchie, il faut déclarer que tout libéral est un ennemi de la monarchie et de la dynastie, qualité à laquelle la presque totalité ne se reconnaîtrait en aucune manière, et dont au contraire elle s'offenserait beaucoup; j'en juge par ce qui me regarde personnellement, et je sens très bien qu'on peut concilier ce qu'on appelle le libéralisme avec l'affection à la monarchie et à la dynastie.

Le transport de la majorité au parti libéral est donc la cause de l'effroi, et pourquoi? C'est que l'on sent bien qu'avec une majorité libébérale, il faudrait dans le Gouvernement une marche plus nationale, c'est-à-dire, extrêmement conforme à l'ordre constitutionnel. Voilà l'épouvantail véritable; on s'est fait une certaine voie, on n'en veut sortir que le plus tard que l'on pourra, on y est entretenu par une majorité plus molle que celle que l'on voit arriver, on veut à tout prix éviter celle-ci.

Parlons clair, écartons les mots énigmatiques derrière lesquels se cachent les arrière-pensées, je vais les en faire sortir.

Les mots majorité, minorité n'emportent aucun sens propre. Que peuvent-elles? que veulent-elles? Voilà la question. La majorité donnée par la quatrième série donnera ces trois résultats principaux :

1° Elle rendra de la conformité à la Chambre qui depuis 1816 est non conformiste ; au moins en 1815 était-elle conformiste. On cessera de voir une assemblée composée d'hommes en nombre à peu près égal, parmi lesquels il n'existe pas un seul mot qui ait une acception commune ; il y aura alors une vraie majorité consistante par le nombre, par la similitude et la constance des opinions ; au lieu que depuis 1816, on ne sait où prendre la majorité, ni de qui elle se forme, ni quelles opinions elle soutient persévéramment. Le centre complète cette majorité illusoire et il n'est pas du même avis que le côté droit dont il est cependant l'auxiliaire, car sans lui le côté droit ne serait rien.

Dans ce cas la minorité sera ramenée au point où elle doit toujours être : un petit nombre de dissidens, suffisans pour l'examen et le contrôle constitutionnel, mais sans le pouvoir d'arrêter, comme fait une minorité élevée presque au niveau de la majorité.

2° La majorité de la quatrième série donnera à la Chambre de la conformité avec la nation, car jusqu'ici, il faut le reconnaître, il y a eu absence de conformité entre la majorité et la nation ; celle-ci n'est pas du tout du côté droit ni du centre : ces deux fractions sont encore le résultat des élections antérieures à l'ordre électoral constitutionnel, et l'on voit la nation remédier tous les jours à ce qui fut fait alors ; car la plus grande partie des choix porte sur d'autres hommes.

3° La majorité de la quatrième série forcera le Gouvernement d'entrer tout-à-fait dans les voies constitutionnelles ; mais dans tout cela, où se trouve le danger pour la monarchie et pour le trône ? Ne les voit-on en sûreté que parce que la Chambre est non conformiste, sous deux rapports bien importans, et parce que le Gouvernement est moins rapproché de la ligne constitutionnelle ? Mais il semble que ce soit tout le contraire ; plus la Chambre et le Gouvernement seront bien ordonnés, conformes avec la lettre et l'esprit du gouvernement représentatif, plus le Monarque et la monarchie me paraîtront reposer sur des bases plus solides. Le remède viendra précisément d'où est venu le mal, et il n'est pas de manière plus sûre de guérir.

Pour être autorisé à croire le contraire, il faudrait montrer la liaison d'une simple opposition à des abus, à des défectuosités du Gouvernement, avec le désir et le plan de la destruction de la monarchie et de la dynastie. Pour désirer d'arriver plus vite et plus sûrement au but du gouvernement constitutionnel, on n'est pas un conjuré contre le trône et la famille qui l'occupe. Il faudrait montrer dans les cent-vingt membres du côté gauche, cent-vingt destructeurs préparés de la monarchie, attendant des complices pour achever l'ouvrage; il faudrait supposer les mêmes intentions à leurs commettans; il faudrait que ces quatre séries trouvassent Paris et la France conformistes avec leurs idées; car s'ils en avaient d'autres, comment exécuteraient-ils les leurs? Il faudrait un accord général entre elles pour le remplacement, et c'est là que les attendrait le plus grand embarras, embarras capable par sa nature d'interdire jusqu'à la pensée de l'entreprise, et tout cela se ferait sous les yeux du public, avec une Chambre des Pairs, avec une royauté encore debout, avec le souvenir encore vivant de 1792, avec la surveillance d'un parti qui, doué de la faculté de voir ce qui n'existe pas, à plus forte raison découvrirait bien ce qui existe. Mais dans tout ceci, quel état fait-on de ce nombre infini d'hommes éclairés et vraiment patriotes, hors des partis, des ambitions privées, purs d'intentions, forts de probité et de conscience, qui à leur tour sont bien aussi une puissance au milieu d'un peuple éclairé et moral? les compte-t-on pour rien, ou pour de simples acceptans et consentans à tout ce qu'il plairait aux quatres séries de faire? Les choses pourraient bien ne point se passer ainsi. L'exemple de 1792 et 1793 ne fait rien dans la question; les exemples tirent leur valeur de la similitude, et dans ce cas, tout est différent. Parmi les mille causes qui amenèrent les malheurs de ces deux années, je défie d'en assigner une seule applicable à notre temps, et de mon côté, je me charge d'assigner mille différences; celles-ci sont bien plus à rechercher dans l'évaluation des choses : cent ressemblances ne font pas qu'une chose soit la même qu'une autre, une seule différence l'empêche de l'être.

Toutes ces assignations sont donc chimériques et peuvent être rapportées à une cause que voici :

En France un parti s'est fait accapareur de royalisme, de vertu et de probité; long-temps il s'est dit *les honnêtes gens*, chose flatteuse pour le reste ou plutôt pour la totalité de la nation; à l'entendre, seul il est royaliste, tout le reste est démocrate et démagogue, et pour lui c'est *tout un;* tout ce qui ne partage pas ses exagérations sur les attributs surnaturels de la royauté, est républicain; tout républicain est un monstre; tout ce qui signale de l'opposition à certaines mesures est révolutionnaire. Des mots d'ordre sont donnés et sont répétés successivement; aujourd'hui c'est le tour de la *république*, demain ce sera autre chose; nous sortons *des doctrines* dont on avait fait les suppléans des faits qui manquaient.

C'est de tout ce fatras que sont sorties les frayeurs vraies ou simulées pour le trône; il y a des mensonges que l'on finit par se persuader à soi-même à force de les répéter; de même il y a des formules dans lesquelles on finit par trouver de la substance, à force d'en user, et mille gens s'en vont répétant comme des axiomes, des allégations dont ils ne connaissent ni le principe, ni la valeur, ni la conséquence, mais uniquement parce qu'ils les ont apprises et qu'ils les ont répétées.

On parle de république et de républicains à tort et à travers, sans savoir comment est faite l'une, comment sont faits les autres, comment on pourrait amener la première, ce que veulent et encore ce que peuvent les seconds, et tout ce bruit a lieu, 1° pour se donner des airs d'amour passionné pour le monarque et pour la monarchie; 2° pour faire peser sur ses ennemis une accusation grave; 3° parce que l'on n'a pas pris la peine de rechercher les sentimens et les intentions de ceux que l'on trouve commode et utile d'inculper. Pascal l'a dit: *calomniez toujours, il en reste quelque chose.*

J'ai déjà fait remarquer l'immense différence qui existe entre l'opposition à des mesures de l'administration, le désir de tout rapporter à l'ordre constitutionnel, et des plans dressés contre le Prince et le trône; qu'aperçoit-on de commun entre ces choses?

La dernière serait un crime, une hypocrisie détestable de la part d'hommes liés par un serment contraire, renouvelé cent fois, et parmi lesquels on ne trouverait pas quatre individus plus ou moins imbus des principes ou des sentimens contraires, sentimens dont la manifestation élèverait sur-le-champ un mur de séparation entre leurs collègues et eux.

Il serait bien temps de s'entendre et de cesser de se renvoyer des accusations atroces pour ceux qui en sont l'objet, comme dangereuses pour la chose publique.

La variété des modes de gouvernement est fort grande; celle des esprits est infinie. La préférence entre les divers gouvernemens n'a point été décrétée par le ciel. Pour préférer l'un à l'autre, on n'a pas renoncé à l'honneur et à la vertu. De fort honnêtes gens se rencontrent dans les républiques comme dans les monarchies; les royalistes de France aiment à voir le trône entouré par des républicains étrangers. On peut être frappé des avantages comme des inconvéniens de l'ordre monarchique, et de ceux-ci comme de ceux-là; mais dans tout cela, il n'y a point de place pour les conspirations contre l'ordre régalien établi dans un pays et faisant partie de ses lois.

Il serait plus raisonnable de s'occuper du pouvoir réel des conspirateurs que de leurs pensées secrètes. On peut affirmer qu'en tout état de cause, leurs moyens sont nuls en comparaison du but; que leur nombre est fort petit, et qu'à bon droit on leur appliquerait ce que *Buzot* disait des républicains de 1792 : *Nous étions trois républicains en France, Péthion, Roberspierre et moi.*

L'affaire de l'Isère a mis au jour la fausseté des jugemens portés sur les intentions de la minorité : on supposait celle-ci triomphante de cette nomination. Eh bien, la vérité est que ses membres les plus distingués ont redoublé d'efforts pour engager l'élu à remettre le titre qui allait devenir la pomme de discorde.

La prévention habituelle avec laquelle on les juge, a fait confondre deux choses, la défense du droit électoral et celle de l'élu; ils n'ont jamais songé qu'à la première, et point du tout à la seconde.

Maintenant il me reste à rechercher deux choses :

1°. Où pourrait se trouver le danger de la dynastie?

2°. Si la loi d'élection serait un remède à ce danger?

J'ai établi plus haut que toute puissance était dans les masses; par conséquent, le danger de la royauté ne pourrait venir que de ce côté. Elle sera toujours assez forte contre toute individualité, quelle qu'elle soit.

Il faut donc rechercher si la masse est désaffectionnée.

Qui peut désaffectionner les masses?

Des difformités choquantes dans le gouvernement, une opposition directe à son esprit, un désespoir d'amendement, la déconsidération qui suit les guerres malheureuses, et les désordres extrêmes des finances.

Cherchons la preuve de cela dans l'Histoire; nous la trouverons dans celle des deux derniers Stuarts. Je prie la malveillance de s'arrêter à la vue de cette citation; je marche sur les pas de *Hume*, et toute idée d'application chagrine est loin de moi. L'Histoire est comme le soleil, un flambeau allumé pour tout le monde.

Charles II rentre en 1660. Dix années se passent pacifiquement sous la sage administration de *Clarendon*. Sa vertu ennuie; les courtisans et les femmes prévalent contre lui : il s'éloigne, et le bonheur fuit avec lui. En 1670, arrive le ministère connu sous le nom de *cabale*. Charles enlacé dans ses filets, se détourne de ses premières voies; il se rend tributaire de Louis XIV; il fait aux Hollandais la guerre la plus injuste, la plus honteuse, la plus odieuse à ses sujets; il humilie la nation par la paix comme il l'avait fait par la guerre; il pille l'Echiquier, il dissipe tout, il n'a jamais un écu, il vit d'une manière équivoque entre les deux cultes qui se combattaient, le sang coule de toute part, les conspirations se succèdent, même contre sa vie. La nation, d'abord charmée de sa présence, se retire de lui indignée et méfiante : elle s'irrite et montre à ce prince des sentimens qui l'avertissent qu'il est temps de revenir sur sa conduite passée. Il meurt au moment de réaliser ce salutaire projet, et après avoir répondu aux conseils violens de son frère : *Vous êtes le maître de recommencer vos voyages; pour moi, je suis trop vieux pour cela.*

En 1683, Jacques II monte sur le trône. Ce prince, connu pour avoir été l'auteur de toutes les mesures violentes du règne précédent, pour l'ennemi déclaré de la religion de l'état, pour avoir torturé l'Écosse pendant son administration, après avoir été exclu de la succession à la couronne comme catholique, ouvre son règne par un discours qui mérite les applaudissemens publics; les espérances se raniment. Quelques jours après, il tient le langage le plus impérieux au parlement, et met à découvert tout son entêtement à sa prérogative de droit divin. Il ne craint pas, devant ce même parlement qui venait de lui déclarer que *sa religion lui était plus chère que la vie*, d'envoyer un ambassadeur à Rome, de faire une réception solennelle à celui du pape; il exerce à la face de l'Angleterre un culte détesté d'elle; il s'entoure de moines, de jésuites, race que l'on retrouve partout où l'on peut troubler; il ne néglige rien pour effrayer comme pour irriter le peuple anglais. Montmouth se présente; l'atrocité du supplice de cette idole de l'Angleterre remue jusqu'à la dernière fibre du cœur du peuple; l'affreux Jeyffreis reçoit la première place de l'état comme la récompense de la plus horrible barbarie qui fût jamais; six évêques sont emprisonnés au milieu des larmes de la population de Londres; une armée *privilégiée* est réunie aux portes de la capitale; les priviléges des corps sont anéantis, on marche tête levée vers le despotisme et la destruction de la religion de l'état. Effrayé de l'apparition de cette tyrannie croissante, tout ce que l'Angleterre possède de plus illustre fuit en Hollande, sollicite Guillaume. Il arrive ; Jacques se trouve seul, le bandeau tombe, et sur les bords de l'abyme, il passe du langage le plus superbe au plus humilié; il supplie, il fuit pour jamais la terre qui, sans tant d'imprudences, eût été pour lui le séjour du bonheur et du repos.

D'où étaient provenus les dangers de ces deux monarques ?

De ce que, par leur conduite, ils étaient arrivés à ce point critique auquel tous les mécontentemens se touchent, auquel une nation sent son incompatibilité avec le prince, et voit qu'il faut que ce soit elle ou lui qui succombe.

Charles et Jacques avaient amené les choses à ce point critique et décisif.

A cette époque, les Anglais tenaient pardessus tout à leur réformation politique et religieuse, c'est-à-dire, à leur liberté et à leur religion; ils sentaient que l'une était la garantie de l'autre.

Cent cinquante ans de combats et de malheurs, pour s'en assurer les fruits, avaient laissé de profondes traces dans les esprits.

Charles et Jacques les menaçaient ; sous celui-ci, elles pouvaient périr dans un jour. Les choses étaient donc parvenues à ce point auquel il fallait que ce fût Jacques ou l'Angleterre qui abjurât, que le despotisme ou la liberté finît.

Comment avec l'ombre de la raison amener les affaires à cette extrémité ? Comment, lorsqu'on a eu le malheur de s'y laisser entraîner, échapper à sa perte, et se flatter que seul on prévaudra contre tous ?

Jacques II est resté enterré sous les montagnes de fautes volontaires qu'il avait entassées.

Nous venons de voir le roi d'Espagne dans la même position. Par d'autres causes, il avait aussi amené les choses au point auquel, tous les mécontentemens s'étant rapprochés, il allait être écrasé sous leur poids. L'ombre de la résistance le perdait; heureusement pour lui, il n'avait point de compétiteurs. Il n'avait pas non plus offensé la religion du pays; son salut a tenu à ces deux circonstances que Jacques avait contre lui.

En Russie, Paul Ier, pour avoir mécontenté tout le monde, a pu devenir la victime de ceux qui ont voulu l'attaquer. En Suède, Gustave a fait de même; il a eu le même sort. Dans tous ces cas, j'aperçois l'action directe de la réunion des mécontentemens qui prêtent à l'attaque du prince ou qui s'opposent à sa défense.

Quand le mot fatal d'incompatibilité a été prononcé par une nation, tout est consommé; les Dieux ne juraient pas plus solidement par le Styx.

Mais est-ce le cas chez nous? beaucoup de fautes ont été commises, il faut le reconnaître; la plénitude de l'esprit convenable au temps est absente; mais qu'il y a loin de là à cet ordre de choses qui avait créé les dangers des positions que nous venons de retracer! Il ne s'agit pas plus d'endormir que d'alarmer, de dissimuler que d'exagérer; l'un ne serait pas plus utile que l'autre. Il faut montrer ce qui est dans la nature des choses : on ne peut empêcher personne de se perdre; il faut rechercher s'il était dans sa position qu'il se perdît. On n'a pas pu empêcher Napoléon de changer en moyens de perte les immenses matériaux de conservation et de garantie qui environnaient son trône; il n'était pas dans la nature des choses qu'il en fît cet usage. Les peuples sont irritables et irrésistibles, il est vrai; mais ils ne sont point inexorables. La colère leur vient lentement et s'en va vite. Lorsque Jacques arriva à ce trône d'où une loi formelle l'avait exclu, quelques paroles rassurantes de sa part suffirent pour ramener vers lui la confiance du peuple anglais : *nous avons, disait-il, la parole d'un roi, une parole qui n'a point encore été violée.*

Hume observe que d'après les démonstrations des Anglais, Jacques put alors se croire autorisé à se regarder assis sur le trône le mieux affermi de l'Europe.

Sous nos yeux, Ferdinand pour s'être jeté avec confiance dans les bras de ses sujets, a vu le passé oublié et a retrouvé ce peuple généreux qui avait tout sacrifié pour le reconquérir. Aujourd'hui ce peuple le soutient avec la même unanimité qu'il avait mise à le combattre. Un mot de lui a suffi pour tout calmer.

Il est donc toujours au pouvoir des princes de ramener l'affection de leurs sujets ; pour cela ils n'ont qu'à entrer le plus avant possible dans l'esprit de leur nation, et ne pas la choquer dans ce qu'elle désire raisonnablement.

Il sera donc, il est au pouvoir de la maison de Bourbon d'exercer le même empire sur l'esprit de la nation, de réparer les pertes qu'elle peut avoir faites dans cette partie ; les peuples aiment à aimer ceux qui les gouvernent, et le Français n'est surpassé par personne dans cette disposition à un attachement tendre et respectueux.

Mais dans tout ceci je cherche la place de la loi d'élection ; que fera-t-elle à cette position ? Comment la corrigera-t-elle ou l'améliorera-t-elle ? Qu'aurait-on dit, si Jacques eût proposé de revoir le code électoral d'Angleterre, lorsque Guillaume menaçait ? Il s'agit d'opérer sur les esprits, et vous agissez sur les lois : le mal est-il extrême ? le remède est insuffisant. Le mal n'est-il pas extrême ? le remède est inutile, mais de plus il est dangereux ; il crée des dangers nouveaux, il ajoute à ceux qui peuvent exister ; on l'a déjà démontré de mille manières, à la tribune, dans cent écrits, car le mal est dans l'irritation des esprits ; la loi y ajoute, et ce n'est point en provoquant des redoublemens que l'on calme la fièvre.

Je termine cette discussion comme je l'avais commencée, en renouvelant les plaintes contre ceux qui m'ont forcé de m'y livrer.

CHAPITRE XVII.

Du Gouvernement occulte.

En 1792, lorsque l'impolitique retraite de l'assemblée constituante amenée par le décret de non réélection, ouvrage de la haine du côté droit contre quelques membres du côté gauche, eut livré le trône à la discrétion de ceux qui conjuraient sa perte sur la place publique; tout-à-coup s'élevèrent des voix qui dénoncèrent l'existence *d'un comité autrichien* destiné à faire la *contre-révolution*, sous les auspices et par le moyen de l'Autriche. Comme la malice n'a point de meilleur serviteur que la crédulité, et que celle-ci de préférence s'alimente de fictions, les auteurs de cette cruelle machination ne manquèrent point de la revêtir des couleurs les plus propres à frapper fortement l'esprit du peuple et à lui présenter les apparences d'un complot, faites pour porter son irritation aux derniers excès.

Ce crime était dirigé contre une princesse infortunée, dont rien n'avait pu rabaisser la dignité ni abattre le courage, ce courage objet de craintes et dont on redoutait la communication.

La tendresse de cette princesse pour sa famille était connue ; des barbares seuls pouvaient lui envier la consolation des épanchemens de l'amitié si nécessaires dans sa position, hélas ! si différente de celle qu'elle avait trouvée et qu'elle aurait toujours dû trouver en France ! Des hommes dépourvus de sentiment autant que de morale, pouvaient seuls chercher des motifs d'accusation dans une liaison entre des frères, ces amis donnés par la nature, suivant l'heureuse expression d'un poète français.

La vérité que l'impartiale Histoire consacrera et que je m'honore de proclamer, est 1° qu'il n'exista jamais de comité autrichien dans le sens présenté par la faction. 2° Que loin que les relations de la reine avec la cour de Vienne eussent pour objet de l'animer et de l'armer contre la France, au contraire elle tendait uniquement à détourner et à annuler les influences, les moyens agissans et employés dans un but hostile par d'autres personnes.

A cette époque deux partis cherchaient à

imprimer en sens contraire, une direction au cabinet de Vienne, et par lui, au reste de l'Allemagne et de l'Europe.

Ainsi dans ce temps, tout était erreur dans les jugemens, on croyait à un concert et il y avait une opposition très animée.

Un parti s'attachait à faire former une coalition générale, une croisade contre la France.

L'autre parti, et celui-ci avait pour chefs le roi et la reine de France, travaillait depuis long-temps dans un sens absolument contraire ; il tempérait l'ardeur du cabinet de Vienne et celle de quelques autres cours où se faisait remarquer plus de chaleur. La cour de France avait prévalu auprès de l'empereur Léopold ; la convention de Pilnitz dormait dans les cartons de la chancellerie aulique, à côté de mille pièces semblables. Quelques jours avant sa mort, l'empereur Léopold avait adressé au cabinet des Tuileries une lettre d'une nature si pacifique, qu'elle mit en fureur la faction, qui l'attribua hautement au ministre des affaires étrangères de ce temps, M. de Lessart, qui ne tarda pas de payer de sa tête le service rendu à ses maîtres et à la France.

Loin donc que le Roi et la Reine entretinssent des relations hostiles avec le cabinet de Vienne, au contraire tous leurs soins se rapportaient au maintien de la paix. Le parti qui voulait la guerre comme moyen de ruine contre le trône, s'indignait de ces ménagemens ; les ennemis de Louis XVI connaissaient parfaitement la tendance pacifique de ce prince et de son épouse ; mais il convenait à leur furieuse passion de les représenter sous un jour différent, et de les montrer comme les auteurs de la guerre vers laquelle ces malheureux les poussaient de toutes leurs forces ; ils en ont fourni la preuve eux-mêmes, car mille fois, lorsqu'ils ont cru pouvoir tout dire en sûreté, ils ont répété : *nous lui avous fait déclarer la guerre pour le perdre.* C'est un chef d'œuvre de scélératesse.

Il est donc bien certain, 1° qu'il n'y eut jamais de comité autrichien.

2°. Que l'action de la Reine était diamétralement opposée à celle qu'on lui supposait, et qu'elle faisait pour le maintien de la paix tous les efforts qu'on lui imputait de faire pour provoquer la guerre.

Il est des temps qui appartiennent tout entiers à la déception et aux préventions, et dans lesquels la démonstration la plus évidente glisse sur des esprits préoccupés. Une princesse infortunée eut à supporter le poids de ces décevantes circonstances, et le nom du comité autrichien devenu synonyme de toutes les machinations contre la France, porta dans l'esprit du peuple un aveuglement avec une irritation incurable et féroce. On pouvait se croire revenu au temps où la conspiration de *Oatès* devint en Angleterre, sous Charles II, un instrument terrible entre les mains d'habiles factieux, contre le repos et contre le bonheur de la nation qu'elle plongea dans le délire. *Hume* convient qu'alors l'Angleterre entière parut avoir perdu la raison.

En 1820 le mot de gouvernement occulte a été prononcé; il a beaucoup affecté les esprits.

Qui a proféré ce mot? qui a soutenu son dire? Le premier est un magistrat membre d'un corps supérieur, homme en honneur auprès du ministère qui lui a rendu hommage, considéré dans la contrée qu'il habite, dans le corps dont il fait partie, et lui-même fils d'un homme qui, depuis l'assemblée constituante, a donné les preuves de l'attachement le plus ferme à la monarchie et au monarque, attachement scellé par l'acceptation des plus rudes épreuves. Ce magistrat s'élevant au-dessus de toute crainte, méprisant les dangers de sa position, n'a pas balancé à déclarer qu'il était prêt à produire ses preuves devant les tribunaux, que lui-même doit d'autant plus respecter, qu'en faisant partie, il est plus intéresssé à ce que le respect qui leur est dû, ne souffre aucune atteinte.

Le second est un membre de la Chambre, député du département d'où est venue la dénonciation, pourvu de tous les moyens de connaître la vérité, et un de ces hommes

Quibus est equus, et pater, et res.

Comme on voit, ceci se présente avec des caractères imposans, et tient à l'écart la possibilité de ces fictions que la malice adresse à la crédulité.

Il faut donc examiner deux choses :

1°. Existe-t-il un gouvernement occulte?

2°. Qu'existe-t-il en réalité?

Quelque chose est antérieur au fait de l'existence du gouvernement occulte, et le voici : la possibilité d'un autre gouvernement que le gouvernement légal et agissant ouvertement, et par là j'entends un gouvernement qui ait quelque consistance, un gouvernement organisé et pourvu des moyens ordinaires aux gouvernemens, agissant parallèlement avec le gouvernement légal et se dérobant à ses yeux.

Il faut commencer par reconnaître cette supposition comme contraire à la nature des choses et par là même impossible; il faut donc l'écarter.

Que faut-il donc entendre?

Ce qu'il est naturel d'entendre : nous sommes en temps de partis, nous avons le fruit des partis.

Raisonnons.

Tant que les partis subsistent, leurs membres cherchent à se rapprocher et à s'entendre; leur action est inévitable, de plus elle est facile, et cette facilité suit les degrés de la formation du parti même. Le premier lien est la communauté d'intérêts. L'organisation se règle sur l'état des membres du parti. Est-il puissant dans l'ordre social? Cette organisation se trouve toute faite. La richesse, le loisir, donnent à mille personnes le moyen de s'occuper des affaires du parti; tout invite à coopérer :

l'illustration, la fortune, peuvent être attachées aux premiers rôles ; il y a toujours assez d'hommes qui s'arrangent des seconds. On aperçoit là les élémens de relations fort suivies entre des hommes d'un même parti. Or, voilà ce qui existe chez nous; je m'abstiens des détails, ils sont devant les yeux de tout le monde. L'œil suit depuis le premier anneau jusqu'au dernier.

Un mode d'organisation régulière a passé pour exister encore dans des contrées et parmi des hommes qui long-temps reçurent cette organisation : elle a formé l'objet de plusieurs dénonciations législatives; mais cela ne peut aller loin; car ces espèces d'organisations ne se font pas pour rien, et les moyens de les soutenir n'existent que dans le trésor public.

Il ne peut donc exister, et il n'existe dans le fait, que des relations de direction entre les membres des mêmes corporations qui ont subi les mêmes malheurs, qui ont les mêmes pertes à réparer, qui aspirent à la reprise des mêmes pouvoirs, qui ont eu les mêmes chefs, qui ont suivi les mêmes drapeaux. Dans cet état, on voit distinctement une double fraternité d'armes et d'intérêts. Que des correspondances très actives, très régulièrement numérotées, que des directions, ou pour l'attaque, ou pour la défense, soient propagées, qu'il y ait des chefs dans la capitale, des agens dans les départemens, qu'un même esprit tienne unis tous les membres de la corporation, non-seulement cela existe, mais de plus, il est impossible que cela ne soit pas; c'est la suite naturelle et par conséquent nécessaire des querelles politiques soutenues par des corporations puissantes et qui restent debout après la défaite.

Une opinion commune sur tous les points, une rapidité télégraphique dans les communications, règnent dans un parti : examinez ses élémens, vous cesserez de vous en étonner.

Dans nos pays et avec les partis, il n'en va pas comme entre deux compétiteurs parmi lesquels le vaincu disparaît ou s'accommode, ni comme dans ces pays de barbarie dans lesquels l'extermination marche avec la victoire. Au contraire, dans notre civilisation, l'existence, l'honneur, la fortune, l'importance, survivent à la défaite, et la reprise de la contestation peut avoir lieu sous d'autres formes et se prolonger long-temps. Aussi dans nos climats l'art de terminer les querelles politiques est-il fort différent de la méthode usitée dans l'Orient et en Afrique : là, le sabre finit tout; chez nous, c'est la sage conciliation des intérêts. Le Grand-Turc et Henri IV finissaient des révolutions d'une manière absolument différente. Voilà ce qu'il faut bien entendre pour se faire une idée juste des relations et des directions d'un parti qualifiées *de gouvernement occulte*. Elles sont un malheur de notre position et n'auront point d'autre terme qu'elle.

Les directions ont sûrement beaucoup de part à tout ce qui s'est passé relativement à la loi d'élection, et c'est à ce titre que j'ai rattaché ce sujet à la question que j'ai traitée. Le parti ne se sera pas endormi dans cette circonstance, il sait prendre son temps. Un ministre a dit avec raison en parlant de ces menées : *c'est un fruit du temps*; mais il n'a point été aussi heureux, lorsqu'il a ajouté que le Gouvernement n'avait qu'à s'opposer à leur action extérieure, et à l'empêcher d'éclater; ce qui est resserrer beaucoup les limites de la sollicitude et des attributions du Gouvernement, dont le devoir est d'employer tous les moyens qui sont en son pouvoir pour mettre un terme à des manœuvres auxquelles on ne peut s'empêcher de reconnaître un caractère malfaisant pour le repos de l'état.

Mais outre les moyens de gouvernement, proprement dits, il en existe d'autres dont l'emploi est encore plus sûr; par exemple, que la disgrâce et l'indignation du Prince frappent les participations et les machinations, et on les verra bientôt finir; mais quand elles restent impunies, ou peut-être honorées, pourquoi finiraient-elles ?

Comment a-t-on pu adresser des reproches à l'auteur des révélations et avoir tenté d'assigner pour bornes à sa juridiction un dépôt de son secret dans l'oreille de ses supérieurs; mais des supérieurs judiciaires ne sont point des supérieurs politiques ? Il ne s'agit point ici d'un acte de palais, mais d'un grand intérêt public. Le supérieur naturel dans cette matière est la Chambre des Députés ; à des manœuvres secrètes que peut-on opposer de mieux que la publicité : c'est le vrai contre-poison de cette espèce de mal. Tout est en règle de la part du magistrat, parce que tout est pris dans la nature même des choses; en pareil cas, c'est l'oreille du public qui est le meilleur dépositaire. Les manœuvres secrètes sont des moyens d'anarchie, et il est choquant de les voir employer par ceux-là mêmes qui remplissent la France et l'Europe de cris contre l'anarchie; mais il est plus commode d'élever un tribunal, que de se conformer à sa règle.

Nous n'avons pas besoin d'ajouter ce surcroît d'anarchie à celle qui déjà nous dévore; car depuis 1814, nous ne faisons que nous débattre contre elle (1).

Il y a anarchie, là où il y a deux nations, deux idiomes, deux intérêts, deux buts, deux maîtres et deux autels. Or, depuis 1814 nous vivons à double sous tous ces rapports. La nation n'est point conformiste, donc elle est

---

(1) Je me sers de ce mot d'après l'emploi qui en a été fait plusieurs fois par un orateur aussi éloquent que respectable; je ne l'eusse pas employé de moi-même, mais enfin il est lâché, et il fixe mieux l'idée.

Par anarchie, je n'entends pas le Gouvernement, au contraire, l'absence du Gouvernement, les mille actions par lesquelles des intrus veulent le tirer à eux, en faire leur affaire propre, ainsi que le combat intérieur produit par l'état encore informe des

anarchique. L'Angleterre, depuis 1688 jusqu'en 1740, fut moins anarchique que nous, parce qu'elle était plus conformiste.

Il y a anarchie, là où depuis l'ordonnance du 5 septembre 1817, on a vu le corps entier de la noblesse et du clergé se déclarer contre le ministère du Roi et son système; là ou la plus grande partie des premiers officiers du monarque se sont montrés établis dans une opposition systématique au monarque; là où depuis le 5 septembre, les ministres du Roi ont pu être dénoncés journellement à la France et à l'Europe, comme des conspirateurs ennemis du trône, alliés de ses ennemis et de tout ordre social; et sur qui tombaient ces atroces accusations? sur MM. de Richelieu, Lainé,

---

institutions, et par les tendances à faire prévaloir des particularités qui sont ou contre l'ordre général de l'État, ou bien en dehors de cet ordre.

Voilà ce que j'entends par anarchie; je la considère dans un ordre général, en l'appliquant aux choses et nullement aux personnes ni au Gouvernement.

Ceci me paraît nécessaire pour faire bien connaître mon intention; je connais mes devoirs et la valeur des mots.

Corvetto, Decazes, Gouvion-Saint-Cyr, Molé, c'est-à-dire, sur ces hommes dont le caractère personnel et le dévouement au monarque étaient le plus en considération !

Il y a anarchie, là où les institutions constitutionnelles sont incomplètes, discordantes et suspendues à chaque instant.

Il y a anarchie, là où la formation d'une Chambre des Pairs offre trois élémens différens et trois âges, de manière à présenter l'image d'un corps législatif à trois branches; là où des Pairs peuvent être électeurs (1).

Il y a anarchie, là où la Chambre populaire n'est pas conformiste avec elle-même, lorsqu'une moitié entend les points principaux d'une manière opposée à celle dont l'autre l'entend; là où les suppositions les plus offensantes circulent d'un côté à l'autre.

Il y a anarchie, là où les notes secrètes et les directions secrètes sont en pleine vigueur, où l'appel des étrangers est en honneur auprès d'un parti; là où des écrits publics, organes reconnus d'un parti puissant dans l'ordre so-

---

(1) *Voyez* le discours de M. Bastarèche et ce qui s'y trouve sur la Chambre des Pairs.

cial, ont répandu pendant long-temps les proclamations les plus incendiaires, les outrages systématiques contre les citoyens; là où des attaques formelles contre des droits consacrés par la Charte ont échappé aux peines qui leur étaient bien dues; là où le ministère sacré de la religion est détourné vers la politique, où l'on s'efforce d'attirer la primatie d'attention et d'affection vers des ministres du culte et des institutions évidemment en opposition avec l'ordre généralement établi et désiré en France.

Avec cela, les sujets de douleur ne nous manquent pas, et nous n'avons pas besoin d'y ajouter les gouvernemens occultes, ni les directions secrètes.

Aimons, soutenons le gouvernement patent, c'est là notre devoir et notre ressource; quant à tout le reste, notre richesse consistera à en avoir le moins possible.

POST-SCRIPTUM.

S'il pouvait exister quelque sujet de consolation dans tout ce qui se passe sous nos yeux, on la trouverait dans la promptitude avec laquelle on voit se réaliser tout ce que l'on annonce. Il y a quatre jours, je parlais des malheurs que tout ceci ne pouvait manquer de produire, et déjà ils étaient arrivés; chaque jour peut les reproduire sur tous les points de la France, même sans que nous en ayons connaissance;car, malheureux Français! nous sommes condamnés à ignorer ce qui se passe à trois quarts de lieue de nous : l'ignorance est un des moyens calculés de l'oppression que l'on nous fait subir; il faut nous tenir séparés pour nous abuser; il faut que nous n'apprenions rien que par des bouches intéressées à nous tromper. Le mensonge officiel est un des anneaux de nos nouvelles chaînes. Quand on a demandé la censure, on savait ce que l'on faisait.

M. Royer-Collard a dit que depuis 6 ans la France n'était pas gouvernée : c'est le mot le plus vrai d'un discours déjà trop vrai; c'est ce qui a dû frapper le plus les ministres. Plût au Ciel qu'il en eût été ainsi! l'instinct de sa conservation propre l'aurait mieux guidée que n'ont fait tous ceux qui s'en sont mêlés.

Un ministre a cru avoir trouvé une belle réponse en montrant l'état prospère de la France; je ne lui laisserai pas une longue joie.

Qu'il apprenne ce qui fait prospérer la France : son sol, son soleil, son génie, les bras laborieux et industrieux de trente millions d'hommes.

Il ne faut pas moins que cela pour résister à l'habileté de ses ministres.

Avec cela depuis 800 ans elle a résisté, elle résiste, elle résistera à ses ministres.

Un corps robuste peut triompher d'un mauvais médecin : voilà la France.

M. Pasquier a blâmé les parlemens d'avoir suspendu l'exercice de leurs fonctions. Si, même au risque d'encourir quelque blâme dont nous nous chargerions bien volontiers, M. Pasquier voulait bien interrompre les siennes seulement pendant dix ans, il aurait le temps d'apprendre que le tort des parlemens n'a pas été de suspendre leurs fonctions, mais de les reprendre, pour continuer le petit jeu qui se jouait entre les gros bonnets de la grand'chambre et la cour, qui s'entendaient à merveille ensemble pour continuer d'usurper les droits du débonnaire peuple français, qui depuis deux cents ans les regardait faire. Je n'invente pas; car lorsque la partie n'a plus été tenable par les dilapidations toujours croissantes de la cour, celle-ci et les parlemens se sont reproché mutuellement leur usurpation, et le parlement en fit amende honorable publique.

Et puisque M. Pasquier rappelle ses chers parlemens, qu'il me permette d'en tracer le portrait.

Bons justiciers, mauvais publicistes, comme le leur a prouvé Rousseau; administrateurs absurdes, les plus misérables politiques de la terre, perdus de préjugés, tuteurs des rois faibles, esclaves des rois forts, amis de leur légitimité personnelle, ennemis de celle des rois, comme ils l'ont montré en chassant deux fois Louis XIV de sa capitale; en lui faisant deux fois la guerre, en recevant les envoyés d'Espagne contre lui, en se coalisant contre lui par des arrêts d'union, en cassant son testament; disposant de la régence, brouillés avec le régent le moment d'après; enregistrant pour obtenir leur retour à Paris, des édits qui le déshonoraient, et le faisant d'une manière qui déshonorait la cour, comme a dit Montesquieu; faisant enrager Louis XV pendant toute sa vie, détrônés finalement par lui, ressuscités par son imprévoyant successeur, et pour le remercier finissant par le détrôner lui-même avec leurs instances pour les états généraux ; et par la série de leur conduite depuis la cour plénière imaginée pour mettre un terme à leur insolence. Tels furent ces célèbres parlemens, qui, dans un état indéfini et indéfinissable, tantôt *états généraux permadens au petit pied*, tantôt *quatrième ordre de l'état*, sortaient de derrière ce voile pour faire alternativement des incursions sur le trône et sur la nation, en se faisant valoir auprès de celle-ci de ce qu'ils faisaient contre le trône, et auprès du trône du sacrifice qu'ils lui faisaient de la nation.

Voilà toute la vie politique des parlemens. Les particuliers pouvaient être très respectables, mais le corps n'était que cela. Depuis 200 ans, les parlemens n'ont compté qu'un jour de véritable gloire : celui dans lequel ils déclarèrent à la France qu'ils avaient usurpé, et demandèrent pardon.

Il est vrai que comme le vieil homme est toujours prêt à revivre, le regret suivit l'aveu de près, et le lendemain, comme messieurs de Carlsbad, ils demandèrent les états historiques de 1614. Là tombèrent tous les masques, et l'intérêt personnel se montrant à nu, tout l'héroïsme s'évanouit. Le héros du corps, d'Épresménil, ne fut plus qu'un conseiller du temps de la fronde. La guerre faite à Louis XVI sur le pavé de Paris depuis la cour plénière, partait de nos seigneurs du parlement.

M. Pasquier a parlé du parlement qu'il devrait bien connaître, comme il fait de beaucoup d'autres choses, en conseiller de la troisième des enquètes ou requêtes, école bien faible pour former un ministre de France, surtout dans notre temps. C'est toujours de la faconde coulant à longs flots, sans saveur, et rien de plus.

M. de Serre a dit, pour se défendre des reproches de versatilité et de partialité par lesquels M. Camille-Jordan le pressait vivement, que depuis l'époque de ses anciennes opinions, il était survenu des évènemens. Il y en a un décisif et très connu.

A une époque M. de Serre était député; à l'autre il est ministre.

Le même a dit à M. Camille-Jordan : vous aussi peut-être êtes-vous influencé par un parti?

Mais M. Camille-Jordan n'a point passé

d'un parti à un autre ; mais M. Camille-Jordan ne soutient pas aujourd'hui le contraire de ce qu'il soutenait hier. M. Camille - Jordan est resté député ; qu'on trouve M. de Serre à la même place, dans les mêmes opinions, à côté des mêmes amis.

C'est cette revirade complète à l'égard des hommes et des choses qui donne le droit d'accuser le ministre de partialité, de la lui prouver, et d'en dire tout ce que l'on veut. Voilà à quoi l'on s'expose par ces changemens complets. Soyez stables, tenez à vos principes, ne changez pas d'amis, et là, si on vous accuse de partialité, repoussez la calomnie avec ces titres honorables.

Mais on vous trouve non pas seulement au milieu, mais à la tête du camp de vos ennemis d'hier ; vous adorez aujourd'hui ce que hier vous anathématisiez, et vous jetez les hauts cris, lorsqu'on vous accuse de partialité : là, calmez-vous, épargnez-vous ces vaines clameurs, on ne pourrait qu'en rire.

C'est par le même motif que l'on est fondé à repousser une autre assertion de M. de Serre.

Il a avancé la doctrine la plus saine sur la nécessité de l'obéissance à l'autorité légale ;

c'est du bon temps de M. de Serre ; c'est le retour au principe fondamental de toutes les associations humaines, la soumission de la minorité à la majorité ; il faut en passer par là, ou sortir de la société ; mais ce qui est incontestable dans l'état ordinaire d'une société où tout se passe suivant la loi, cesse de l'être, lorsque les lois générales de la société sont enfreintes, lorsqu'un parti saisi du pouvoir veut à lui seul représenter l'association tout entière et lui faire la loi, lorsque aujourd'hui on ordonne à la société ce qu'on lui défendait hier, lorsqu'on lui montre comme ses appuis, les hommes que la veille on lui désignait comme ses plus grands ennemis.

Eh bien, voilà ce qui se passe parmi nous. Que rejette-t-on? ce que M. de Serre nous a appris à détester. Quels hommes fuit-on? ceux que M. de Serre nous a indiqués pendant trois ans comme les ennemis publics. Est-ce notre faute s'il a changé? Est-ce notre faute, si nous avons profité de ses leçons plus qu'il ne lui convient aujourd'hui ; nous lui obéissons, quand il nous combat, et notre opposition de 1820 n'est qu'un hommage pour notre professeur de 1819 : écoliers dociles, nous n'avons fait que retenir son langage.

C'est cette terrible revirade qui gâte tout pour les ministres ; en Angleterre un ministre *reviré* est un ministre baffoué, ou, ce qui vaut encore mieux et qui devrait bien être établi aussi chez nous, un ministre remplacé. Mais, dit M. de Serre, nous sommes dans le gouvernement représentatif; la majorité fait la loi, nous avons la majorité, tout ce qui ne se soumet pas est rebelle, révolutionnaire, enfant des doctrines perverses.

D'accord du principe, il est sacré ; mais passons à l'application : vous avez la majorité, laquelle? La vôtre, cinq voix et cinq ministres, celles de vos fonctionnaires, et celle de *M. Clausel de Coussergues*. Vous êtes dans le système de l'initiative, et dès-lors vous ne deviez pas voter ; car en vous, nous ne savons qui vote, le ministre chargé de faire prévaloir une volonté supérieure, ou le député exprimant la sienne. M. de Vaublanc nous a appris à faire cette distinction et à demander à qui nous avions à parler : la décence devrait engager vos fonctionnaires à s'abstenir de voter.

L'arrêt le plus solennel vient de déclarer

au monde entier, que Louvel n'eut jamais de complices. Tout l'appétit imaginable de lui en trouver, n'a pu en faire découvrir une trace. Il s'est trouvé un député assez mal inspiré par le fanatisme de la haine, pour accuser à la face de l'univers, un ministre cher à son Prince et dévoué lui-même au Prince dans toute l'étendue de ses facultés, d'être le complice de ce scélérat, d'avoir aiguisé le poignard qui perçait à la fois le cœur du Monarque, de la victime et de la France. L'arrêt a déclaré qu'il n'y a pas de complices; il a par là même déclaré cette accusation, la plus infernale calomnie qui soit jamais sortie de la bouche d'un homme; de cette bouche peut sortir la *voix* qui ferait la loi d'un peuple d'honneur, tel que le peuple français! L'accusateur vote avec vous, il est resté sous le coup de l'arrêt de la Chambre des Pairs, et vous demandez aux Français de recevoir leur loi par le *vote* unique d'un homme que nos lois d'honneur ne nous permettraient pas de souffrir auprès de nous dans la société ordinaire, vous votez avec lui! Ceci m'entraîne à dire qu'à l'égard des Députés délinquans, si cela continuait, il y aurait une lacune dans le règlement, ou dans nos mœurs. Je sens tout ce que ce genre d'argumentation a de gênant.... J'abrège votre supplice, et pour cela je me presse de vous demander : avec qui votez-vous et formez-vous votre imposante majorité de cinq ou une voix? Dans la Chambre des Pairs, avec les hommes qui, dans cette même question, par une opposition systématique, forcèrent l'adoption de la ressource du doublement de cette Chambre, et contre lesquels vous avez été envoyés et avez marché de grand cœur. Dans la Chambre des Députés, avec les hommes liés au parti qui, depuis la loi d'élection, n'a pas cessé de demander sa ruine, qui compte les auteurs des notes secrètes, les auteurs de ces affreuses diffamations, mères de la calomnie de M. Clausel de Coussergues, par lesquelles, depuis l'ordonnance du 5 septembre, ce parti a poursuivi tous les ministères, à commencer par celui de MM. de Richelieu, Lainé et Decazes, de l'accusation détestable d'être les auxiliaires de la démocratie et des conspirateurs systématiques contre le trône; avec ce parti enfin qui, depuis six ans, n'a pas cessé de présenter le règne du roi Ferdinand, comme le beau idéal des gouvernemens, comme le modèle à appliquer; ce parti qui, depuis Coblentz jusqu'à Carlsbad, n'a pas cessé d'appeler l'étranger.

La confection de la loi en public a tout changé.

Lorsqu'elle se fait à *huis clos*, en conseil privé, la présomption de toutes les qualités propres à concilier le respect, est de droit, car on ne l'a pas vue faire.

Mais lorsque la loi résulte de délibérations publiques, lorsque tout ce qui est entré dans sa confection, a passé sous les yeux scrutateurs d'un public intéressé à tout connaître, alors il faut bien se garder d'admettre la plus légère difformité dans la confection de cette loi. Ce serait le levain qui aigrirait toute la masse.

Mais par malheur, cette considération échappe toujours. On se conduit en public comme on ferait en particulier, ou devant des aveugles. On a oublié qu'on ne mangerait de rien, si l'on *voyait faire la cuisine*, et la nôtre n'est pas ragoûtante.

C'est ce qui vient de nous arriver.

La France a vu les ministres se lever de leurs anciens bancs pour passer sur ceux de leurs adversaires; elle entend soutenir le contraire de ce qu'on lui disait un moment auparavant : tout le monde tient comme dans la main, le fil de toutes les menées qui ont eu lieu. On n'a pu répondre une syllabe à un torrent d'argumens écrasans ; la force, c'est-à-dire la majorité, est toute la réponse. Cette majorité n'a pas toujours existé dans la même question ; elle a varié, elle se fixe sans qu'on puisse en assigner les motifs ; Dieu sait ceux que le public indique ! Cette majorité définitive est composée du nombre même des ministres, comme pour rendre l'inconvenance plus palpable ; on ne sait au nom de qui ils votent, si c'est au leur, ou bien d'après un devoir d'état ; ils ont pour auxiliaire la voix de M. Clausel de Coussergues. C'est de ce point que l'on part pour décider des plus graves intérêts de toute une nation, pour la ramener vraisemblablement à un régime pour lequel elle n'a pas cessé de manifester son horreur, celui de 1815 ; car elle voit devant elle les hommes de 1815. Elle les entend, elle sait ce qu'ils se proposent ; ce sont eux-mêmes qui prennent la peine de l'en instruire, et l'on appelle cela la loi, ce résultat de ces graves et solennelles délibérations devant lesquelles l'esprit humain aime à abjurer son indocilité.

Ici on l'invite à la reprendre tout entière, et puis, quand on traite les témoins de tant de scandales, de révolutionnaires, d'esprits égarés, les expressions manquent, il ne reste qu'à s'envelopper la tête de son manteau. Règle générale et indéfectible, si les Dieux veulent être traités en Dieux, il ne faut pas qu'ils se conduisent en hommes.

Par exemple, dans ce temps, on ne cesse de parler du respect dû au trône et des attaques faites ou méditées contre le trône. La théorie est très belle; mais empêchez donc qu'en Angleterre le roi ne soit pas le premier diffamateur de celle qui, en qualité de reine, doit aussi avoir part à ce respect.

Aucune religion n'est locale; celle de la royauté est universelle. Attentez-y dans un lieu, vous la rabaissez dans tous. Quel temps on prend pour de pareilles esclandres!

Nous ne demandons qu'a honorer; ne nous ravissez pas les raisons de le faire. Soyez toujours honorables, vous serez toujours honorés.

Lorsque je parle ainsi, qu'on se garde bien de me ranger au nombre de ceux auxquels on peut trop légitimement reprocher d'avoir présenté le ministère comme un ennemi public en *permanence* et *par état*. Depuis quatre ans, je combats cette doctrine absurde, insultante et inconstitutionnelle. Je sais tout le respect dû aux honorables et pénibles fonctions de ceux qui sont les bras du gouvernement dont l'action nous est si nécessaire. Je les honore toujours pour moi et pour leurs fonctions, et très souvent pour eux-mêmes; aussi ne parlé-je que d'une circonstance particulière dans laquelle le ministère, par des motifs que je ne puis juger, s'est mis dans la position la plus bizarre, la plus contradictoire avec lui-même, et s'est exposé aux reproches les plus cuisans, même de la part des hommes recommandables qui sont accoutumés à les défendre. Ceci est inconcevable et indique derrière la toile quelque main cachée dont ils se rendent les agens.

Est-ce bien dans ces circonstances que l'on peut sérieusement dire que toute l'agitation vient de la chaleur de la Chambre, et qu'il faut se modérer. Propos *du plus fort* qui dit à sa victime, ne faites pas de bruit; ou bien, comme à l'infortuné Don Carlos, pendant qu'on l'étranglait, *Monseigneur, tout ce que l'on en fait, est pour votre bien.*

Que M. Cuvier me permette de ne pas partager son aimable confiance dans un renouvellement du 5 septembre, si le parti qui l'a subi, venait à s'émanciper encore.

Un 5 septembre ne se fait pas deux fois. Le parti y mettra bon ordre, et tous les Cuvier de la terre ne retiendraient pas les bouillons de la colère du parti. Je conseille à M. Cuvier de mieux anatomiser désormais les gens auxquels il a affaire. Les trois lois ont été accompagnées de beaucoup d'excitations pour leur adoption par la montre des conspirations ; le crime même de Louvel a été mis en avant.

Par un rapprochement singulier, il se trouve que le jugement qui a anéanti toute idée de complicité, a marché de front avec l'adoption d'une loi dans laquelle la complicité a été invoquée comme un motif déterminant.

J'ai beaucoup insisté sur la nécessité de ne pas s'écarter du *principe*. La discussion sur l'amendement de M. Boin a mis cette vérité dans tout son jour.

Des hommes d'un esprit conciliant font une proposition très bonne en elle-même, mais qui a l'inconvenient de joindre de nouvelles violations à la violation existante. Il est adopté par un esprit de paix très louable ; mais il détruit ce qui a été fait la veille. Il fait deux inégalités au lieu d'une, il fait agir deux fois la même personne ; tout cela est traité d'inconstitutionnel et d'absurde par les hommes les plus marquans du parti même qui a voulu la loi. La défectuosité est si palpable, qu'elle a le pouvoir de confondre dans un même vote des hommes que l'on trouve toujours aux deux pôles opposés. Toute la théorie de l'amendement, de l'initiative royale, du règlement délibératif imposé par la Charte, sanctionné par le règlement, est renversée ; n'importe, l'amendement est adopté, il s'arrangera comme il pourra, avec l'article adopté préalablement.

Ainsi se vengent les principes, en laissant leurs violateurs dans un chaos toujours croissant.

Que l'on se garde bien de conclure de tout ce que l'on vient de lire, que je ne reconnaisse aucun tort au parti contre lequel ces lois sont spécialement dirigées. Loin de là, il en a eu d'antérieurs à ces circonstances ; mais par rapport à la discussion des trois lois, il n'en a aucun. Dans cette grave discussion, il a été constamment et persévéramment l'organe de la nation. Le mal dont on se plaignait était loin d'exiger des remèdes de cette violence, et les moyens dont le Gouvernement dispose en tout temps, suffisaient à cet effet : je l'ai prouvé dans le cours de cet écrit. Mais on ne connaît pas la France ; on veut faire par les lois ce qu'il faudrait laisser faire aux mœurs ; on fait des fautes, on les censure, on s'en prévaut, l'irritation redouble, il faut une aggravation de Code pénal, et avec lui, une aggravation du mal.

L'amendement de M. Boin, malgré tous les vices de sa naissance, renferme les principes d'un bien immense ; je l'invoquais de tous mes vœux depuis quatre ans. Qui peut équivaloir au complément de la troisième branche du pouvoir législatif? Enfin, le voilà donc complet. Nous pouvons donc espérer d'être défendus et représentés par un vrai corps, et non par un squelette de représentation. Nous pouvons ne plus être condamnés aux majorités de une ou cinq voix. Les ministres seront par là même obligés de rester fixés à une majorité qui elle-même sera fixe ; tout cela est un bien immense. Quel dommage qu'une chose que l'on devait ne tenir que de la raison, doive se faire à la pointe de l'épée et dans le sang!

J'écris à cent lieues de Paris. Mille choses peuvent arriver, dont cette distance m'ôte la faculté de parler; ce n'est pas ma faute si les évènemens volent plus vîte que la plume des écrivains et que les ailes mêmes du temps. Mon éloignement, source de mon ignorance, m'excuserait auprès de mes lecteurs.

SECOND POST-SCRIPTUM.

Je ne puis rendre les choses que de la manière dont je les reçois moi-même, goutte à goutte. Que le lecteur veuille bien me pardonner le morcèlement d'un travail exécuté si loin du théâtre des évènemens! Mais puisque je l'ai commencé, il faut que je le conduise jusqu'au bout.

Les dernières dispositions de la loi l'ont changée entièrement; un amendement l'a renversée : l'accessoire a détruit le principal, et la satisfaction laissée par elle dans les esprits, était si grande, qu'à peine entré dans cette voie, on s'est hâté d'en sortir. On n'a pas pu y tenir vingt-quatre heures; jamais changement ne fut plus prompt ni plus complet. En moins de rien, la candidature, le vote indirect ont été abjurés, et tout hommage rendu au vote direct, le seul légal et naturel.

La discussion a fait énoncer des propositions qui ne peuvent passer sans examen.

Il y a des résultats nécessaires qui doivent être indiqués.

Tels sont les motifs qui m'ont suggéré l'idée du second post-scriptum. Le doublement de la Chambre est un grand bien; j'en ai dit les raisons. Il est trop conforme aux vœux que j'énonce hautement depuis quatre ans, pour que son adoption ne m'ait point fait éprouver une vive satisfaction.

Mais nous avons affaire à des hommes qui n'aiment guère qu'un bienfait soit pur, et qui se ravisent facilement, quand ils se surprennent coupables d'une concession entière et franche.

Dans celle-ci, la présence demandée des grands électeurs au milieu des petits a tout gâté. Les ministres, en faisant de cette présence la *conditio sine quâ non* de la concession, ont trahi leur secret, celui de leur défiance continue contre les petits colléges, et de leur confiance dans les grands. Dans le projet, la liqueur était pure, puisqu'il n'y entrait aucun mélange étranger; on s'est hâté d'y infuser un mélange de parties hétérogènes qui l'a dénaturée. On a voulu tenir les petits électeurs en surveillance sous les grands et par les grands; c'est toujours le même système.

A cette défiance, à ce désir de maîtriser les petits colléges par les grands dont on se croit sûr, ont été sacrifiés tous les principes, au point d'admettre une disposition qui, dans l'assemblée, a été traitée d'absurdité : celle du double vote.

On devait y ajouter le reproche d'une nouvelle violation de la Charte par la nouvelle inégalité établie entre des électeurs dont les uns votent *une fois*, et les autres, *deux fois*.

Ainsi, de la loi la plus juste, parce qu'elle est la plus égale, la plus simple et la plus claire qu'ait possédée aucun peuple, on aura passé, pour servir un parti, à la loi la plus inégale, et par conséquent la moins conforme à la justice sociale.

Ainsi la France possédera une assemblée et recevra sa destinée d'un corps tout formé de contrastes, pour ne pas dire de contradictions.

Voici les principaux :

Il y aura, 1° des grands et des petits députés, puisqu'ils sont enfans de grands et de petits colléges.

2°. Des députés sur lesquels il aura été voté par des homes à vote double, et des députés nommés par des hommes à vote simple.

3°. Des députés élus par une majorité d'un tiers des voix, et les autres par une majorité de la moitié. Fut-il jamais rien de plus bizarre !

La voilà qui se présente toujours cette punition de l'abandon des principes. Eux perdus, on ne sait plus ce que l'on fait. Elle se marque encore dans la difficulté de retrouver sa route une fois qu'on est sorti de celle des principes.

Je voudrais bien savoir en vertu de quel principe on a pu statuer un vote pour les arrondissemens au tiers des voix, tandis que la moitié est exigée dans les départemens, et par la raison qui indique qu'entre des hommes associés au même travail et égaux en droits, chacun faisant pour soi, toutes les voix doivent être comptées également, et par conséquent départagées par portions égales.

Je voudrais bien savoir aussi à quel principe est attachée la fixation du quart pour les grands colléges ; tout cela est arbitraire, ou plutôt n'accuse que le plus ou le moins de probabilité de succès entrevu dans une combinaison plutôt que dans une autre. Ainsi la loi perd toujours son caractère de généralité et rentre dans le service de l'intérêt privé.

Les ministres ne se sont pas opposés à l'adoption de la première disposition ; ce qui me donne à penser qu'ils ont entrevu, dans la diminution du nombre des suffrages, un nouveau moyen de faire prévaloir les hommes de leur choix et d'avoir meilleur marché de la majorité, à mesure qu'on affaiblirait le nombre des suffrages propres à la former.

Les raisons des adversaires du projet ont été faibles, et je crains qu'ils ne se soient pas assez méfié des Grecs.

La discussion sur les incompatibilités électorales s'est écartée du principe véritable.

Là encore les entrailles des ministres se sont émues en faveur de leurs chers fonctionnaires.

On a cité l'Angleterre, on a cité les ordonnances des rois, l'assemblée constituante, l'empire.... Vain étalage d'érudition inutile à la solution de la question ! Il n'y a qu'une raison, et celle-là est décisive : elle règle l'Angleterre que l'on a fort mal expliquée.

C'est que, dans le député non fonctionnaire, il n'y a qu'un homme.

Dans le député fonctionnaire, il y en a deux.

Le premier n'a qu'un devoir à remplir.

Le second en a deux.

Le premier n'a qu'un intérêt à défendre.

Le second en a deux.

Le premier n'a qu'un lien.

Le second en a deux.

Par la promotion nouvelle, il se fait dans la personne du député une création et un partage, et c'est là ce qui exige la réélection ; car on n'a pas demandé l'exclusion, mais la réélection du député promu pendant la durée de ses fonctions : ce qui est fort différent.

C'est le point de vue indiqué plus haut qui a dirigé l'Angleterre.

Elle exige que le député promu retourne à ses commettans, et leur dise : lorsque vous m'avez nommé, il n'y avait qu'un homme en moi; maintenant il y en deux. Voyez si vous voulez des deux comme vous avez voulu d'un seul. Quand je n'avais de liens qu'avec vous, je pouvais être l'objet de votre confiance entière; aujourd'hui j'en ai avec votre partie adverse. Voyez si dans cet état vous me regardez encore comme digne de votre confiance; car la confiance ne se partage pas : elle se donne tout entière, ou point du tout. Si vous me renommez et que je ne justifie pas votre confiance, vous n'aurez à vous en prendre qu'à vous-mêmes, car vous êtes bien avertis. Voilà le langage de la raison, celui qu'a tenu l'Angleterre et que l'on a fort mal entendu.

A cela qu'a répondu M. Pasquier ?

La prérogative royale dans toute son étendue..., l'honneur des fonctionnaires..., l'avancement militaire... Il y a là dedans autant de contre-sens que de mots.

Qu'a de commun la prérogative royale avec le retour du Député vers ses commettans, pour les consulter sur sa nouvelle position, car cela se réduit à ce seul point? L'Angleterre y a-t-elle aperçu quelque lésion pour la prérogative ; les serviteurs de la couronne sont-ils moins jaloux de ses droits ?

Qu'a cela de commun avec l'honneur du Député ? Opter entre deux emplois n'a rien de flétrissant ; une loi générale connue antérieurement à une promotion, ne tombant pas sur la personne, n'a rien de désobligeant pour elle. Le Député anglais qui y est soumis, se tient-il pour déshonoré, est-il moins jaloux de son honneur ?

Qu'a cela de commun avec l'avancement militaire ? il est de droit en Angleterre pour les Députés comme pour tous les autres citoyens. Pourquoi ne le serait-il pas en France ? Quand il a été élu, le militaire était connu pour tel, la probabilité de l'avancement l'était aussi ; cet avancement suit de l'état même du militaire, il n'opère aucun changement en lui, il est le lendemain ce qu'il était la veille, il ne lui donne pas de liens nouveaux ; mais en quoi cet ordre de choses régulier, prévu, concorde-t-il avec la promotion de l'homme qui se couche Député et qui se lève préfet, conservateur, receveur, administrateur sous mille formes.

Tel homme peut être fort honorable, auquel

cependant je ne donnerais pas ma confiance, si je le voyais investi de celle de ma partie adverse.

Le Député doit surveiller les empiétemens de la couronne qui de sa nature est envahissante, et il serait à la fois son homme d'affaires Cela répugne dans les termes. Nous honorons la prérogative royale, nous la voulons dans son intégrité, mais nous demandons de n'en pas faire un fantôme devant lequel on demande de toujours s'incliner. Cela n'est pas meilleur pour elle que pour nous. Il n'y a de bien réel pour tous que dans la vérité.

Les fausses inductions sont fort à l'usage des mauvais esprits et agissent trop fortement sur les esprits faibles.

Il est singulier qu'il n'ait pas été question des officiers personnels du prince ; en Angleterre, ils sont l'objet d'une exclusion formelle, et rien n'est plus conforme au bon sens.

Il y a quelque chose d'incurable dans certains esprits ; on les surprend sans cesse prenant l'effet pour la cause et la cause pour l'effet, preuve certaine qu'ils ne s'entendent pas bien eux-mêmes.

Je suis affligé de rencontrer parmi eux M. le garde des sceaux ; il veut absolument que le ministère fasse les élections.

Dans cette discussion des incompatibilités électorales, il a dit : « Maintenant que la » Chambre est considérablement augmentée, » l'influence du Gouvernement est diminuée. » On a cité l'Angleterre, mais en Angleterre » n'existe pas le système électoral de vérité » que nous possédons en France. Le minis- » tère par ses nombreuses alliances *dispose* » d'une foule d'élections ; la réélection est » illusoire.

» En France, nous *luttons* dans les élec- » tions et nous devons nécessairement *lut-* » *ter.* »

Vous luttez, et voilà précisément le mal ! Vous luttez, et pourquoi avez-vous à lutter ? Parce que vous n'êtes pas à votre place.

Tout ce que vous dites ne sert qu'à dévoiler le vice de votre manière d'envisager la formation de la majorité dont vous sentez la nécessité pour gouverner ; vous la formez à contre-sens de sa nature, aussi avez-vous à lutter ; vous la cherchez dans des hommes dévoués d'avance à vos projets, tandis que vous ne devriez l'attendre que de la qualité même de vos actions.

La marche est donc entièrement inverse; vous voulez faire comme à la main ce que vous ne devriez que recevoir de celle des autres, et ne m'accusez pas de créer des *utopies;* vous montreriez par là que vous méconnaissez à la fois et le gouvernement représentatif et le cœur humain.

La publicité fait la beauté de l'un et la sauve-garde de l'autre. Doutez-vous qu'une majorité indéfectible ne soit l'apanage inaliénable d'actions toujours conformes à l'intérêt public? Qui oserait s'y refuser sous les yeux du public, devant un peuple éclairé, généreux et nombreux? cela n'est jamais arrivé et n'arrivera jamais. La majorité vous est donc acquise sans ces luttes dont vous faites un vain étalage; elle est attachée à la nature de vos actions, elle en dépend entièrement; vous en êtes donc toujours les maîtres, et ces majorités sont plus dignes de vos recherches et de notre confiance que celles que vous fabriqueriez avec des hommes *triés sur le volet.* M. de Serre adressant des remercîmens au côté droit, a dit: *La royauté était menacée, il fallait la défendre.* Voici le mot de tout ceci, l'explication du fameux *être ou n'être pas :*

Rapprochons les époques.

Le premier projet contre la loi d'élection date de la nomination de MM. de la Fayette, Manuel et Benjamin Constant en 1818. Ces nominations agitèrent la cour, frappèrent l'attention du congrès d'Aix-la-Chapelle et désapointèrent le négociateur français surpris par ce résultat inattendu.

Le second projet date du mois de septembre 1819, c'est-à-dire des dernières élections, et particulièrement de celle de l'Isère; la filiation est évidente.

Là, le parti a repris ses menées; il n'a cessé de crier que la quatrième série abattrait la dynastie; comme le prophète *menaçant, à l'entendre, encore quarante jours et Ninive était détruite.* Il est parvenu à se faire écouter et à persuader; on y a joint les comités directeurs, plus les excès de quelques écrivains, et de tout cela on a fait un corps de preuves contre la pauvre loi du 5 février. Sa perte était jurée depuis long-temps, il ne s'agissait que d'arriver à elle, soit par la sape ou la mine, soit par la porte ou par la brèche; le parti était pris.

Il n'y a que des enfans qui aient pu se méprendre sur ce qui se préparait depuis un an.

J'ai démontré dans le cours de cet Ouvrage, que la dynastie était plus haut placée qu'elle ne le pensait elle-même, et que son mal venait en partie de son peu de foi en elle-même; que consider la quatrième série comme voulant et pouvant renverser la dynastie, était une aberration de jugement; que les trônes ne s'en vont pas si facilement, et qu'il pourrait bien être *que le château des Tuileries fût la plus forte place de l'Europe.* J'en ai conclu que ceux qui s'abandonnent à des croyances contraires, jugent mal, ne savent pas apprécier les résistances ni les masses, et qu'il y a dans ce jugement un fonds de poltronnerie politique, qui tremble devant des fantômes. Ainsi la nomination de l'Isère bouleversa la tête de M. Decazes; il faut bien avoir une tête de favori pour fléchir devant si peu de chose. Une foule d'hommes s'imaginent et répètent gravement que M. Decazes a péri par ce qu'il a fait; eh non! il a péri par ce qu'il n'a pas fait, pour avoir eu à la fois un pied dans le côté droit et un autre dans le côté gauche, au lieu de s'affermir dans la route ouverte le 5 septembre et d'aller jusqu'au bout. Là, était le salut, mais là seulement; il est resté à moitié chemin et y a laissé la France.

C'est une chose rare qu'un homme complet.

S'il pouvait exister des dangers réels pour le trône et pour la dynastie, ils ne se trouveraient ni dans la quatrième série ni dans la cinquième; mais dans une série de faits tels que ceux qui frappent nos yeux.

M. le comte Beugnot a répondu avec une grande supériorité à l'allégation des comités directeurs; celui dont on est parti pour jeter tous ces cris, n'était que la contre-partie de celui ou de ceux que le Gouvernement avait formés partout. Le grand comité directeur siégeait à la vue de tout Paris, à l'hôtel du ministère de l'intérieur; il n'est pas un préfet qui ne fût chef de comité dans son département, pas un employé dans l'étendue de son ressort; il n'est pas de lieu qui n'eût son directeur *ultrà*. Qu'est-ce à dire, est-ce que cela peut être autrement? Est-ce que le peuple ne doit pas se défendre des empiétemens de l'autorité et user de son droit pour avoir aussi ses hommes ? Le gouvernement a-t-il donc seul le droit exclusif de travailler à avoir les siens, en mettant la faux dans la moisson d'autrui ? Est-ce que tout cela n'est pas dans la nature du gouvernement représentatif? On veut toujours des arbres sans leurs fruits.

La *Minerve*, tant accusée par des hommes irréfléchis, n'est que la contre-partie du *Conservateur*; la source de l'influence de tous les deux n'est-elle pas la même, le crédit parmi leurs partisans ? La preuve qu'ils n'ont pas une force propre, c'est qu'ils n'en ont aucune hors de leur cercle respectif; il n'y a de différence que dans l'étendue de ce cercle; pour l'un, c'est le parti ; pour l'autre, c'est la nation.

En 1819, au département du Cantal, fidèle à la voix du *Conservateur*, un détachement *d'ultrà* nomma le *ministre Vaublanc*; je défie toutes les *Minerves* du monde, de faire nommer par les libéraux, MM. de Marcellus, Marcassus, Clausel de Coussergues; comme Le *Conservateur* de faire nommer par ses *ultrà* les auteurs de la *Minerve*. Où donc se trouve la force de ces papiers, si ce n'est dans l'esprit du parti qui reconnaît en eux ses directeurs et ses organes? Leur puissance est donc un effet d'esprit de parti; rompez les partis, la puissance tombe.

Telle a été l'histoire de l'Angleterre pendant cent ans, celle de la France pendant la fronde, la ligue et le jansénisme.

Les célèbres lettres de *Junius* ne produiraient pas plus d'effet sur l'Angleterre d'aujourd'hui, que la satyre *Ménippée* et les mazarinades du cardinal de Retz, si efficaces au temps de la ligue et de la fronde, n'en produiraient sur la France d'aujourd'hui. Chaque chose a son temps. Le poëme burlesque d'Hudibras, aujourd'hui si oublié, exerça un empire immense sur l'esprit des Anglais pour les détourner de leurs idées de guerres civiles et religieuses. La vraie force de la *Minerve* est venue de la maladresse du Gouvernement, qui lui a délaissé la position qu'il devrait toujours occuper; il a prêté à l'opposition, la *Minerve* s'en est rendue l'organe, elle a dû avoir toute la force de l'opposition qui, dans une nation telle que la nôtre, est toujours la chose préférée. Si le ministère n'eût point prêté à l'opposition, il n'y avait pas de Minerve, et en se plaignant d'elle, dans le fait, il ne se plaignait que de lui-même.

M. de Girardin, dans son opinion éminemment constitutionnelle, a achevé la question de la grande propriété, de cette propriété qu'il est impossible de définir, de cette propriété dont la Charte a été trop sage pour parler, dans laquelle elle s'est bornée à rechercher des garanties et non pas des comparaisons de propriétés relatives; de cette propriété qui nous ramène à l'enfance des sociétés dans laquelle la terre appartient par grandes divisions à quelques-uns, que je vois marcher parallèlement avec la barbarie, depuis l'Espagne, la Sicile, la Hongrie et la Pologne, en s'accroissant à mesure que l'on approche des limites du monde civilisé; de cette propriété que je vois diminuer à mesure que j'approche des pays plus civilisés, et qui se resserre à mesure qu'on approche des grands centres de civilisation, tels que les grandes capitales; de cette propriété qui exclut les arts et les talens, apanages des sociétés policées; de cette propriété qui a la faculté d'attirer à elle ce que le talent, l'expérience, la probité, l'âge, garanties bien fortes, ne peuvent donner.

Citons un exemple :

Un membre très distingué de l'assemblée constituante, connu dans toute l'Europe par ses écrits, auteur du meilleur ouvrage que nous ayons sur la monarchie française, n'est pas éligible, M. le comte de Montlosier; il manque quelques arpens à ses champs.

En revanche, il a un voisin à l'esprit duquel il manque encore plus d'arpens qu'aux champs de M. de Montlosier, mais dont les champs parfaitement en règle avec la loi, composent une fortune de 6000 fr. de rentes, qui grâce aux impôts qui nous enlèvent une bonne partie de nos biens, font de cet homme un éligible et peut-être un député; cependant de quel côté se trouve l'aptitude à la chose? Et vous vous plaignez d'un ordre de choses qui commande de pareils disparates et de pareils sacrifices! Vous voulez ajouter aux rigueurs déjà subsistantes et à des contrastes déjà trop frappans : vous *matérialisez* la société, et d'une chose morale, vous faites une chose purement territoriale.

Que signifient d'ailleurs tous ces cris? L'électeur de 300 francs peut-il faire un Député de 300 francs? Alors c'est comme s'il était lui-même électeur de 1000 francs. Ces électeurs de 300 francs se sont-ils montrés hostiles envers la grande propriété ? est-ce elle ou l'aristocratie riche ou pauvre qu'ils ont exclue ? sont-ce eux qui ont nommé tous les membres de la gauche, qui surpassent en richesse les membres de la droite, si chatouilleux sur la propriété; car tout ceci a offert un spectacle bizarre; il s'est trouvé que c'étaient les *plus propriétaires* qui tenaient le moins à la propriété, et les *moins propriétaires* qui y tenaient le plus.

L'homme de l'industrie n'est-il pas forcé de cultiver son esprit, d'accroître sa propriété intellectuelle, bien plus que l'homme de la terre ? Que font, que savent tous ces hommes qui n'ont que la peine de naître ? Et cependant puisqu'il s'agit d'affaires et par conséquent de facultés intellectuelles, lequel des deux présente mieux à la société l'homme qui lui convient pour le maniement des siennes ? Tout cela est bien mal calculé et dérive évidemment de la domination encore subsistante des idées de la féodalité, sous l'empire de laquelle la terre était tout. Au fond de cela, on trouve toujours la même pensée, *le peuple n'est rien*, et en définitive, ces cris à la grande propriété se réduisent à demander que dans un pays comme la France, la société soit remise à la partie qui paie dans les charges communes de l'association la somme de.... 32,000,000 fr. au détriment de celle qui paie 230,000,000 fr.

Plusieurs orateurs ont parlé avec douleur et grand sens de l'affaiblissement que l'esprit public ne peut manquer d'éprouver par l'attribution des nominations aux arrondissemens. Rien n'est plus vrai ; c'est précisément le contraire de ce qu'il fallait faire; l'esprit de localité, de parenté et de petit patronage est le fléau des petits départemens qui sont en grand nombre en France. Là, les nominations se rapportent trop souvent à des intérêts personnels, et dans l'homme de la France on ne cherche que son homme à soi. Cette disposition ne peut manquer de fortifier cet esprit, et par conséquent de faire un grand mal à la France. On demandait d'élargir l'esprit public, et on va le rétrécir; on demandait de l'appeler à s'élever, et on a été l'enterrer dans le tombeau des petitesses.

Ainsi arrive-t-il, lorsqu'on abandonne la ligne des principes; la boussole devient fausse, les maux arrivent en foule, on recule à leur aspect, on court aux expédiens, et des terreurs mutuelles pour parer à des maux extrêmes et imminens, dictent des transactions d'où naissent d'autres maux.

J'ignore à qui, du côté gauche ou du côté droit, la loi sera profitable.

Mais plusieurs choses me paraissent certaines :

1°. C'est qu'en irritant les passions autant qu'on l'a fait, en donnant aux hommes le besoin de se surmonter, les uns pour imposer le joug, les autres pour s'y soustraire, on a fait appel aux choix extrêmes.

2°. C'est qu'il est à craindre que la Chambre ne soit encore formée de deux parties à peu près égales qui maintiendront ce fatal état de non conformité qui est un principe bien actif de nos maux. Ce partage exclut la possibilité de voir rien s'établir, et surtout la paix qui ne peut résulter que de l'uniformité du corps social. Alors il y aura toujours deux nations ou plutôt un faux air de deux nations qui dans le fait n'existent pas, et par conséquent il se trouvera toujours deux forces occupées à se combattre au détriment de la force générale dont l'accroissement est le but de toute société bien organisée.

3°. Il est probable qu'un très grand nombre de ces propriétaires qui n'ont qu'une fortune médiocre, mais suffisante légalement, ce qui avec 7 à 8000 fr. de rentes et des impôts très élevés n'est pas fort difficile à obtenir, se trouvera composer en partie l'assemblée.

Beaucoup d'excellentes qualités peuvent appartenir à cette classe de citoyens, mais je doute que des ennoblis et des gentilshommes de campagne soient précisément ce qu'il y a de plus propre à la bonne formation d'une assemblée délibérante dans notre siècle, dans nos circonstances, sous les yeux de l'Europe, dans un parallèle constant avec l'Angleterre. On a trop simplifié toute cette question; des esprits bornés n'y ont vu qu'un jeu de combinaisons pour amener tel ou tel résultat local, tandis que dans son ensemble, cette question embrassait un espace immense et touchait à tout.... J'ai voté en faveur de l'amendement de M. Boin, a dit douloureusement M. Savoie-Rollin. Ce cri d'un cœur pur et français montre quelle était la grandeur du mal et combien sont coupables ceux qui amènent les affaires à ces extrémités qui exigent le sacrifice des principes. Or, telle est notre position; on a un amendement législatif, il est vrai; mais à quel prix? à celui de la législation même qui ne peut jamais se fonder sur des violations de principes; on a une loi de plus, mais la législation tout entière de moins; et que sont les lois sans la législation! C'est travailler à la manière de ces sauvages qui, pour avoir le fruit, abattent l'arbre.

Les lois entrent dans le monde avec l'honneur de ceux qui les y introduisent; elles reçoivent d'eux, en naissant, une sanction morale; il est dangereux pour elles de recevoir un baptême d'improbation de la part d'hommes justement considérés du public. Il y a dans le cœur de l'homme un fonds de justice qui le porte à la rechercher avant l'esprit, quelqu'attrait qu'il ait pour celui-ci. La justice est le premier point de vie du cœur humain, comme celui-ci l'est des corps animés au moment de leur formation. Or, je demande sous quelles couleurs se présente dans le monde une loi qui a eu le malheur de faire en y entrant une rencontre aussi fâcheuse que celle de la réprobation la plus formelle d'hommes tels que

MM. Royer-Collard, Camille-Jordan, Courvoisier, Lacroix-Frainville, Ternaux. Ce sont là de vrais chefs de file pour l'opinion publique, et que je ne voudrais pas trouver dans mon chemin, si j'avais quelque chose à proposer.

A l'aspect de tant de maux, peut-on ne pas ressentir vivement les fautes qui ont facilité les voies au parti qui épiait toutes les démarches de ses adversaires pour arriver à ses fins? Par exemple, à quoi bon la nomination de l'Isère? Quelle utilité réelle se trouvait à amener, avec tant de risques, dans l'assemblée un vieillard de 70 ans, à moitié aveugle, très érudit, il est vrai, mais d'un esprit rectiligne, antipathique à la conduite des affaires? Qu'avait de commun cette nomination avec celle de MM. Manuel et Benjamin Constant, deux hommes parlementaires au premier chef, indispensables dans l'assemblée dont ils soutiennent en partie le fardeau? Des hommes de ce calibre seraient nommés partout; ce sont des *députés nés*, ou bien il faut abolir le gouvernement représentatif; mais la nomination de l'Isère était loin d'offrir un attrait aussi impérieux.

Que prétendait faire une foule d'écrivains, en lançant à tort et à travers des traits piquans et souvent ramassés bien bas? Ils ont mis la France dans la position où se trouvait l'Angleterre, lorsque la nation fatiguée des excès du *parti de la patrie*, laissa la cour se rendre maîtresse dans le parlement d'Oxford; alors périrent Sidney et Russel. Quel appui toutes ces attaques inconsidérées pouvaient-elles prêter à la cause que nous servons, mais que nous entendons bien garder intacte et pure? Les excès ne lui sont pas plus nécessaires que les crimes ne le furent à la révolution; comme l'a si bien dit M. Royer-Collard, elle triomphera cette cause, je le sais; elle a pour elle la nation et la raison, c'est-à-dire, le genre humain. Ne retardez donc pas sa marche, laissez-la s'avancer accompagnée de la modération et de la décence; avec elles, tout le monde accourra; séparez-les, mille de ses sectateurs s'éloigneront en gémissant. Ainsi dans le cours de la révolution, se sont éloignés avec horreur mille cœurs honnêtes qui, attirés par ses principes, se sont ensuite détournés avec horreur à la vue de ses excès.

Un mouvement immense et irrésistible

pousse le monde dans une direction contraire à celle que lui avaient imprimée vingt siècles de barbarie. Un vent de réformation souffle évidemment sur lui; laissez-la s'opérer par les élémens mêmes qu'il renferme et qu'il lui présente; c'est le moyen de la rendre prompte et certaine. Vous vous liguez avec ses ennemis toutes les fois que vous vous abandonnez à quelque chose qui peut contrarier son cours. Vous avez concouru avec eux à mettre instantanément *un bâton dans la roue;* car ce qui s'est passé en France, est un obstacle opposé à la marche de cette grande réformation. On n'en peut pas douter, Carlsbad illuminera autant que le faubourg Saint-Germain.

TROISIÈME POST-SCRIPTUM.

Puisque le nom de Carlsbad est venu se placer sous ma plume, je dois parler de la fin du congrès de Vienne. Il vient de s'écouler *incognito*, et cette fin n'a guère fait plus de sensation que sa vie n'avait fait de bruit.

Il faut le reconnaître, ce congrès s'est tenu dans de mauvaises circonstances pour qui veut se faire remarquer. Il n'y a plus d'attention en Europe que pour la France ; Paris est l'étoile polaire des Européens modernes. Ils ont toujours les yeux fixés sur lui, comme le pilote qui se guide sur la clarté de cet astre. Quoi qu'il arrive, la France reste toujours le centre de la civilisation du monde ; mille attributs lui assurent cet empire.

L'intérêt des questions qui se traitent en France, a absorbé et comme effacé toutes les autres. Un instinct secret semble avertir tous les peuples que ce qui se passe en France, finira toujours par décider de leur sort à eux-mêmes.

Cette Espagne, naguère l'objet d'une curiosité si vive, a comme disparu. L'Amérique, qui recèle dans son sein de si grandes destinées, n'est plus pour l'Europe *qu'un autre monde*. Il a fallu que l'Angleterre, donnant à la France la revanche *de l'affaire du Collier*, ramenât sur elle l'attention par un de ces scandales bizarres (1) qui forment à la fois une

---

(1) Du moins, dans cette grande mystification de *l'affaire du Collier*, s'il y eut des fripons et des dupes, gens qui vont toujours de compagnie, il n'apparut pas en France un personnage de la vileté de M. le baron d'Ompteda, ministre hanovrien, qui profita

difformité avec les besoins du temps et un sujet d'afsliction pour tous les amis de l'ordre. Le parlement britannique est comme éclipsé par celui de la France; mais comme il faut rendre hommage au bien, en quelque lieu et sous quelque forme qu'il éclate, il est juste de remarquer que, dans cette grande circonstance, l'Angleterre a montré que, chez elle, s'il n'était point de grandeur qui pût se sous-

---

de l'hospitalité accordée par une princesse trop peu défiante, pour corrompre ses domestiques, ouvrir ses secrétaires au moyen de fausses clefs, et enlever des papiers propres à faire perdre à sa victime l'honneur, son état et peut-être la vie. Quelle horreur! et cet homme est noble et ministre! cet homme se targuera de son zèle pour le service du prince, et pour tout combler, peut-être sera récompensé! Qui descend le plus bas, de celui qui consent à se laisser servir par de pareils moyens, ou celui qui les met en œuvre?

Je ne doute pas que M. le baron et ses hauts commettans ne soient au nombre de ceux qui crient bien haut contre les révolutions, les révolutionnaires et les mauvaises doctrines.

L'Évangile a toujours raison : la paille dans l'œil du voisin, la poutre dans le sien propre.

traire à la loi, il n'était pas non plus de puissance qui pût faire refuser son appui. C'est le chef-d'œuvre de l'ordre social et le complément de sa destination ; protéger également et efficacement tous ses membres.

Le congrès s'est tenu au milieu de cette gravitation générale de l'Europe vers la France. Cette tendance vers un objet étranger et lointain a fait que la vie de ce pâle congrès a ressemblé à une éclipse continue.

Ce congrès, à la différence de beaucoup d'autres, ne sera pas compté par ce qu'il a fait, mais par ce qu'il n'aura pu faire. Toute cette haute diplomatie princière s'est soulevée en masse depuis Carlsbad jusqu'à Vienne, pour faire prévaloir son aristocratie et s'opposer au cours du temps; car c'est là toute la question. A Carlsbad, comme à Paris, le combat roule sur la possession et sur le droit. Les uns veulent dominer à titre de propriété héréditaire; les autres veulent que le droit seul fasse la domination : voilà tout.

L'aristocratie allemande est venue frapper sur cet écueil, et s'y est à demi brisée.

Il a été beau de voir l'inutilité de ses efforts, et elle-même succomber dans la lutte. Elle a laissé percer des intentions; mais elle n'a pas osé les réaliser.

Le point important à décider était l'art. 13 de l'acte fédératif; il promettait à toute l'Allemagne des constitutions d'état, mais sans dire de quelle nature.

Le débat, comme cela était indispensable, s'est établi sur ce point.

L'aristocratie les voulait historiques, c'est-à-dire *siens*.

La raison et la population allemande les voulaient constitutionnels.

Quelques souverainetés particulières les avaient admis de cette manière.

Ainsi l'Allemagne voyait revivre ce qui s'était passé en France, à l'annonce des états-généraux; les parlemens donnant le signal à l'aristocratie, demandèrent les états de 1614, c'est-à-dire, historiques, des états fondés sur des précédens, à titre héréditaire.

La nation demanda des états constitutionnels, à titre d'ordre social; c'est toujours la question du contrat social. Elle est soulevée, elle a long-temps à durer. Partout où il y a une aristocratie à transformer en citoyens, à arracher à son existence privilégiée, le même résultat se remontrera, on peut y compter.

Le Congrès, articles 54, 55, prescrit l'établissement des états dans toute l'Allemagne, mais il n'a pas été jusqu'à en définir la nature.

Il laisse aux princes, chacun en droit soi, le soin de régler cette affaire qu'il appelle *intérieure*; seulement il recommande d'avoir égard aux anciens droits de ces états, stipulation vague et plus propre à accroître qu'à résoudre les embarras.

De plus, le Congrès n'a pas touché aux constitutions établies à Munich, à Stuttgard, à Bade. Depuis Carlsbad, toute la gent aristocratique les menaçait et demandait qu'il en fût fait exemple; les voilà sauvées par les mêmes mains qui devaient les renverser... Les voilà conservées pour servir de pièces de comparaison et de condamnation à ces états mi-parties d'aristocratie et de constitutionnalité que l'on va établir ailleurs, et qui ne serviront qu'à faire ressortir la bizarrerie de cet ordre de choses et à donner le désir d'un meilleur.

Il est hors de la possibilité des chancelleries allemandes de parler clair; l'obscurité est leur élément.

Par exemple, que veut dire l'article 57? Il énonce comme *principe* que le *principe* de l'union germanique exige que *tous les pouvoirs de la souveraineté restent réunis dans les chefs suprêmes des gouvernemens*; voilà le pouvoir absolu. Voilà surtout le pouvoir législatif attribué exclusivement au prince; car ce pouvoir ne forme-t-il pas à lui seul toute la souveraineté? Or, comment concilier cette attribution exclusive aux princes seuls? Avec des états, cet article tombe autant sur l'aristocratie que sur la démocratie et les dépouille également au profit d'un seul. Comment concilier cela avec les constitutions de Munich, de Wurtemberg, de Bade? Il paraît qu'à Vienne comme en d'autres lieux, on ne s'entend pas soi-même.

Les congrès de Carlsbad, de Vienne et leur commission permanente, la diète de Francfort, se sont proposé un problème insoluble; il n'est pas étonnant qu'il reste sans solution satisfaisante : celui d'une association d'Etats dépendans d'elle, formée d'États indépendans et non homogènes. Il était naturel de succomber dans une lutte contre la nature des choses;

celle-ci a déjà vaincu plus fort que Carlsbad et en vaincra encore bien d'autres.

Vous vous débattez en vain, a dit M. Royer-Collard, vous êtes sous la main de la nécessité ; cela était aussi applicable à Carlsbad qu'il peut l'être à Paris.

Il m'en coûterait de finir en omettant les deux observations suivantes ; je ne dois plus revenir à cette triste question, je la quitte sans remords, à défaut de pouvoir le faire sans regret. Ce n'est point pour le vain plaisir d'agiter l'air par des paroles plus ou moins sonores, que les hommes s'assemblent et qu'ils délibèrent ; il y a dans la délibération commune sur de grands intérêts sociaux, quelque chose d'une prière adressée au ciel pour lui demander le secours de sa lumière ; détourner les yeux, après qu'il s'est entr'ouvert pour laisser percer ses clartés, c'est imiter la reine de Carthage, gémissant d'avoir trouvé la clarté que ses regards mourans cherchaient dans le ciel :

Quæsivit Cœlo lucem, ingemuit que repertâ.

Il n'y a point de degré dans l'évidence, elle

est l'évidence ou rien ; elle n'admet ni le plus ni le moins ; comme la Géométrie, elle démontre ou ne démontre pas, mais ne démontre ni en plus ni en moins ; l'évidence est la Géométrie appliquée à l'esprit pour opérer la conviction. Il est beau, il est honorable de se soumettre à l'évidence, et d'accepter sans hésitation le joug de la vérité démontrée.

Or, l'évidence éclatait avec tout son empire dans le discours de M. Royer-Collard, ce discours qui à lui seul renferme tant de genres de beautés, qui restera dans les fastes de l'éloquence et de la gloire française ; ce discours dans lequel tout sort de la nature même des choses, rien de la tête de l'orateur ; ce discours dans lequel on va des idées aux mots, et non pas des mots aux idées, comme il arrive à tant d'hommes de le faire ; ce discours qui, dans des bornes étroites, renferme à la fois toute l'histoire des sociétés et toute celle de la France ; ce discours d'une facture à part, dans lequel le naturel couvre l'art, et le piquant du style naît de la simplicité même. Si bien écrire n'est que rendre dans les meilleurs termes ce qui est pensé le mieux ; jamais on n'écrivit mieux (1).

J'aurais voulu pour l'honneur de l'assemblée, qu'après avoir entendu cet admirable discours, par un mouvement unanime qui eût témoigné de son respect pour la vérité démontrée, elle eût fermé la discussion et passé aux votes ; à la vérité nous eussions perdu de fort beaux discours, car il en a été prononcé de très éloquens ; mais nous eussions gagné en respect pour la vérité, et celle-ci, qui est le fond des choses, surpasse la parole quelque éclatante qu'elle puisse être, autant que dans son immortalité lumineuse, le soleil dépasse les météores qui colorent les cieux d'un éclat éblouissant, mais passager.

M. Daunou a parfaitement démontré que l'augmentation de la Chambre, au-delà du nombre actuel de deux cent cinquante-huit membres, est contraire à la Charte. Ce qu'il a dit, opère encore l'évidence. Mais voilà comme

---

(1) Je n'ai garde de m'ériger en juge du camp; mais, dans cette armée où beaucoup d'hommes ont paru avec éclat, l'honneur des armes me paraît être resté à M. Royer-Collard.

les choses sont arrangées ou se font chez nous; nous sommes placés entre le mal de la loi ou l'infraction de la loi, comme le seul remède au mal qu'elle fait; et pour cela comment s'y prend-on? on cherche querelle à la loi; des yeux subtils y découvrent une ambiguité, et avec son aide, voilà la loi renversée, ou le mal maintenu suivant qu'on a besoin de l'un ou de l'autre.

Voici la quatrième fois que cela arrive :

1°. De *réprimer*, on a fait prévenir;

2°. De *concourir*, on a fait ce que nous venons de voir;

3°. De *jusqu'à présent*, on a fait le doublement de la Chambre.

4°. Des *amendemens*, on a fait des lois qui changent celles qui venaient d'être faites. On ne cesse de disputer sur la théorie des amendemens, et dans cette dernière circonstance, au moment même où par respect pour l'initiative un membre retirait son amendement, un autre membre s'est saisi du même amendement, et en dépit de l'initiative et du règlement de l'assemblée, dans un tour de main, cet amendement a pris la place d'une loi toute faite, résultat de menaces de six mois et d'une discussion de vingt jours, et l'a renversée de fond en comble; après cela, dites que j'ai tort de demander que nos institutions soient révisées et que le sens de nos lois fondamentales soit clairement et définitivement fixé.

Le temps qui, dans sa marche progressive, n'est qu'un présent éternel, comme les chanceliers de nos rois, nous dira le reste, et je crains qu'il n'ait beaucoup à dire.

FIN.

TABLE DES MATIÈRES.

AVERTISSEMENT de l'Auteur, pour cette seconde édition, pag. v
DISCOURS prononcé par M. de Pradt, devant la Cour d'assises, le 28 août 1820. xxj
AVANT-PROPOS, xxxvj
CHAPITRE Ier. Dénomination de la Loi d'Élection, 1
CHAPITRE II. Emploi du temps depuis 1814, 6
CHAPITRE III. Du respect dû aux Institutions, 15
CHAPITRE IV. De la Souveraineté en France, d'après la loi projetée, 20
CHAPITRE V. De l'initiative royale, d'après la Loi d'Élection, 36
CHAPITRE VI. Nature des Lois d'Élection, 57
CDAPITRE VII. Qu'est la Loi des Élections proposée à la révision? 61
CHAPITRE VIII. De l'attachement des Français à la Loi des Élections, 67
CHAPITRE IX. Des circonstances de la révision de la loi d'Élection, 75
CHAPITRE X. Causes extérieures de l'attaque contre la Loi des Élections, 103

CHAPITRE XI. Qui en renferme plusieurs autres, 116
1°. Nature de la troisième branche du corps législatif, *ibid.*
2°. Caractère général de la Législation et de l'obéissance dans l'ordre social, pag. 123
3°. De la civilité du projet de loi ; 128
4°. Du sacrifice des principes, 130
CHAPITRE XII. De la dignité de la législation, et de la supériorité du ministère, 137
CHAPITRE XIII. Présentation, rapport, contenu de la Loi, 157
CHAPITRE XIV. Ce qu'il y avait à faire, 186
CHAPITRE XV. Des causes spéciales de la Loi : une élection... ; la dynastie, 196
CHAPITRE XVI. De la Dynastie, 204
CHAPITRE XVII. Du Gouvernement occulte, 238
POST-SCRIPTUM, 252
SECOND POST-SCRIPTUM, 270
TROISIÈME POST-SCRIPTUM, 295

FIN DE LA TABLE DES MATIÈRES.

www.ingramcontent.com/pod-product-compliance
Ingram Content Group UK Ltd.
Pitfield, Milton Keynes, MK11 3LW, UK
UKHW020317200726
13857UKWH00001B/189